エリア・スタディーズ 149

アメリカ先住民を知るための62章

阿部珠理（編著）

明石書店

はじめに

「アメリカ先住民族」のすべてを62章に収めるのは、かなり難しい仕事である。アメリカ先住民族の歴史、社会問題、文化、それぞれで容易《たやす》く62章が構成できるほど、彼らの歴史はことに連邦政府との関係で単純ではなく、多くの社会問題を抱え、それにも拘らず豊穣な文化を保有しているからだ。そもそも言語や文化の異なる多数の部族社会を「先住民」として一括りにすること自体に無理があるかもしれない。現在も話されている言語は200以上、連邦から承認を受けた部族は、悠に500を越えているからだ。

しかし、北アメリカ大陸での西欧列強の植民事業から、アメリカ合衆国の建国を経て現代にいたるまで、彼らが被害者として被った植民地主義の歴史的体験は共通している。本書では、そのような共通のベース部分に、部族文化のような固有な部分を加え、総じてアメリカ先住民族の全体像がより広く、かつ深く紹介出来るように努めた。

第I部「連邦―インディアン関係」では、過去から現在にいたる連邦インディアン政策の重要部分、またそれら政策へのインディアン社会の対応を項目化した。それによって、連邦―インディアン関係の歴史と問題点、その関係性が規定してきたインディアンの合衆国における政治的・社会的・法的立場の複雑さ、および現在の課題が明らかになることを意図している。

第II部「現代社会問題」では、インディアン社会の今日の現実を可能な限り詳らかにした。インディアン社会共通の負の体験から導きだされる経済や健康といった深刻な社会問題、インディアン社会の民族再生に向けての取り組み、部族民認定等の部族社会の今日的課題、戦跡保存や博物館設置のための合衆国との交渉など、先住民が直面する現代的イシューを通して、インディアン社会の今を見渡せるよう努めた。

第Ⅲ部「文化と宗教」では、インディアン文化の豊かさを伝えることを目指した。宗教儀式に代表される伝統文化は、部族固有性が高く、一般化することはできない。本章で取り上げた儀式は、主に南西部、北西海岸、大平原地域の先住民のものだが、それらの儀式が信仰心に支えられ、現在も力強く実践されており、ある意味先住民の「代表的」儀式になっていることを、選択の指標とした。一方、メディスンマン、ベルダーシュやトリックスターのような部族横断的な文化事象、パウワウやインディアン・アートが示す創造的側面、脱部族的傾向、さらに一部部族儀式の汎インディアン化など、固有の文化伝統ばかりでなく、インディアン文化の柔軟性を動態的に伝えようとしたのが本章である。

第Ⅳ部「人物」では、歴史的人物、インディアン社会の政治、芸能、アート、スポーツ界の著名人、インディアンを描いた白人たちを紹介した。全62章を通して、読者のアメリカ・インディアンとその社会への理解が深まることを願っている。

本書の執筆者は歴史学者、社会学者、文学者など独自の専門分野をもちつつ、アメリカ学会に集う研究者である。およそ10年前、非力ながら編者がアメリカ学会に「先住民分科会」を組織したおり、集ってくれた方々が大半である。私は、アメリカで活況を呈している「アメリカン・インディアン・

スタディーズ」をモデルに、分野横断的なアメリカ先住民学の活発な議論が、学会で始まることを望んだ。それが日本における「アメリカ先住民学」となって成長し、若手研究者が活躍する日が来ることを望んでいる。事実分科会では、合衆国の「アメリカン・インディアン・スタディーズ」の学位を取得した少壮学者や、私が指導する3名の博士課程後期の院生たちが発表し、ことに院生たちは、その発表をもとに本書に寄稿することができた。こうした分野の広がりが、日本社会であまり知られていないインディアンへの理解を深める貢献になれば嬉しい。

アメリカ先住民学は地味だが、重要な分野である。抑圧され、消滅の危機を体験し、今なお多くは恵まれない環境にありながら、民族の再生を期す人びとの声を聞くことには、大きな意義がある。先生の学生ではなかったが、勝者の歴史ではなく、敗者の歴史の傍らに身を置くことの大切を教えてくださったのは、富田虎男先生である。事実本書の執筆者の何人かは、先生の愛弟子の方であり、先生こそ、日本のアメリカ先住民学の種を蒔かれた先達である。本年6月に亡くなられた先生の墓前に本書をもって報告し、敬意を表したい。

2016年盛夏

阿部珠理

●アメリカ先住民保留地

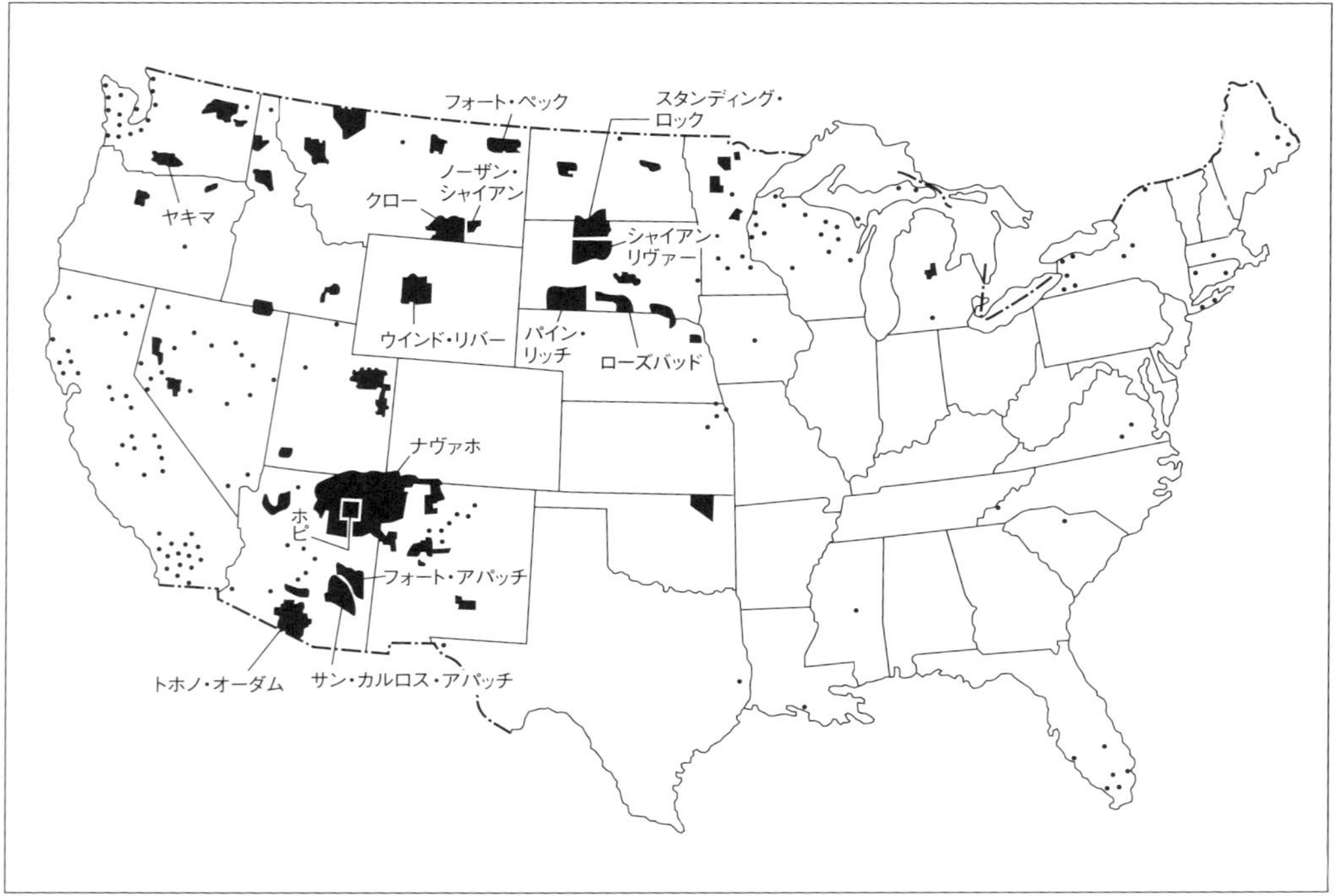

フォート・ペック
スタンディング・ロック
ノーザン・シャイアン
クロー
ヤキマ
シャイアン・リヴァー
ウインド・リバー
パイン・リッチ
ローズバッド
ナヴァホ
ホピ
フォート・アパッチ
トホノ・オーダム
サン・カルロス・アパッチ

アメリカ先住民を知るための62章

目次

I　連邦―インディアン関係

II　現代社会問題

III　文化と宗教

Ⅳ　人　物

※本文中、特に出所の記載のない写真は、一部の例外を除いて基本的に執筆者の撮影・提供による。

I

連邦―インディアン関係

1

条　約

★条約は、インディアンの有利に解釈される★

新大陸における植民地の形成過程においてヨーロッパの神学者や法学者たちは、当時の人道主義的、啓蒙主義的思想に基づいて①インディアン人民は、彼らの土地に主権に基づく権限を有している。②インディアンの土地は、インディアン部族の合意によるか、「正当な戦争」によってのみ取得することができる。③インディアンの土地の取得は、国家の専権事項であって入植者の手に委ねられないと主張した。この主張を受け容れたヨーロッパ諸国は、インディアン部族を「主権を有する独立した国家」（独立国）として承認し、インディアンとのさまざまな交渉を国家間の合意文書である「条約」に基づいて行った。例えば1667年にチャールズ二世と種々のヴァージニア先住民部族との間に締結された「ミドル・プランテーション条約」では、イギリスに服従することを条件に部族の領土、狩猟および漁撈の権利、武器を所持する権利を認めている。またイギリスは、1768年にチェロキー族との「ハード・レーバー条約」でアレゲーニー山脈の西方およびオハイオ川の東方の財産権に対するチェロキー族のすべての権利を放棄させている。

合衆国もまた、イギリス本国からの独立を宣言した後、インディアン部族との土地の割譲・交換、移住、通商交易、さらには軍事同盟を目的とした交渉を条約の締結を通して行う政策を踏襲した。この政策は、合衆国議会が1871年制定の「インディアン歳出予算法」のなかで「以後、合衆国領土内のすべてのインディアンの国家もしくは部族は、合衆国が条約によって交渉し得る独立の国家もしくは部族または権力とは認められない」と宣言するまで100年以上にわたって継続されることになる。合衆国は、当初はインディアンとの講和を結ぶため、そして後には合衆国が戦争によって征服した土地からインディアンの支配地域を獲得する際に、インディアン部族の不満を解消する手段として条約交渉という手段を選んだのである。もっともインディアン部族による合衆国との条約締結への同意は、しばしば強制や策略等によって得られたものであった。

締結された条約は371にものぼるが、条約締結の時代を通して合衆国にとっての最大の成果は、いうまでもなく自らの領土を拡大するために、インディアン部族を彼らの故郷から強制的に追いやり、保留地に押し込めたことにある。それは、文明化、そして同化という名目の下に行われたのである。初期からの条約の内容を概観すると、第一に諸条約は、インディアン部族の主権を認め、合衆国によるインディアンの保護と部族の自治権の保障を規定し、通商交易関係は合衆国によって専属的に規制される旨を規定している。第二に合衆国が、広大な土地との交換の一部としてインディアン部族に食料、商品、そして役務を提供する旨を定めている。これらの商品には、牛、豚、鉄、鋼、荷馬車、鋤《すき》その他の農具等が、役務の提供にはインディアンに対する保健、教育の提供等が含まれている。第三に年金もしくはその他の金銭の支払いに関する規定が置かれ、第四に多くの条約が、非インディアンに対するインディアンによる犯罪またはインディアンに対する非インディアンの犯罪によって生ずる刑事裁判権の問題を処理している。初期の条約は、インディアン・カントリーに居住し、そこで罪を犯した非インディアンはインディアン部族による裁判権に服すとし、インディアン・カントリー外で州法および連邦法に違反して罪を犯したインディアンは、州または連邦の裁判所の判決に服すものとしている。いくつかの条約は、インディアン・テリトリー内での合衆国市民によって実行された犯罪に対する連邦の刑事裁判権を規定している。第五にほとんどの条約は、民事裁判権に関する規定を置き、部族による保留地内の非インディアンに対する民事裁判権を認めている。いくつかの条約には、州法はインディアンに適用されないと規定している。第六に条約のなかには、インディアン部族の保留地または保留地外での狩猟権、漁業権、採集権に関する規定を置き、西部の部族との条約には部族の水利用について規定されている。

条約締結時代の最後の20年間に締結された条約は、徐々に部族の自治権を侵害していく様相を呈し、インディアン部族の内部事項への連邦の権限を広く認めるものとなっていく。1850年代に締結された一連の条約では、インディアン部族のすべての土地は合衆国に譲渡され、合衆国への請求は放棄されるとまで規定されている。最も大きな合衆国によるインディアン部族の自治権侵害は、1853年以降の条約で部族の土地を個々人のインディアンに割り当てる権限を大統領に付与したことであって、かかる自治権侵害とともに、連邦の権限は部族の基金の処理および配分ならびにその他のさまざまな事がらに及んでいくことになる。連邦政府は、条約に規定されたインディアンとの多くの合意事項を果たさず、おうおうにして州または非インディアンがインディアンの条約上の権利を侵害することを阻止することができなかった。合衆国議会は、請求裁判所においてインディアンが損害を回復することができるとした数々の特別法を制定していたが、１９４６年には条約に基づくインディアンの請求を審理するために「インディアン請求委員会」を立ち上げ、一応の解決策を施している。

　ところで１８７１年のインディアン歳出予算法は、「本法のいかなる規定も、これまでにインディアンの国家もしくは部族との間に締結され、および批准された条約によって課された義務を無効とし、または減ずるものと解釈されてはならない」と定めている。従ってインディアン部族との条約は、今日でも効力を有している。インディアン法解釈の基礎となる法理は、「部族主権の法理」と、受託者としての合衆国と受益者としてのインディアン部族との間には信託関係があると説く「信託関係の法理」に求められる。連邦最高裁判所は、インディアンとのこれまで締結されてきた条約を解釈する際に、裁判所はインディアンに有利となるよう解釈しなければならないとしている。また条約の文言の意味内容が不明確な場合は、インディアンの利益になるよう、そしてインディアンが理解でき

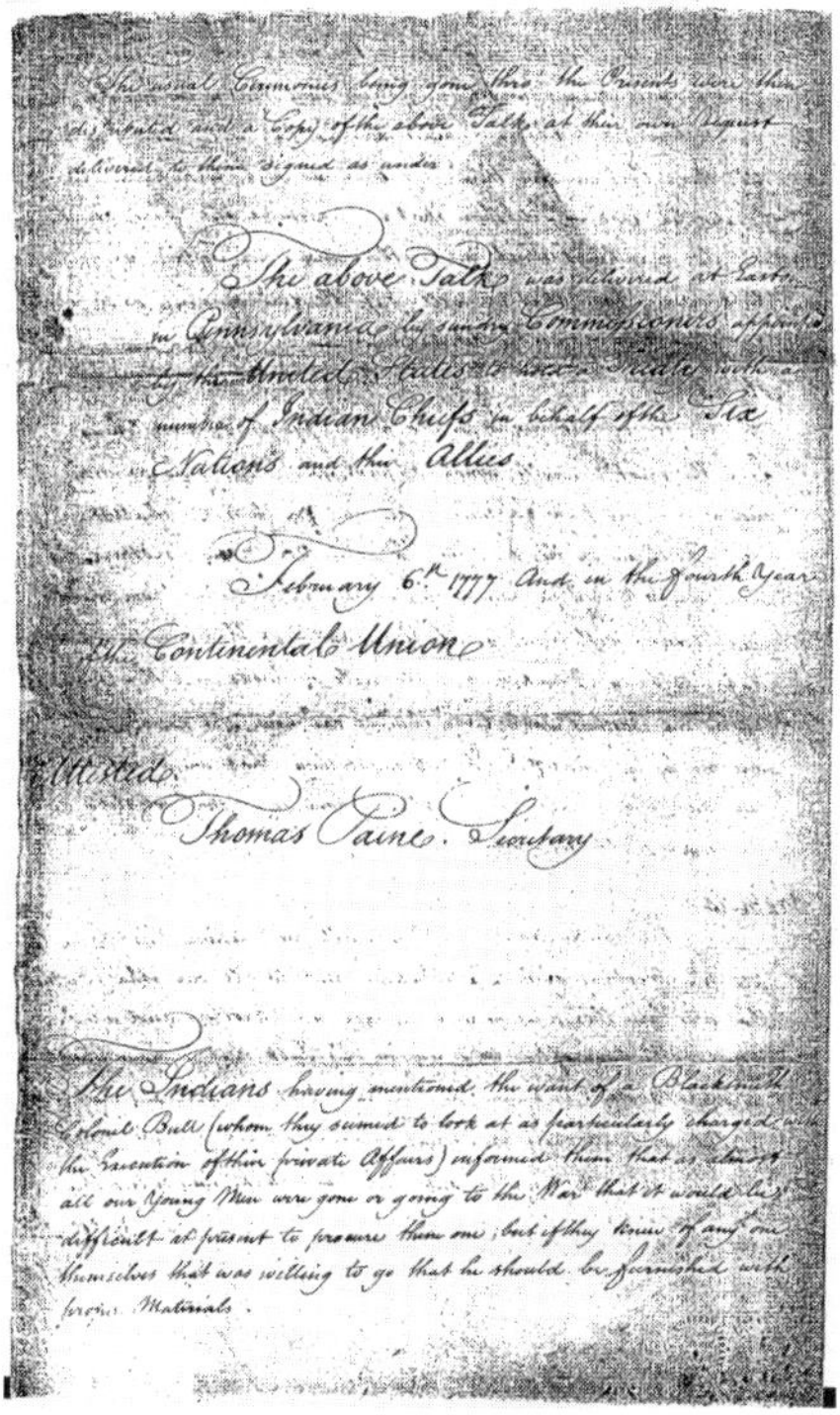
The above Talk was delivered at Easton in Pennsylvania by sundry Commissioners appointed by the United States [illegible] with a number of Indian Chiefs in behalf of the Six Nations and their Allies

February 6th 1777 And in the fourth year of the Continental Union

Attested
Thomas Paine. Secretary

「イロコイ連合との条約」（阿部珠理著『アメリカ先住民　民族再生にむけて』角川学芸出版、2005 年より）

るよう解釈されなければならないとする原則を打ち立てている。かかる解釈によって多くの重要なインディアンの権利、例えば水利権は条約によって「黙示的」に保留されているという裁判所の判決が導き出されていく（権利保留の法理）。さらに合衆国最高裁判所は、合衆国議会は条約の規定を部族の同意を得ることなく一方的に破棄し得るとする一方で（無条件の権限）、合衆国議会がインディアンの条約で認められた権利を破棄するという明確な意図を立証しない限り、当該権利は無効と認定されてはならないという解釈原理を確立している。例えば1968年、メノミニー族との信託関係を終結させた1954年の「メノミニー族管理終結法」が争点となった「メノミニー族対合衆国事件」で、ウィスコンシン州が同法の制定によって州による狩猟権および漁業権規制はメノミニー族の構成員におよぶと主張したのに対して、合衆国最高裁判所は、同法は1854年条約で部族に保障された狩猟権および漁業権を破棄する旨を明確に規定していないとして州の主張を拒否している。

（藤田尚則）

〔参考文献〕
藤田尚則『アメリカ・インディアン法研究（Ⅰ）インディアン政策史』北樹出版　2012年
藤田尚則『アメリカ・インディアン法研究（Ⅱ）国内の従属国』北樹出版　2013年

2

強制移住

★繰り返される「涙の旅路」★

アメリカ先住民をどこか別の土地に移住させて彼らの土地を奪うという手段は、植民地時代からしばしば用いられてきた。戦争や交渉の結果締結された土地譲渡条約によって、かつてアメリカ合衆国の各地に暮らしていた先住民の多くは故郷を追われ、はるか彼方の見知らぬ土地へ移住を余儀なくされたのである。例えば、現在のペンシルベニア州やニュージャージー州に居住していたデラウェア（ラナピ）族は、早くも17世紀初めに土地を売却する条約に署名させられ、オハイオ方面への移住を求められた。その後18世紀後半にはフレンチ・インディアン戦争やアメリカ独立戦争に巻き込まれ、さらに西方へ移住を強いられ、19世紀に白人の西部への侵入が増大すると、現在のオクラホマ州に移住先として設定されたインディアン・テリトリーへ、また一部はカナダへと再移住させられた。

アメリカ合衆国でこのような移住による土地の奪取が本格的な先住民政策となったのは、19世紀に入ってからのことだった。当初連邦政府は、土地を売却する条約の締結を先住民に迫りながら、その一方で先住民に同化（＝白人の生活様式の受容）して農民となるように求め、そのうえで白人社会へ吸収するという、いわゆる「文明化」政策を展開した。これに対してほとんどの先住民は、「文明化」に消極的であったが、戦争や狩場となる領土の縮小で疲弊していたチェロキー族のような南部の諸部族は「文明化」を受け入れ、農民となって生活の立て直しに努めた。しかしそのような部族も、白人社会へ同化吸収されることを求めていたわけではなく、むしろ農民化することによって旧来からの居住地に留まろうとしていた。そのため連邦政府は「文明化」政策を一時棚上げして、先住民を空間的に排除することを優先させるようになっていった。そしてその直接のきっかけとなったのが、1803年のルイジアナ購入であった。連邦政府は、フランスから購入したミシシッピ川以西の広大な領土を先住民の移住先として利用する構想を打ち出したのである。しかしその時点では、先住民の移住はあくまで説得に基づく自発的なものとされたため、その後も先住民の西部への移住は遅々として進まなかった。

この自発的な移住という原則が強制的なものへと転換したのは、軍人として先住民と戦った経歴をもち、先住民の土地を渇望していた西部辺境州や、南部奴隷州の熱烈な支持によって大統領となったアンドルー・ジャクソンの政権下でのことであった。ジャクソンは先住民に対し、移住こそが絶滅から逃れる唯一の道であるという態度で臨み、その方針に賛同する議員が多数派を占めた連邦議会が、1830年にインディアン強制移住法を成立させたのである。この法律によって、ミシシッピ川以東に残留する先住民部族を移住させるために、大統領には同川以西に代替地を提供する権限が与えられ、国庫から移住費用が支出されることが決まった。その後連邦政府は、法律の規定に基づいて各部族に移住条約の締結を迫り、1840年代半ばまでに約10万人の先住民がインディアン・テリトリーなどミシシッピ川以西に設定された代替地へと強制移住させられた。その移住の行程は、チェロキー族の

画家ロバート・O・リンドナーが描いた『涙の旅路』(1942年)

いわゆる「涙の旅路」に代表されるように悲惨をきわめ、多くの先住民が移住の途上命を落とした。他方、一方的な移住の強制は先住民側の激しい抵抗も呼び起こし、中西部ではサック・アンド・フォックス族によるブラック・ホーク戦争(1832年)が、またフロリダではセミノール族による第二次セミノール戦争(1835〜42年)が発生して、先住民と白人の双方に多くの犠牲を出した。

先住民の強制移住政策は、白人開拓民が本格的にミシシッピ川以西の大平原や金鉱発見に沸くカリフォルニアなどに侵入し始めた19世紀半ば以降も継続した。西部開拓の障害物と見なされた各地の先住民は、軍事的な抵抗に敗れると、インディアン・テリトリーや白人には不要な土地に設置された保留地へ強制的に移住させられた。先住民の移住先として指定された保留地は、彼らがもともと居住していた土地に比べればはるかに狭い土地であり、ときにはインディアン・テリトリーのように、本来の居住地から遠く離れた、自然環境も異なる場所であった。例えば、19世紀後半まで広大な大平原北部で狩猟をしながら移動生活をしていたシャイアン族の場合、度重なる白人との戦争の末、いったんはインディアン・テリトリーに設置された保留地へ移住させられた。ところがその後故郷との環境の違いを嫌った一部の部族民がインディアン・テリトリーから逃亡したため、改めてモンタナにも別の保留地が与えられた。しかし割り当てられた土地は、彼らが本来の生活をしていた領域と比べるとほんのわずかな広さでしかなかった。

先住民の強制移住は、20世紀になっても終わらなかった。それも先住民部族による土地の所有が連邦政府によって保障されていたはずの保留地内において、公益性を優先するという名目のもと実行された。例えば、1962年に発電や灌漑を目的としてミズーリ川に完成したオワヒダムの場合、ダムの建設によってできた人口湖のために、ラコタ・スー族のシャイアン・リーバー保留地とスタンディング・ロック保留地の最も肥沃な農地が水没し、多くの部族民が移住を余儀なくされた。その一方で、移住を強いられた先住民たちに対する十分な補償は最後まで行われなかった。このように保留地内における政府や外部資本による経済開発が行われるたびに、その障害と見なされた先住民はしばしば強制的な移住を迫られたのである。

結局のところ、先住民の強制移住の背景には、どのような時代のものであれ、それがどこで起こったものであろうと、常に白人側の先住民の土地に対する欲求があり、いつでも優先されたのは、白人を中心とするアメリカ社会の経済的な利益であり、先住民の土地所有権や居住権ではなかった。このような構造は、先住民部族の主権が尊重されるようになった現在でも必ずしも変わっておらず、貧困がはびこる保留地において、経済開発の名のもとに先住民がまたどこで新たな「涙の旅路」を強いられるかは予断を許さない状況にある。

（佐藤　円）

［参考文献］
鵜月裕典『不実な父親・抗う子供たち――19世紀アメリカによる強制移住政策とインディアン』木鐸社　２００７年
富田虎男『アメリカ・インディアンの歴史』第３版　雄山閣出版　１９９７年
Littlefield, Jr., Daniel F. and James W. Parins, eds., *Encyclopedia of American Indian Removal*, 2 vols., Greenwood, 2011.

3

BIA

★先住民による、先住民のための政府機関へ★

アメリカ合衆国連邦内務省インディアン局（Bureau of Indian Affairs, ＢＩＡ）は首都ワシントンの本部ならびに12の地方管理局、83の現地事務所を通じて、全米各地に分散している保留地や先住民人口に支援を行う役目を担う機関である。２０１６年現在、５６７の連邦承認部族とその部族員に対して経済、福祉、医療など多岐にわたるサービスを提供している。なお、インディアン局が歴史的に非常に重要な役割を果たしてきた教育部門は、２００６年に旧インディアン教育プログラム事務局（Office of Indian Education Programs）が再編されて設立したインディアン教育局（Bureau of Indian Education, ＢＩＥ）が担当している。

ＢＩＡは独自の経済開発、社会福祉プログラムを提供すると同時に、連邦政府各省庁と連携して、アメリカ先住民対象のプログラムも実施している。例えば、住宅都市開発省（Department of Housing and Urban Development, ＨＵＤ）は部族政府に対し、保留地の住環境改善を目的とした住宅供給支援を行っている。また、保留地の内外に居住する先住民は住宅購入支援として住宅ローンを受けることもできる。

ＢＩＡが先住民に対し提供する各種サービスや土地・資源の

管理のもととなるのは、アメリカ合衆国とインディアン部族の間で締結された条約である。アメリカ合衆国建国後１７７８年に最初の条約がデラウェアと締結されてから、最後の条約が締結された１８７１年までに、合衆国とアメリカ先住民部族との間で計３７１の条約が締結された。これらの条約ならびに条約締結のプロセスそのものが、連邦政府とアメリカ先住民の信託関係の基盤であり、両者の政府対政府の関係性の根拠となっている。

ＢＩＡは１８２４年に陸軍省内に設置されたが、設立から１８４９年に内務省に移管されるまでの間、インディアン事務局（Office of Indian Affairs）という名称であった。設立当初はインディアンの強制移住を通じて、インディアンを固有の領土と資源から隔離しつつ、平和を保つことを目的としていた。１８４９年のＢＩＡ再編後、その役割は保留地などの土地の管理が主であった。しかし、同化政策、連邦管理集結政策といった連邦インディアン政策（第４〜8章参照）の変遷に伴い変化し、１９７0年代以降はインディアンによる自治を基調としたインディアン自決政策が基本となっている。

ＢＩＡのトップとなるインディアン局長ならびに後の内務省副長官は内務省長官により指名され、大統領に任命される。１８２４年から１９８１年の間にインディアン局長が53名、１９７７年から２０１５年現在までにインディアン問題担当内務省副長官12名が任命された。インディアン局設立後、その歴代局長には非先住民の男性が任命されていた。しかし、民族自決政策への転換期であった１９６６年に19世紀に唯一アメリカ先住民で局長に任命されたイーライ・サミュエル・パーカー（セネカ族）以来初のアメリカ先住民の局長として、オネイダのロバート・ベネットが任命された。ベネット以降に任命を受けたインディアン局長および内務省副長官はすべて先住民で、１９９３年に任命されたメノミニーのエイダ・ディアーがBIAのトップを務めた唯一の女性である。

BIA設立から1880年代までは戦争、虐殺、強制移住などの軍事的制圧、19世紀末から20世紀初頭までは同化政策と、先住民の意思を全く反映しない政策が次々に展開していったが、1930年代にようやく転機が訪れた。1933年から12年間インディアン局長を務めたジョン・コリアによるインディアン・ニューディールと呼ばれる政策である。コリアはそれまでの同化政策を改めて先住民の自治を尊重し、1934年の「インディアン再組織法」によって先住民の自治政府設立を推奨した。その後、冷戦期にはインディアン・ニューディールのバックラッシュともいえる連邦管理終結政策が展開し、BIA解体の議論がなされたが、1970年代以降、BIAは連邦政府のインディアン民族自決政策に沿って先住民部族の自治を尊重する形で運営されるように変化してきている。

アメリカ先住民の民族自決への動きは、BIA職員の内訳を見ても明らかになる。インディアン局長同様、インディアン局職員についても、非先住民が圧倒的多数を占めていた時代が長く続いた。しかし、1934年の「インディアン再組織法」では、BIA職員の採用においてはインディアンを優先的に採用する優遇措置を実施することとされた。また、1970年代以降はレッド・パワー運動と民族自決政策の影響を受け、BIAでは先住民職員を積極的に採用するようになった。さらに、1972年にはBIAでは先住民を優先的に雇用するという規定が再確認されると同時に、優遇措置の範囲を職員のトレーニング、昇格、復職まで拡大するに至った。

この優遇措置に対しては、非先住民のBIA職員からは逆差別であるとの反発の声が上がり、裁判闘争へともつれ込んだ。1974年のモートン対マンカリの最高裁判決で、この優遇措置はアメリカ先住民の特別な立場が基準となっており、人種による差別には当たらないという先住民側に有利な判決が下った。このような自決に向けた方向転換の結果、１９６９年から１９８０年までの間にアメリカ先住民のＢＩＡ職員の割合は48%から78%まで増加し、２０１０年時点ではＢＩＡ全職員1万２０００人のうち、実に95%がアメリカ先住民となっている。

ＢＩＡ設立１７５周年にあたる２０００年、インディアン問題担当内務省副長官のケヴィン・ゴーヴァー（パウニー族）が、ＢＩＡのアメリカ先住民に対するそれまでの差別的行為について、ＢＩＡを代表して謝罪した。また、２００４年には連邦議会でも共同決議が出され、アメリカ先住民に対して正式に謝罪したことが大きなニュースとして取り上げられた。設立から200年近く経過した現在、ＢＩＡはそのトップにアメリカ先住民自身が任命され、職員のほとんどが先住民によって構成され、少なくとも数字のうえではＢＩＡ内で民族自決が現実のものとなったといえるであろう。

BIA によるインディアン差別に抗議するデモ（デンバー公立図書館所蔵）

一方で、官僚政治や汚職の影響もあり、ＢＩＡの方針は必ずしも先住民を守り、彼らの意見を反映してきたとは言い難く、その状況は現在も続いているといえる。その例となるのが、１９９０年代に表面化したＢＩＡの信託基金の管理に関わる問題である。連邦の信託保有地である総面積約５６００万エーカー（22万・６６２４平方キロメートル）に及ぶ保留地や、５７００万エーカー（23万６７１平方キロメートル）の天然資源もＢＩＡの管理下にある。ＢＩＡはこの土地や資源の賃貸借交渉や契約を部族や先住民個人の代理として行ってきたが、部族や先住民個人よりも、企業や非先住民の利益を優先する場合が多かったのだ。

このような状況を受けて、１９９６年アメリカ先住民権利基金（Native American Rights Fund, ＮＡＲＦ）が中心となり、集団訴訟（コベル対サラザー）を起こした。この訴訟で先住民側は、ＢＩＡが部族や先住民個人の土地を非先住民に賃貸借することで得た信託基金の管理を怠って、先住民に大きな損失を与えたと主張した。この裁判の結果、２００９年にＢＩＡは、先住民の原告側に34億ドルの賠償金を支払うことで合意したが、その後も同様に内務省や財務省を相手取った裁判が続いた。このように本来、先住民のためにサービスを提供するはずのＢＩＡが、実際には先住民を搾取する側に立っているという構図は、約２００年前にＢＩＡが設立されてから現在に至るまで、あまり変化していないと言わざるを得ない状況である。

（大野あずさ）

［参考文献］
富田虎男『アメリカ・インディアンの歴史』第３版　雄山閣　１９９７年
Fixico, Donald L., *Bureau of Indian Affairs*, Santa Barbara, CA: Greenwood, 2012.

4

保留地

★先住民自治の最重要根拠地★

「（指定）保留地（reservation）」とは、ヨーロッパ諸国による北米大陸の植民以来、そしてアメリカ合衆国建国後は1778年以降、先住民集団（部族）の居住のために指定された区域を指す。2015年現在、主に合衆国西部にその多くが集中するかたちでさまざまな大きさの326の保留地があり、その総面積は合衆国の約2・4％を占める。人口、面積ともに最も巨大な保留地は、アリゾナ、ニューメキシコ、ユタの3州にまたがる先住民集団ナヴァホ（Navajo）保留地で、九州の2倍弱の面積をもつ。各保留地は合衆国の州内に、もしくはナヴァホ保留地のように複数の州をまたいで存在しているが、第10章で述べるように連邦、州とは全く別個の存在とみなされており、その境界内では先住民成員（部族民）が自治を行っている。

合衆国には先住民の主権領域を指す「インディアン・カントリー（Indian Country）」という法的概念があり、そこに居住する先住民が自治を行い、連邦の一定の規制下にはおかれているものの、州権が及ばない領域とみなされている。両者はしばしば混同されるが、保留地はあくまでも広義のインディアン・カントリーの一部にすぎない。

例えば、連邦政府は１８３４年に、合衆国東部から強制的に移住させた先住民集団の隔離地域として、西部に「インディアン・テリトリー（Indian Territory）」を設置した。20世紀初頭にそこから生まれ

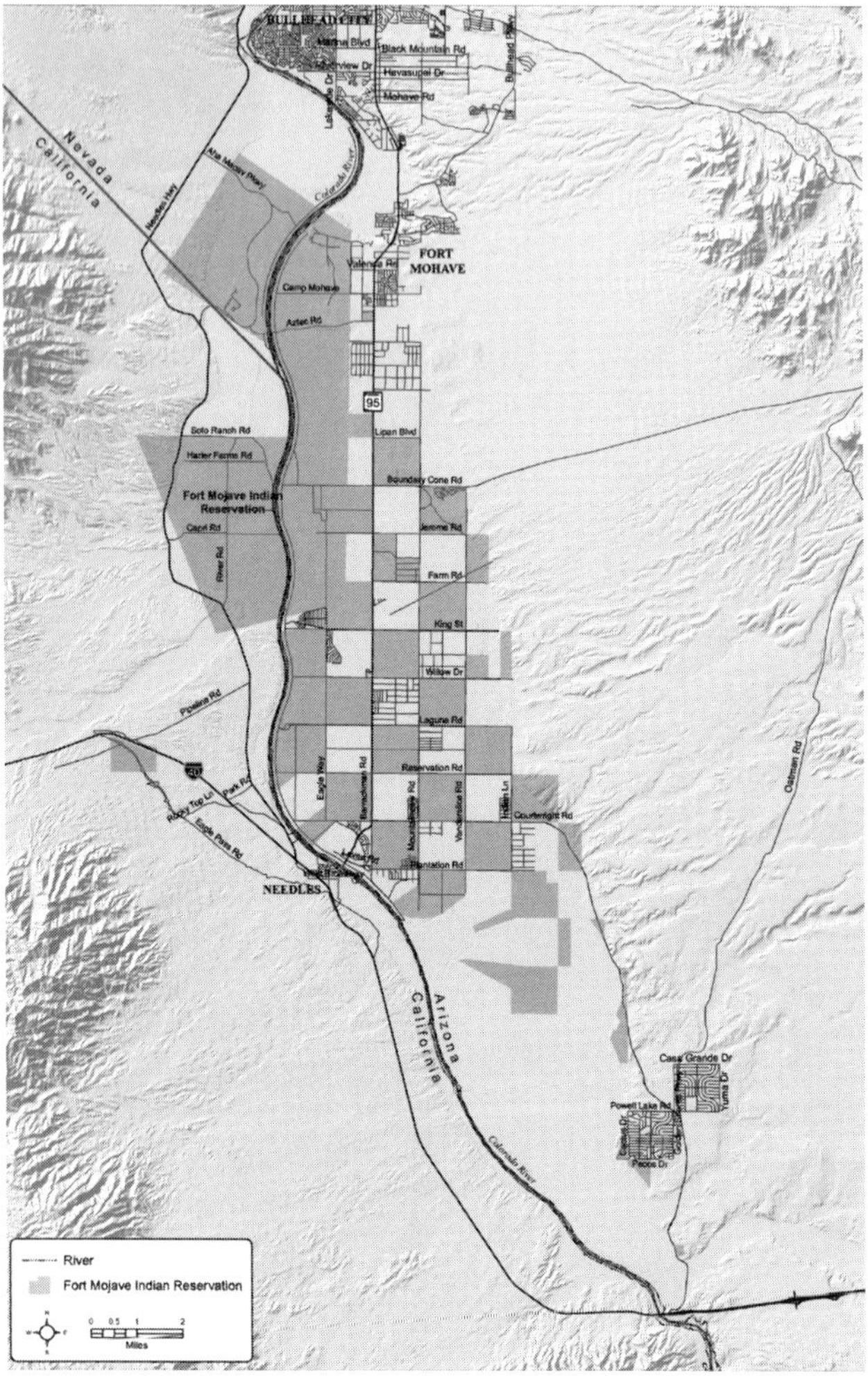

「チェッカーボード（飛び地）状になっているフォート・モハービ・インディアン保留地（Fort Mojave Indian Reservation）
出典：https://www.azdot.gov/docs/default-source/planning/fort-mojave-final-report.pdf?sfvrsn=2 (accessed July 28, 2016)

たオクラホマ州には、今なお全米で有数の先住民人口の稠密《ちゅうみつ》地域として、「(文明化した) 5部族」(Five [Civilized] Tribes) とよばれるチェロキー (Cherokee)、チョクトー (Choctaw)、クリーク (Creek)、チカソー (Chickasaw)、セミノール (Seminole) ら大集団が居住している。歴史的経緯から、これら各集団の自治領域は「保留地」のような明確な境界線をもっていないが、これらもまたインディアン・カントリーとみなされている。

一般には、アメリカ先住民のほとんどが、他の非先住民から隔離された保留地に住んでいるかのような誤解がある。しかし、先住民は全て保留地に居住しているという訳ではない。2010年の合衆国センサス (国勢調査) で自らを先住民と申告している者の内、保留地を含むインディアン・カントリーに居住している者は22%に過ぎず、その他はインディアン・カントリーの外に他のアメリカ市民とともに生活していることになっている。このうち都心部に居住する者は、とくに「都市インディアン (Urban Indian)」(第21章参照) と呼ばれる。ただしこのセンサスの数値には、「連邦承認部族」(第11章参照) の成員として認められていないのにもかかわらず自己を「インディアン」であると申告している者、いわゆる「アウタラック」「ワナビー」らも含まれていることに、注意しなければならない (この問題については「第19章インディアンとは誰なのか」および「第51章ホビイスト、ヒッピー、ワナビー」で詳しく説明する)。連邦承認部族に正式に成員と認められている者のみを対象とすれば、保留地を含むインディアン・カントリーに居住するアメリカ先住民の人口は、上記の数値より大きくなると思われる。

先住民保留地はすでに18世紀のイギリス植民地時代から存在していたが、そこにはのちの合衆国時代にいたるまで、以下のような目的があった。一つは、先住民に限定された居住領域を設定することで、先住民と白人（ヨーロッパ人入植者／アメリカ市民）の接触で生じる衝突を回避すること。次に、広大な先住民占有地をより狭い保留地に縮小し、それによって生じる剰余の土地を、白人に提供すること。三つ目に、狩猟や交易のために広域を移動する先住民集団については、一定の保留地内に留めおくことで、農耕民、キリスト教徒化し（これを当時の用語で「文明化」といった）、来るべき（と、白人たちが予想した）絶滅から救済することであった。

19世紀の合衆国の西部への拡大と経済発展により、合衆国政府はいまだ先住民が占有する広大な土地の解放と、そこに眠る豊富な天然資源の確保を市民から求められた。そのため政府は1851年から、公式の政策として先住民との条約をなかば強制的、詐欺的に締結し、あるいは連邦法や政府行政命令などによって、一層多くの保留地を西部各地に設置していった。

保留地は先住民集団が住み慣れた土地にそのまま設置されることもあったが、多くの場合はそこから遠く離れた、白人に不要の不毛の地におかれた。そして19世紀後半の保留地の先住民は、連邦政府によって狩猟を含む保留地外との自由な出入りを禁じられ、保留地内では「伝統的」イコール「野蛮な」慣習や文化の実践が禁じられた。一つの先住民集団につき単一の保留地が割り当てられる場合もあれば、一つの集団が複数の保留地に分断されてしまう場合もあった。一つの保留地に複数の集団が共住させられ、対立が生じた例もある。白人の侵出が進むに従い、当初の保留地の面積がさらに削減されてしまうこともあった。以上のような白人側の利益の優先、蔑視、無知と誤解、ときには善意にさえ基づく不幸な強制によって、多くの保留地の先住民社会は物理的にも精神的にも破壊されていった。

さらに19世紀末の「ドーズ法（一般土地割当法）」（第6章参照）以降、本来は集団全体に共有されていた保留地内の土地は成員各人の私有地に分割され、その後は現在に至るまで、代々相続するその子孫たちの間で土地はますます細分化されていった。それに加えて、白人アメリカ市民が先住民から土地を購入あるいは賃借したことによって、現在の保留地内には先住民領域と非先住民居住地が細かい「チェッカーボード（飛び地）」状に混在する体をなしている。そしてこのような状況が、第10章で述べるような、先住民が保留地における自治を執行するにあたっての大きな妨げとなっている。

都心部から遠隔の地にある保留地の多くでは、今なお「合衆国内の第三世界」といわれるほどの悲惨な状況にある。経済的に連邦政府からの援助に依存せざるを得ず、食料は無論のこと、住居、上下水道、電気、公共交通機関、通信等の社会資本設備も不十分で、失業や教育の崩壊によってギャングが跋扈《ばっこ》する。絶望が先住民たちをアルコールやドラッグへの耽溺《たんでき》、家庭内暴力、自殺へと走らせ、あるいは保留地を去り「都市インディアン」になる途《みち》を選ばせる。その光景は、最貧困保留地の一つである、ラコタ・スー族（Lakota）のパイン・リッジ（Pine Ridge）保留地を舞台にしたと思われる、映画『サンダーハート（*Thunderheart*）』（1992年）（第57章参照）で目にすることができる。

その一方で、カジノ等のビジネスで豊富な資金を得た先住民集団のなかには、土地の売却や賃借、あるいは買い戻しを管轄する土地開発企業を設立し、かつて失った土地をさかんに買い戻している例もある。それに加えて2012年からは、合衆国政府のインディアン業務を管轄する内務省が、10年間の限定で「（部族ネーション）土地買戻しプログラム（Land Buy-Back Program [for Tribal Nations]）」を開始し、予算19億円を充当し希望する保留地内の土地所有者から適正価格で土地を保留地に買い戻し、保留地の「チェッカーボード」化の解消を図ろうとしていることも興味深い。

現在の保留地は、先住民が集団への帰属意識を保持しながら生活するための一定の面積が担保された領域として、合衆国内での先住民自治実現のうえでの重要な根拠地である。国内にかつて先住民集団が占有していた広範な領域がほぼ失われてしまった今となっては、さまざまな問題を抱えながらも、先住民が社会の絆、文化、アイデンティティを回復し維持していくための場としても、保留地は重要な意義をもっているといえよう。

（岩崎佳孝）

［参考文献］

ピーター・マシーセン著、澤西康史訳『インディアン・カントリー――土地と文化についての主張（上・下）』中央アート出版　2003年

Frantz, Klaus, *Indian Reservations in the United States*, Chicago: University of Chicago Press, 1999.

5

インディアン同化政策の実像

★移民同化政策との違いに注目して★

19世紀末になると、連邦政府は、保留地で暮らすインディアンをアメリカ社会に「同化」させる政策をはじめた。類似の政策は南北戦争前から行われていたが、インディアンに対して相当の予算をかけて全国規模で政策が実施されたのは、少なくともこの時期からである。

政策の契機となったのは、1879年のポンカ族の族長スタンディング・ベアによる東部講演旅行だった。この族長は、自分たちのおかれた窮状を講演で訴えたが、彼の演説を聴いたキリスト教関係者は、奴隷解放運動で培った弱者への同情心をにわかに取り戻した。そして、80年代初頭にはインディアン権利協会のハーバート・ウェルシュや、クエーカーの有力者だったアルバート・スマイリーらは、仲間を集めて、全国のインディアンの救済を求める運動団体をつくり、自らを「インディアンの友たち」と自称しはじめた。運動は一種の社会的ブームとなり数万人規模の支持者を獲得した。そして、数の力を背景に、自分たちの考えた政策を政府に実行させていった。

「インディアンの友たち」は、インディアンを「アメリカ人」にすることを目標としていた。しかし、同化や、同化政策という言葉で、自らの目的をいい表すことはなかった。これらの言葉は、移民政策を研究した20世紀の社会学者が使っていたものであり、「インディアン同化政策」という表現は、歴史家が研究用語としてここから借用し、一般化したものである。

歴史的事実に即していえば、インディアン政策とヨーロッパから来た移民の同化政策とを類似の政策と考える発想は、当時の政府関係者や「インディアンの友たち」にはほぼなかった。彼らは、インディアンの文化を「石器時代」レベルのものと考えており、「石器時代」の人種がアメリカ人にふさわしい知性を得るのは、進化と遺伝の法則から将来的にも不可能と考えていた。そのため、少なくとも「現代人」とみられた移民と同じように、インディアンがアメリカに同化できるとは真面目に考えておらず、政策の目的や内容はそれぞれ異なった。

インディアン政策の目的

「インディアンの友たち」が考えた、当時のインディアン政策の目的は、次の三点に分類できる。

第一に、インディアンをキリスト教徒にすることである。「インディアンの友たち」は、インディアンの古くからの信仰を法律で禁止すること、保留地でのキリスト教勢力を政府が援助することを強く求めた。実際に、政府はこうした政策を実施したが、これは移民政策の場合と大きく異なる。移民の場合、カトリックやユダヤ教徒の急増に不安を覚えつつも、政府は信仰の自由を一貫して保証していたからである。

第二に、インディアンを「労働者」にすることである。この点で放任的だった移民政策と異なり、

カーライル・インディアン実業学校に入学後、同化教育を受けたオマハ族の少年たち（1880年、NARA所蔵）

インディアン政策では、「自立した労働者」を促成するための職業訓練を連邦政府が公費で行った。西洋的な意味での就業経験がない人びとに対する職業訓練が、人道的な見地から計画されたのは否定できない。ただし、インディアンの知的能力には限界があるとされたので、肉体労働者にすることをその目的としていた。

第三に、インディアンを「アメリカ人」にすることである。「インディアンの友たち」には、市民を文化的に均質な「国民」にしていくべきとする、帝国主義時代特有の意識があった。そのため、生活習慣から国旗崇拝の仕方まで、アメリカ人同様にすることを政府に強く求めた。この点については、移民も同じ経験をしているが、インディアンの場合は相当程度の政策的な強制を伴った点で、はっきりと違いがある。

この三点が達成されたとき、インディアンがアメリカ社会の「坩堝《るつぼ》」に溶け込むと「インディアンの

アルバカーキインディアン寄宿学校で、裁縫教育をうける女子（1910年前後、NARA所蔵）

友たち」は考えた。政府も、資金を十分に投じれば短期間で目的が達成できると考え、先住民政策としては世界史的に巨額といえる予算がつぎ込まれていった。

インディアン政策の内容

このような目的を達成するため、連邦政府は、学校をつくったり、農業・家事指導員を派遣したり、教会や住宅の建設を援助したり、警察や裁判所をつくったりした。こうした政策は、中央政府が主導し、現地行政を統括する行政官を多数派遣したという点で、列強による植民地統治に似ている。また、政策について、事前に被統治者（インディアン）の意見を聴くことはなかった点も同じである。

政府が最重要視していた政策は、学校教育だった。子どもたちを親から引き離して文化継承を断つことが、「同化」には重要だと考えていた。そのため、保留地から離れた場所を優先しながら、インディアン専用の寄宿学校を建設した。学生には、部族の将来に貢献したいという気持ちから自主的に進学した子もいたが、保護者の許可なく連れ出された子もいた。

学校では、インディアンの言葉は禁止され、違反者には体罰が与えられた。授業では、手作業教育が特に重視され、男子は農業や大工仕事など、女子は家庭科を学んだ。移民が受けた公教育とは一線を画するものであり、レベルは低かった。これは、インディアンには「高度な教育をしても無駄」という考えからだった。また、「怠惰な人種だ」という誤解から、軍隊を真似た厳しい規律管理もなされていた。

インディアン政策の結果

では、こうした政策は、インディアンのアメリカ社会における権利向上に効果を発揮したのだろうか。

結論的にいえばそれは疑わしい。例えば、学校で職能を身につけて保留地に帰っても、適当な農地、雇用先、嫁ぎ先がないことが多く、以前の生活に戻ることを決意する人も少なくなかった。また、不適切な衛生管理の結果、病気で亡くなってしまう人もいた。

20世紀初頭に、政府はようやく「同化政策」が機能していないことに気付いた。ただ、インディアンの怠惰や、現場での政策の不適切な運用をその原因とみなしたので、30年代まで抜本的な政策転換はしなかった。「インディアンの友たち」も、フィリピンなどの植民地住民の改革に情熱を傾けており、政策の修正を強く求めることはなかった。こうしたなか、1910年代には「同化」推進派のインディアンが、政策の強化・修正を求める団体を興した。しかし、その規模は小さく、政策への影響力も限定的だった。実際、連邦議会はインディアン関連予算の削減を進めていき、結果として、食糧供給など生きるために必要な部分に、しわ寄せが向かうこともあった。

このように、政府が実施したインディアン「同化政策」は、50年の長きに渡ってインディアンを振り回した。同時期の移民が生活の向上を遂げていたことを考えれば、この政策は、インディアンがアメリカ社会で生きるうえでプラスになるどころか、相当のハンデをもたらしたと評価せざるを得ない。

（宮下敬志）

［参考文献］
水野由美子『〈インディアン〉と〈市民〉のはざまで――合衆国南西部における先住社会の再編過程』名古屋大学出版会　2007年
宮下敬志「『文明化』ミッションにおける白人改革者の利害――19世紀末アメリカ先住民契約学校制度の分析」『立命館史学』27号　2006年11月
宮下敬志「『アメリカ・インディアン改革』から『植民地改革』へ――人種マイノリティ『改革』者のハワイ・フィリピン・プエルトリコ『改革』への関与、1900～1910」『立命館文学』597号　2007年2月
宮下敬志「米国先住民『文明化』教育――ハンプトン農業師範学校における教育実践とその影響」『立命館文学』604号　2008年3月
宮下敬志「国境を越えた人種マイノリティ教育の移転――アメリカ合衆国史の事例から」『グローバリゼーションと植民地主義』人文書院　2009年
ロバート・トレナート著、斎藤省三訳『アメリカ先住民　アリゾナ・フェニックス・インディアン学校』明石書店　2002年

6

一般土地割当法

★文明化への幻想と現実★

先住民に対する土地割り当て政策の根底には、先住民文化、社会が野蛮であり、先住民は文明化、あるいは自営農民化するべきであるという、先住民政策立案者らの歴史的な共通認識があった。そのためには先住民に保留地の土地（財産）の個人所有を促し、市民権を与え、さらに同化教育を施すべきとの点は、世紀転換期、先住民政策に関心をもつ人道主義者らによって構成されていたレイク・モホンク会議でも確認された。1887年には、「各保留地に住むインディアンに単独保有地の割り当てを規定するための法律」、いわゆる「一般土地割当法」が施行され、以後、先住民に対する同化政策の基軸として、全国の保留地で施行された。同法は立案者であり、レイク・モホンク会議のメンバーでもあったマサチューセッツ州選出の上院議員、ヘンリー・L・ドーズの名をとって「ドーズ法」とも呼ばれている。

「一般土地割当法」は以下の点を定めている。保留地に居住する先住民に対して、各家族の家長に保留地の土地160エーカー（64万7497平方メートル）、18歳以上の単身者と18歳未満の孤児に80エーカー（32万3748平方メートル）、18歳未満の単身者には40エーカー（16万1874平方メートル）を割り当てること、割り当て地は25年間の信託統治下に置かれ、その間、内務長官の許可がなければ売却、譲渡が禁じられること、合衆国内に生まれ、「一般土地割当法」により土地の割り当てを受けた先住民は、合衆国市民となること、加えて、インディアン・テリトリー内に居住するチェロキーなど12の部族は同法の規定から除外されること。「一般土地割当法」は、1891年と1906年に修正されたが、後者では、割り当て地の信託期間が廃止され、割り当てを受けた先住民には無条件に市民権が付与されることが定められた。

「一般土地割当法」は、ジェファーソン的理想主義に基づいて、アメリカ人の独立自営農民化を促進した1862年の「ホームステッド法」を、先住民にも拡大適用する試みであった。両者の異なる点は、先住民が割り当てられた土地の土地所有者となり、アメリカ市民権をもつのに25年の歳月が必要であるとされた点である。また、市民となった先住民個人は、連邦先住民政策の適用外となり、州、準州の管轄下に置かれた。つまり、「一般土地割当法」には、先住民に対する連邦政府の補償を終わらせ、その負担を軽減させる目的もあったのである。同法は、元来の先住民居住地を、先住民個人に一方的に割り当てながら、先住民に理想的アメリカ人像を押し付け、文明化の名のもとに保留地と部族共同体を解体し、先住民の法的地位を奪う欺瞞的政策であるといえる。

「一般土地割当法」はその制定から約半世紀間で、118の保留地で施行された。しかし結果的に、同法はその当初の目的を達成できなかった。その理由としては、そもそも、保留地は不毛な土地が多く、割り当てを受けても生活を支えるのに十分な農業収入は見込めなかったこと、また、割り当てを受けた先住民の多くが農業に従事せず、一時的生活費と引き換えに土地を売却したことなどがある。

そのため、1887年には1億3800万エーカー（55万8466平方キロメートル）存在した先住民の土地は、割り当て政策が廃止された1934年までに4800万エーカー（19万4249平方キロメートル、現在の日本国土の約半分）に減少していた。「一般土地割当法」は、保留地と個人所有地の両方を失った、多くの「土地を持たない先住民」を輩出したに過ぎなかったのである。

一方、先住民へ割り当てた後に残った広大な保留地の土地は「余剰地」とみなされ、当時、アメリカ西部に押し寄せる開拓者、鉄道業者、牧畜業者、森林業者、鉱山業者、土地投機業者らに次々と開放され、あるいは、国立公園や軍事施設の誘致場所となった。結果として、保留地は、その元来の境界内に先住民、非先住民の個人所有地、公有地、連邦信託地、州の管轄区域が混在する「飛び地」の集合体になり果てたのである。

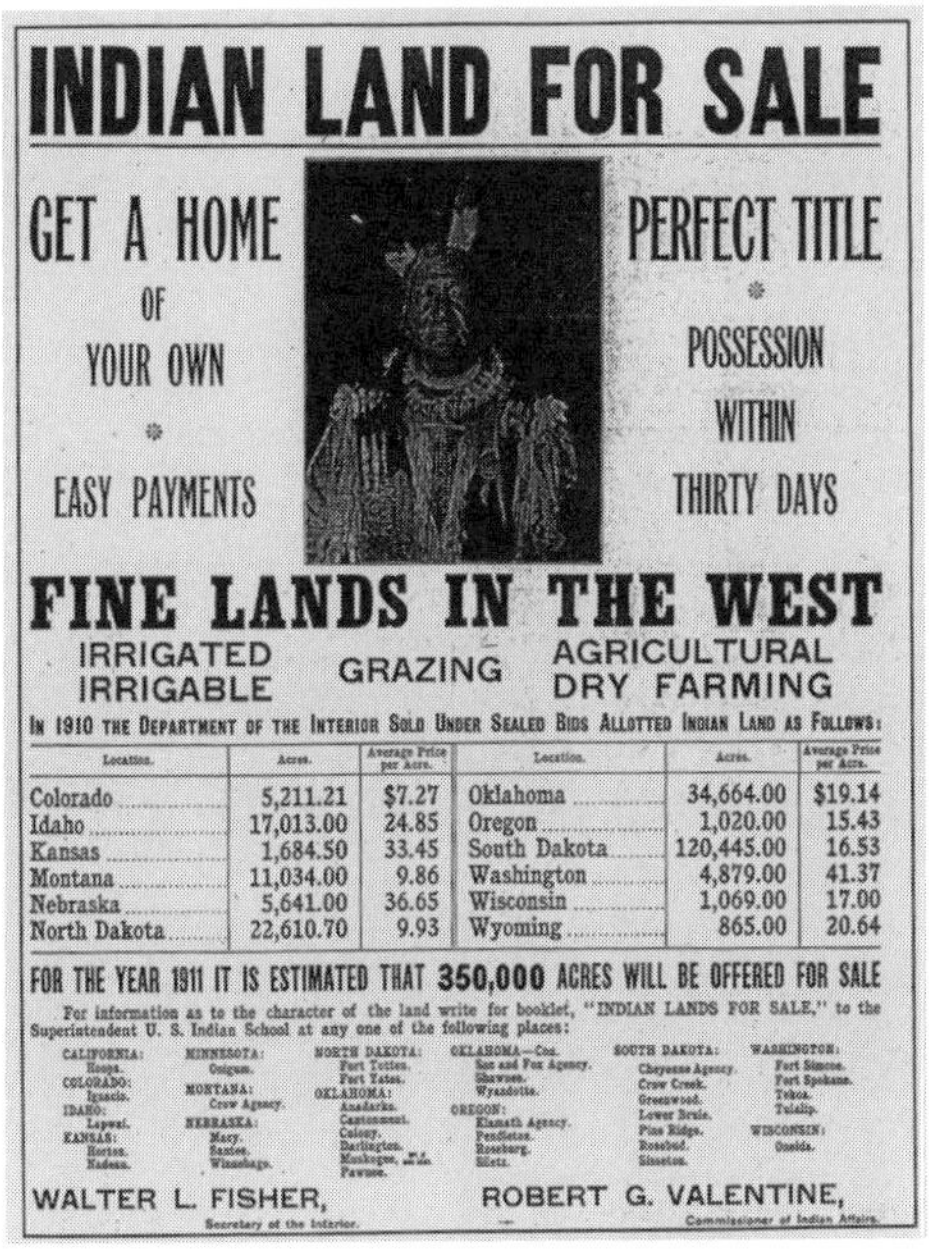

1910年に出された「余剰地」の宣伝広告

1928年にブルッキングズ研究所から刊行された『インディアン行政の問題点』、いわゆる『メリアム報告書』は、「一般土地割当法」の失敗を赤裸々に報告し、先住民政策関係者に大きな衝撃を与えた。報告書は先住民への割り当て地と保留地の両方が急速に減少したことで、先住民が生活基盤を失い、貧困状態に陥ったこと、また、元来、土地を基盤として維持されてきた先住民の部族社会、あるいはその相互扶助体制が崩壊したことにより、保留地における内務省インディアン局の管理体制をより強化せざるをえない結果をもたらしたことなどを指摘した。報告書は、「土地の個人所有が、先住民の文明化教育にとって有効になるというような幻想を抱いていたようだが、結果は全く逆に働いた」と結論付けている。

また、「一般土地割当法」の適用は、女性が社会的、政治的に重要な役割を担っていた先住民社会のジェンダー規範を大きく変質させた。同法は一家族内において割当地を受け取るのが家族の家長（男性を意図）であると定めている。こうした規定は、元来、女性が財産管理やその継承を担い、母系性をとっていた多くの先住民社会に対し、家長に財産が集中する、家父長的制度を強制したといえるであろう。これにより、先住民社会における女性と土地との結びつきは弱まり、また家族内において、男性に対する女性の依存度を高めたと指摘されている。

メリアム報告書の刊行と前後して、先住民政策改革に関心をもつ福祉団体の多くが、「一般土地割当法」と、それを施行するインディアン局への批判を強めていった。かつて、レイク・モホンク会議で「一般土地割当法」の制定を後押ししたインディアン権利協会をはじめ、先住民政策関係者や福祉団体の代表が出席した1933年のコスモスクラブ会議では、インディアン局を除いて、「一般土地割当法」の廃止を求める声が大勢であった。「一般土地割当法」は、およそ半世紀後に制定された「再組織法」（第8章参照）によって正式に廃止されることになる。

（野口久美子）

［参考文献］

富田虎男『アメリカ・インディアンの歴史』第3版　雄山閣　1997年
Meriam, Lewis, *Problem of Indian Administration*, Baltimore: Johns Hopkins Press, 1928.
Washburn, Wilcomb E., *The Assault on Indian Tribalism: The General Allotment Law of 1887*, Philadelphia: J.P. Lippincott Co., 1986.

7

合衆国市民権と先住民

★「インディアン部族《トライブ》」概念の歴史的変遷★

一定の要件を満たせば、あなたは、出生時あるいは出生後に、合衆国市民《シチズン》になる資格を得られます。

この一文は、合衆国の国土安全保障省の公式ホームページからの引用である。ぜひ、「合衆国市民権《シチズンシップ》」と題したページにアクセスしてみてほしい（http://www.uscis.gov/us-citizenship）。それによると、親の国籍を基準とした血統主義を採る日本とは異なり、合衆国は生地主義を採っていることがわかる。

では、合衆国領内で出生したアメリカ先住民は、合衆国市民なのだろうか。今日では、答えは単純明快である。もちろん、彼らも市民である。ところが、歴史を振り返ってみると、途端に、答えは複雑な様相を呈する。なぜなら、個々の条約・法律等による市民権付与の前例があるものの、すべての先住民に自動的に市民権が付与されたのは1924年の法律（通称「インディアン市民権法」）によってであったからである。事実、それ以前には、法的な意味で「インディアン部族」ではあるものの「市民」ではない先住民が存在していた。合衆国は生地主義を採っているにもかかわらず、なぜ、彼らは「市民」ではなかっ

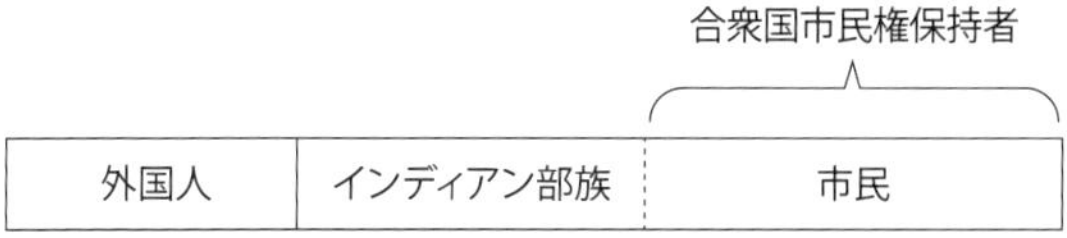

図１　「インディアン部族」と「市民」の関係　※建国期～19世紀前半

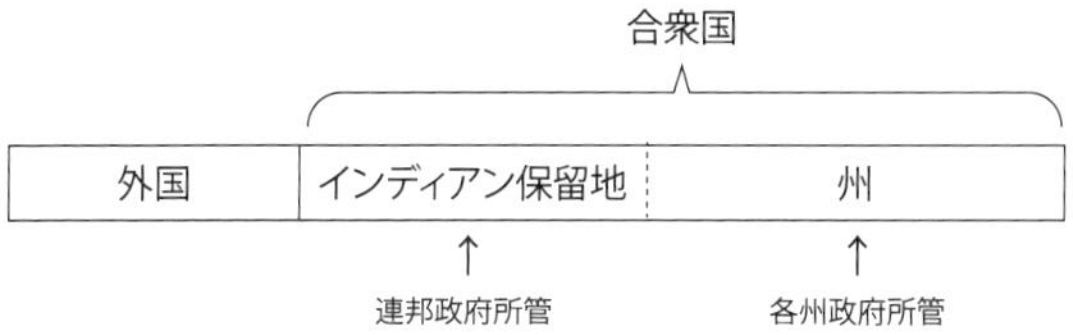

図２　「インディアン保留地」と「州」の関係

たのだろうか。以下では、この疑問を解きほぐしていきたい。

建国から19世紀半ばまでの先住民政策の基調は、先住民諸集団に対して、「市民」とは異なる「インディアン部族」という法的地位を与えるというものだった。「インディアン部族」という法的地位――実際には、○○部族という固有名詞がつけられた――を与えられた先住民個人は、法的な意味で「外国人」ではないが「合衆国市民」でもないとされた（図1）。そして彼らは、州政府ではなく連邦政府の管轄下にあって、自らが属する部族名を冠した保留地《リザベーション》に居住するものとされた（図2）。たとえば、１７８８年に成立した合衆国憲法には、連邦下院の議員定数に関する条項のなかで、各州の人口の算出時に「インディアンは除く」という一文があった。このことは、憲法において、「インディアン部族」と「市民」は別個の法的地位とみなされていたことを示している。

ところが、次第に、こうした理念が実態と食い違うようになっていく。以下では、保留地とその住民に焦点を絞り、具体的にみてみよう。

最初に、保留地という「土地」に注目してみたい。19世紀後半以降、世界屈指の工業国となった合衆国では、鉄道の敷設や地下資源の開発という観点から、保留地の土地への需要が急激に高まった。こうしたなか、保留地制度の廃止を目論む新たな施策が導入されることになる。その代表例としては、1887年の法律（通称「一般土地割当法」）に基づく施策が挙げられる。同法の目的は、特定部族の保留地をその成員個々人に割り当て、将来的には、その住民に市民権を付与して「市民」が所有する私有地へと転換することだった。この法律についての詳細は、第6章を参照していただきたい。ただし、市民権という観点からみて、ここでは以下の点を確認しておきたい。それは、19世紀末に保留地の漸次廃止策が一部で導入されるなかで、付随的に、保留地の住民への市民権付与問題が論じられるようになったという点である。

次に、保留地の住民という「人」に着目してみよう。19世紀後半には、何らかの理由で出身部族との関係を絶ち、保留地外で生活している先住民も少なからず存在していた。1884年の連邦最高裁判決（エルク対ウィルキンス事件判決）は、まさにこのような状況から生じた判決だった。この裁判は、出身部族から離れて都市に住んでいたジョン・エルクという先住民が、市民ではないとの理由で参政権を否定されたとして告訴したものである。それに対して、連邦最高裁判所は次のような見解を示した。原告は、たとえ合衆国領内で出生していたとしても、憲法のいう「インディアン部族」の一員であって「市民」ではないため、憲法が市民に保障する参政権を剥奪されたとはいえない、と。この事例が象徴しているように、「インディアン部族」と「市民」の明確な分離という従来の前提は、徐々に崩れつつあった。

加えて、第一次世界大戦直後には、さらなる矛盾が浮き彫りになった。合衆国市民権をもっていない先住民復員兵の存在である。もはや事態を放置することは不可能だった。首都ワシントンにおける対応策の一つが、前述の1924年の法律の制定である。同法によって、すべての先住民に市民権が付与される一方で、「インディアン部族」のみに認められてきた諸権利は従来通り保障された。ちなみに、当時の「インディアン部族」の成員(約25万人)のうち、約3分の1が同法によって初めて市民権を獲得したという。こうして、先住民の市民権問題は、法律上に限れば一応の決着をみた。「インディアン部族」の成員には、市民にはない固有の——たとえば、共同で保留地を占有・維持する——権利・義務がある一方で、「市民」としての権利・義務もある。このような「インディアン部族」概念は、基本的には、21世紀の先住民政策にも引き継がれている。

なお1920年代には、先住民が自らの市民権問題に関して発言する機会はほとんどなかった。ただし、一般的な傾向として、次のような反応があったといえるだろう。保留地制度が揺らいでいた大平原地帯などの先住民や出身部族との関係が断たれていた先住民のあいだでは、1924年の法律に対して好意的な反応がみられた。同法は、前述のエルクのような無権利状態から脱する法的根拠となるからだった。それとは対照的に、部族関係や保留地制度が比較的温存されていた合衆国南西部などの先住民のあいだでは、無関心ないし否定的な反応がみられた。その主な理由は、市民権付与の代償として、長年死守してきた保留地の私有地化を要求されるのではないかと恐れていたためだった。

今日でも、一部の先住民のあいだでは、「市民」としての諸権利を享受すれば「インディアン部族」

固有の権利を奪われるのではないかとの懸念は根強く残っている。また、非先住民のあいだでも、国民統合や経済開発などの観点から、「インディアン部族」という特殊な法的身分やその占有地＝保留地の廃止を求める勢力は常に存在している。このような点を踏まえれば、先住民と市民権の関係は、建国期から21世紀まで続いている古くて新しい問題といえるだろう。

（中野由美子）

[参考文献]

高佐智美『アメリカにおける市民権──歴史に揺らぐ「国籍」概念』勁草書房　２００３年
水野由美子『〈インディアン〉と〈市民〉のはざまで──合衆国南西部における先住社会の再編過程』名古屋大学出版会　２００７年
U.S. Department of Homeland Security, U.S. Citizenship and Immigration Services, "U.S. Citizenship," <http://www.uscis.gov/us-citizenship>, ２０１５年９月15日閲覧

8

インディアン再組織法

★部族の自治、自活に向けて★

１９３４年６月18日、「インディアンの土地と資源を保存し、開発すること、およびインディアンに事業やその他の組織体を形成する権利を与えること、およびインディアンのために信用貸制度を設立すること、およびインディアンに地方自治に関する一定の権利を承認すること」を目的とした一つの法律が制定された。同法は、連邦議会への法案提案者であるモンタナ州上院議員バートン・Ｋ・ホイラーとネブラスカ州下院議員エドガー・ハワードの名にちなみ、「ホイラー・ハワード法」、あるいは、「インディアン再組織法」（以下「再組織法」とする）と呼ばれている。

20世紀初頭の先住民社会の特徴は、いうなれば、多様化と貧困化である。先住民社会は保留地や個人所有地の有無、識字率やキリスト教の普及率、伝統的社会体制の継承程度などについて明らかな多様性を有していた。それは、過去半世紀にわたる合衆国による同化政策の適用、受容度合いによるところが大きい。しかしながら、メリアム報告書（第６章参照）で明らかになったように、こうした社会は等しく貧困状態にあったという点で共通していた。先住民は、まさにアメリカ社会の経済的最底辺層に位置付けられていた。

先住民の貧困は、世紀転換期から20世紀初頭にかけて活躍した社会福祉活動家らの関心を集めた。同時期、都市部の移民救済活動に従事していたジョン・コリアもその一人である。コリアによって設立されたアメリカ先住民擁護協会をはじめ、インディアン権利協会、全国女性協会、全国市民自由連盟などが先住民の貧困に対し強い問題意識をもち、先住民社会の現状に関する調査の必要性と新たな先住民政策改革案を積極的に提言していった。

こうした提言は、フランクリン・D・ルーズベルト大統領によるニューディール政策のなかで採用された。のちにインディアン・ニューディールと呼ばれることになる一連の先住民政策改革のなかで、ルーズベルトは、コリアを局長に迎えて内務省インディアン局の再編をはかり、民間保護局に先住民部門を設立するなどの失業救済策を講じた。コリアによる先住民政策改革案はニューディール諸法が続々と通過する連邦議会第73議会にかけられ、ここに「再組織法」が成立した。

冒頭に挙げた法律の正式名が示すように、「再組織法」は、先住民の貧困を先住民部族の自治と自活を促すことで改善することを目的としている。そのため、同法第1条では、「一般土地割当法」(第6章参照)を廃止すること、第16条では、部族自治のために部族憲法と部族政府を設立すること、第17条では経済発展のために部族法人を設立することなど、先住民社会の政治的、経済的再建に向けた諸政策が提示された。

加えて、「再組織法」の画期的な点は、その適用が先住民の自由意志に委ねられたことである。同法第18条には、「再組織法」の賛否を巡って、先住民が多数決投票を行うことが定められている。1

フラザッド保留地の先住民に対し部族憲法を承認するハロルド・イッキス内務長官（前列中央）とジョン・コリア（後列中央）

935年末までに、「再組織法」に対する258件の投票が行われた結果、181部族（12万9750人）が同法を受け入れ、77部族（8万6365人）が受け入れを拒否した。なお、オクラホマ州とアラスカ準州に居住する先住民は、「再組織法」の適用から除外されていたが、1936年には「アラスカ再組織法」と「オクラホマ先住民福祉法」がそれぞれ制定されることにより、同様の条項が適用された。

第18条による賛否投票の結果は、「再組織法」に反対する先住民の存在、さらには先住民社会の多様性を改めて露呈することになった。例えば、アメリカ社会への同化を優先するカリフォルニア州の一部の部族は、「再組織法」が先住民のアメリカ社会からの隔絶を促進することを批判し、ナヴァホ族は、部族主権への侵害であるとして、反対票を投じた。また、多くの先住民部族からは、部族憲法や部族政府の設立過程における内務長官の権限や、「何度も裏切られてきた」連邦政府自体を批判する声があがった。

また「再組織法」は、のちの研究者からも多くの批判に晒《さら》されることになった。例えば、同法の適用を正当化する最たる根拠となった賛否投票結果に対する疑念が提示された。その背景には、棄権票が賛成票として数えられたこと、あるいは、英語を読めない先住民に対し、複雑な一括法である「再組織法」の説明が不十分であったことなどがある。こうした点は、部族自治を謳《うた》いながら同法の適用過程を意識的に誘導したインディアン局の後見的態度（部族憲法作成時の「ひな形」の存在などにも明らかである）、あるいは、先住民の部族社会を「レッド・アトランティス」として理想化したコリア自身に対する批判の声を高めることになる。歴史家グラハム・テイラーは、「再組織法」の受け入れ投票や運営は先住民の主体性を欠いており、部族政府はインディアン局の「傀儡《かいらい》政権」に過ぎないと結論付けている。

このように、「再組織法」は先住民の「伝統的」社会のあり方を軽視し、インディアン局主導による新たな「部族自治」体制を先住民に押し付けた。結果として同法は、それに対する賛否をめぐって既存の先住民社会を分裂させる結果をもたらしたと同時に、先住民を現在に至るまで、インディアン局の新たなる後見制度に従属させることになったといえよう。

とはいえ、同法は、部族社会の崩壊と表裏一体で進められたそれまでの同化政策から、部族社会を基盤とした先住民の政治、経済体制の再構築を目指す多元主義的政策へと、先住民政策の大きな転換点となったことは確かである。その大きな功績の一つは、「一般土地割当法」を廃止することにより、初めて保留地の減少に終止符を打ったことである。以後、保留地は、先住民の部族自治、自活の場となるに止まらず、先住民の精神的拠り所、あるいは文化継承の場となっている。また、「再組織法」

は、部族憲法、部族政府を基盤とする再組織法型部族を承認するという連邦部族承認体制を確立することで、以後、部族成員に周辺自治体や州、連邦政府との折衝や交渉の道筋を開いた。それは、近年の連邦部族によるカジノ産業の運用過程などにも顕著である。同法が、政治的、経済的、文化的自治を求める現代の先住民社会にもたらした貢献は大きい。

（野口久美子）

［参考文献］

野口久美子『カリフォルニア先住民の歴史——「見えざる民」から「連邦承認部族」へ』彩流社　２０１５年
Rusco, Elmer, *A Fateful Time: The Background and Legislative History of the Indian Reorganization Act*, Reno: University of Nevada Press, 2004.
Taylor, Graham, *The New Deal and American Indian Tribalism: The Administration of the Indian Reorganization Act, 1934-1945*, Lincoln: University of Nebraska Press, 1980.

9

部族政府

★伝統と自治のはざまで★

２０１６年現在、合衆国に存在する５６７の連邦承認部族（以後、部族）は、部族政府を有している。部族政府は、内務省インディアン局の監督下において、対外的には州、郡から独立した自治機能をもち、対内的には部族成員の意思決定機関としての役割を担う。具体的に、部族政府は、部族成員の選挙によって選出された部族議員からなり、インディアン局からの補助と監督を受けながら、部族の成員規定、部族成員に対する課税、治安維持、部族の土地管理、教育・医療制度、環境・天然資源の管理、そして、電気、上下水道、道路、橋などのインフラ整備などを担う。連邦信託地である保留地において部族が自治権を行使することは、合衆国における先住民の特殊な法的、政治的地位を最も明確に示している。

元来、アメリカ先住民は、村、氏族、あるいは部族単位で生活を営んできた。こうしたグループ内の政治形態は多様であり、一般化することはできない。例えば、現在のニューヨークからカナダ国境付近に居住する五つの部族（後に6部族）は、10世紀から16世紀にかけてイロコイ連合を形成し、合議制に基づく複雑な統治形態を確立していた。またカリフォルニア州中部に居

ナヴァホ部族議会（個人蔵）

住する先住民は、食糧入手地域に沿って、数十人から数百人程度の部族ごとに分散して居住し、中央集権的な組織は有していなかった。形態は異なるが、概して、各グループは精神的リーダーや長老を中心とする独自の決定機能を有していた。

現代の部族政府の形態は、1934年の「インディアン再組織法」（第8章参照）で規定された。20世紀初頭までに、上記の「伝統的」政治形態は、戦争や疫病などによる人口減少、強制移住や保留地政策などの連邦先住民政策、あるいは先住民の離散や移住によって大きな打撃を受けた。「再組織法」は先住民に対し、「伝統的」グループや保留地ごとに、内務長官の承認下において新たな部族を組織することを提案した。そのために、同法は、部族成員が部族憲法を制定し、所定の手続きに則った選挙で部族議員と部族議長を含む部族政府を組織することを条件とした。部族政府は、現代まで続く、合衆国における先住民の間接統治体

ローズバッド・スー部族議会（個人蔵）

制の一環といえるであろう。

次に、カリフォルニア州にあるトゥールリヴァー部族の部族政府の事例をみてみよう。州中部のトゥールリヴァー保留地に居住する先住民は、「再組織法」の下、１９３６年に部族憲法を制定した。同憲法第２条第２項は、「内務長官による査定の対象となる条例の提案、将来的な成員管理、部族による成員の承認に関しての権限をもつ」部族政府を設立する、さらに同憲法第３条は、同部族議会が、「部族成員の投票によって選出された９名の部族議員からなり、部族議会内から議長、副議長を……選出する」と定める。こうした手続きを踏むことにより、内務省インディアン局は、トゥールリヴァー保留地の先住民を新たにトゥールリヴァー部族として承認した。

トゥールリヴァー部族政府は、それを組織した先住民が有していた元来の政治形態とは大きく異なる。そもそも、トゥールリヴァー保留地は１８７２年、複数の異なる部族の居住地として設立された。これらの部族群は主にヨクート語族に属するものの、個々の部族ごとにティヤと呼ばれる政治的リーダーを有し、独立した社会体制を築いていた。つまりトゥールリヴァー部族政府は、そこに居住する先住民が「再組織法」の下で新たに設立した政治組織なのである。

トゥールリヴァー部族政府の事例にみられるように、「再組織法」以後、多くの先住民グループは、元来の政治形態を変質、変容させ、部族政府を設立した。そのため、「伝統的」政治形態と「再組織法」下で新たに設立された部族政府との間での軋轢《あつれき》や、部族内分裂が生じた地域も多い。その典型的事例は、サウスダコタ州のパイン・リッジ保留地で起きたウンディッド・ニー占拠事件であろう。かつて、ウンディッド・ニーの虐殺（１８９０年）が起こった地を先住民が占拠したこの事件の背後には、部族政府の正統性をめぐる部族内分裂があった。このとき、部族議長のネポティズムや部族議員による政府補助予算の私的流用などに不満を募らせていた反部族政府派の部族成員は、ＡＩＭ（第14章参照）に支援を要請し、結果、71日間にもわたるウンディッド・ニーの占拠に至った。その間、「再組織法」下で設立された部族憲法に抗議するために住民投票の実施を請願する署名、１４００人分が集められ、内務省インディアン局に提出された。だが、請求は却下されたうえ、部族議長はグーンズと呼ばれる私兵を募って反対派の弾圧に乗り出した。このとき、グーンズは60名にのぼる部族成員を殺害したといわれており、この部族内抗争の禍根は現在でも保留地の人間関係に影響を及ぼしている。

一方で、多くの部族政府が部族の「伝統的」リーダーシップ体制や部族成員の要請を部分的に取り入れながら機能してきたことも事実である。部族政府は、その設立以前はインディアン局や連邦議会が全面的な裁量を有していた本章冒頭の諸事について、部族側の要望を積極的に発言する母体となった。また、州税が免除される保留地内では、部族政府が中心となり、たばこやガソリンの販売、観光業など独自の経済活動に従事し、一部の部族はその収益によって、地域、州、さらには連邦に対して発言力を強めるまでになった。カジノ産業からの収益金を政党への寄付金に充て、ホワイトハウスにまで影響力をもつ一大政治勢力となったピクォート部族の事例は最たるものである。

先住民は、合衆国と先住民の信託関係（合衆国が先住民の地位、土地、財産を後見的立場から保護する連邦・部族関係）に基づく特殊な地位をもつ。部族政府は、こうした間接統治下にある先住民の自治、自活を担う、最も現実的な手段となってきたといえよう。一方、伝統と自治のはざまで、多くの部族政府は、部族内分裂、部族成員の運営能力の欠如や部族議員の縁故主義といった継続的問題を抱えている。そのためにも、今日の部族政府は、それを運営する、部族内の人材育成が急務であることは確かである。

（野口久美子）

［参考文献］

阿部珠理『アメリカ先住民――民族再生にむけて』第2版　角川学芸出版　2015年
野口久美子『カリフォルニア先住民の歴史――「見えざる民」から「連邦承認部族」へ』彩流社　2015年

10

自治問題

★連邦、州と区別される「第三の主権」★

合衆国内のそれぞれの先住民集団（部族）は、当然のことながらヨーロッパ人の北米大陸植民と征服以前から、それぞれが「自治（Sovereignty）」（「主権」ともいう）を行使していた。各々の先住民集団はこの自治を、アメリカ合衆国連邦体制の統治下におかれた今も、一定の制限の下にではあるが認められている。

ここでいう先住民集団の「自治」には概念上、大きく分けて二つあるといわれている。一つは、「政治的自治（Political Sovereignty）」である。近年はそれに加え、先住民の文化や思想面の不可侵の独立性を強調する、形而上的な「文化的自治（Cultural Sovereignty）」もしばしば主張されるようになってきている。しかし本章では、先住民の物理的な生存、サバイバルにかかわる前者について述べたい。

先住民集団の合衆国連邦体制下における自治権の基本原則は、19世紀初頭の連邦最高裁判所長官ジョン・C・マーシャル（John C. Marshall）による、いわゆる「マーシャル三大判決（The Marshall Trilogy）」で定められた。マーシャルは、「ジョンソン対マッキントッシュ（Johnson v. M'Intosh）」判決（1823年）で、先住民集団の諸権利はヨーロッパ人の北米大陸「発見」と入植に

トニー・ヒラーマン（Tony Hillerman）『シェイプ・シフター（*The Shape Shifter*）』（New York: Harper, 2006; 未翻訳）―複雑な管轄権が存在する先住民自治領域内で発生した犯罪を追う、ナヴァホ警察の２人の警官を主人公にした全米ベストセラー・シリーズのなかの１冊

よる「征服」によって制限を受けることになったため、先住民が土地を譲渡できる相手は連邦政府に限られるとした。また「チェロキー・ネーション対ジョージア（Cherokee Nation v. Georgia）」判決（１８３１年）では、先住民集団は「外国」には相当しないが、州とは区別される、自律的、自治的な「政治結社（political societies）」であり、「国内の従属国家（domestic dependent nations）」であるとした。またマーシャルは「ウースター対ジョージア（Worcester v. Georgia）」判決（１８３２年）では、先住民集団は太古より土地を占有し、その境界内に支配権を有する「明確に独立した政治的共同体（distinct, independent, political communities）」であるとし、自由な土地の譲渡と外国との交際を除く自治権を認め、州の権限もそのうえには及ばないとした。以上によって先住民集団は、合衆国の各州内に（あるいは境界をまたぎ複数の州内に）存在しつつ、連邦政府、各州と並ぶ「第三（番目の）の主権」であるとみなせるのである。

ゆえにそれぞれの先住民集団は、合衆国内におけるその自治領域――それは広義には「インディアン・カントリー」、狭義には多くの場合「保留地」（第4章参照）とよばれる場――で連邦、州とは別個の立法、行政、司法権を保証されている。先住民集団は成員（部族民）を認定し（第19章参照）、法廷や警察をもち、成員に医療や教育を提供し、経済活動を行うことができる。自治領域には連邦税、州税が課されることはなく、先住民集団が独自に法人税や消費税等を課すことができる（自治領域内で物品を購入した非先住民にも先住民集団により消費税が課される）。なお自治領域外に居住し、あるいはそこで収入を得た先住民は、他のアメリカ市民と同様に連邦税、州税を支払う義務が生じる。

その一方で合衆国最高裁判所は、（先に述べた合衆国建国以前から存在する先住民自治の始原性という観点から批判されているものの）連邦議会だけが先住民集団主権に優越する「全権（plenary power）」をもち、先住民の土地所有権を廃止することができるという判断を下してきた。これ以外にも、現在に至るまでの数々の条約、法令、行政命令、判決によって、「第三の主権」たる先住民集団は、さまざまな、そして非常に複雑な制限を受けるようになってきている。特に1970年代後半以降の合衆国最高裁の諸判決では、先住民主権の拠り所たる自治領域内の権限行使が、以前より厳しく制限される傾向が生じている。例えば、インディアン・カントリー内の土地を私有する非成員（非先住民）に対し、先住民集団が権限を及ぼし難い環境が生じている。有名な「モンタナ対合衆国（Montana v. United States）」判決（1981年）では、保留地内の非先住民私有地内で行われる狩猟に対し、先住民集団は規制を加えることができないとされた。同判決の結果、先住民集団は自治領域内の非成員私有地内の活動に対して、部族の政治的統合、経済的安定、および保健福祉に脅威を与えられるか、直接的な影響を及ぼされない限りは、規制を加えることができないことになった（モンタナ例外条項［Montana Exemption］）。そして、このような脅威や影響が存在していることを証明するのは、先住民集団にとって現実には非常に困難なことであるのはいうまでもない。

先住民自治領域内で発生した犯罪に対しても、非常に複雑な管轄権が存在する。犯罪の種類や、被害者および加害者が先住民と非先住民のいずれかによって、捜査主体が連邦警察（FBI）、州警察、先住民自治体警察のどの管轄になるかが決められる。これについても最高裁「ドゥーロ対レイナ（Duro v. Reina）」判決（1990年）は、先住民集団が自治行使の重要な一環として保持する犯罪管轄権は、自治領域内の非成員（非先住民）に対しては及ぼされないとの判断を下している。

また現在、先住民集団の自治は二つの面からの非難にさらされている。一つ目は、周縁の非先住民社会からの、人種的偏見も伴った嫉妬と反感である。合衆国政府による歴史的な各種保護、優遇、免除措置に加え、一部の先住民集団は、有名なカジノに代表されるような各種事業によって、「金持ちインディアン（Rich Indian）」ということばに示されるような大きな経済的成功さえ収めているためである。二つ目は、「黒人解放民（Freedmen）」問題である。白人社会と同様に黒人奴隷制度を施行していた一部の先住民集団は、南北戦争後の合衆国政府との条約で奴隷を解放し、黒人を成員として包摂するよう求められたのにもかかわらず、一部の例外を除いて、いまだに元黒人奴隷の子孫（黒人解放民）の受け入れを拒否し続けている。そのため黒人解放民は、先住民集団に自分たちを成員として認めるよう求めるかたわら、メディアを利用しつつ合衆国政界や司法に、先住民による黒人への人種的差別を訴えている。これらを理由に、合衆国の非先住民社会からは、先住民集団の自治を剥奪すべきという主張も出てきている。

このように、合衆国内のそれぞれの先住民集団の自治は、連邦、諸州と並ぶ「第三の主権」としての位置付けを得てきたが、その実際の運用は非常に複雑なものである。先に述べた課税の形態や、自治領域内の非先住民に権限が完全に及ばないことに示されているように、それは完全なものともいいがたい。先住民自治権の存続に疑義を唱えはじめている外部からの声ともあわせ、先住民集団の自治は今後新たな局面を迎える可能性もないとはいえない。そのあり方について、将来的な存続を含め今後も注意深く見守り続ける必要があるだろう。

（岩崎佳孝）

［参考文献］

岩崎佳孝『アメリカ先住民ネーションの形成』ナカニシヤ出版　２０１６年

Duthu, N. Bruce, *Shadow Nations: Tribal Sovereignty and the Limits of Legal Pluralism*, Oxford: Oxford University Press, 2013.

11

連邦承認部族

★政府から「部族」と認められることの意味★

そもそも「部族（tribe）」とは、一般的には「民族」と同様に、共通の歴史、文化、帰属意識をもち、しばしば政治的にまとまった社会集団を意味するとされている。しかし、今日のアメリカ合衆国に暮らす先住民にとって「部族」は、連邦政府との関係から見た場合、そのような一般的な意味をはるかに超えた政治的重要性をもつ社会単位となっている。なぜなら、ある先住民の集団が、連邦政府から正式に部族であるとして認められ、「連邦承認部族」という地位を得るか否かが、その集団の権益に大きな影響を与えるようになったからである。

ある先住民集団が連邦政府から部族として承認されるということは、その部族には州の統制が及ばない一定の主権が付与され、政治的に半ば独立した地位が認められるということ、またそれゆえに、連邦政府とその部族が組織する部族政府との間で政治的な交渉が行われる際には、両者の関係も「政府対政府の関係」になるということを意味している。このように先住民の部族を主権の存する半ば独立した政治的存在と見なす制度の背景には、植民地時代から19世紀に至るまで、先住民部族が植民地当局や連邦政府から独立国家として扱われ、彼らとの問題の解決には、一般に条約の締結という外交手段が用いられてきたという歴史がある。このため、過去に連邦政府との間で条約を締結した実績がある部族は、政治的に主権を認められた存在として、条約で約束された土地、狩猟、漁猟、水利などに対する権利を、現在の連邦政府に対しても要求することができると考えられている。

さて前述のような、過去に連邦政府と条約を締結したことがある部族は、これまで連邦政府から実質的に部族として承認された存在と見なされてきたが、それ以外でも、大統領の行政命令や議会の立法などによって先住民部族として扱われた実績がある集団も連邦承認部族であると見なされてきた。しかし1960年代から70年代にかけて先住民の権利回復運動が高揚すると、連邦承認部族と見なされてこなかった先住民集団からも、歴史的に奪われてきたさまざまな権益に対する補償を求める運動が起こり始め、連邦政府はそれらの集団から、先住民部族として正式に承認することを求められるようになった。これに対して連邦政府の側も、どの先住民集団がそのような補償の対象となり得る部族であるのかを確定する必要がでてきたため、1978年に内務省によって連邦政府が特定の先住民集団を部族として承認する際の審査基準が整備され、同省インディアン局がその審査に当たることになった。その後1994年に承認審査基準の部分的な見直しが行われたが、基本的には当初の基準が踏襲され、現在でも連邦政府の承認を申請する部族は、以下の7項目の基準を満たすことを証拠書類によって立証するように求められている。

（1）当該集団は、1900年から継続して実質的に先住民部族としての実態を備えていること。

（2）当該集団は他と識別できる社会的な共同体からなり、それを歴史的に現在に至るまで維持していること。（3）当該集団は自治的集団として歴史的に現在に至るまでその構成員に対する政治的影響力を保持していること。（4）当該集団は、その構成員を認定する明確な判断基準とそれを管理する手続きを備えていること。（5）当該集団の構成員は、歴史的な先住民部族の子孫か、歴史的に単一の自治的集団として機能するために結合した複数の先住民部族の子孫であること。（6）当該集団の構成員には他の連邦承認部族の構成員を含まないこと。（7）当該集団とその構成員は、連邦政府との関係を終結、あるいは禁じる法律の適用を受けていないこと。

2016年現在、以上のような承認基準を満たし、連邦政府からの承認を得られた先住民部族は567部族存在する。このような連邦承認部族には、部族の内政に関して大幅な自治が保障されるだけでなく、連邦政府からの各種の財政援助やその他のサービスの提供が約束されている。例えば連邦承認部族は、インディアン局から配分される予算を獲得でき、その予算を使って部族政府を運営し、保留地がある場合にはその管理やインフラの整備を行い、部族主導の各種の経済振興策を展開できるようになる。また、住宅都市開発省から提供される資金を使って、部族民のための住宅建設を行うことができるようになり、部族民の側も、住宅都市開発省が提供する住宅購入資金補助や賃貸住宅の家賃補助を利用できるようになる。さらに部族民は、内務省インディアン教育局が監督する初等、中等、高等教育機関が提供する教育を受けられるようになり、保健福祉省インディアン衛生局が運営する病院や診療所が提供する各種の医療サービスを利用できるようになるのである。

連邦承認部族には以上のような権益が保障されることから、1970年代以降多くの先住民集団が連邦政府の承認を得るべくインディアン局に申請を行うようになった。1978年以来350以上の申請が行われたが、この承認手続きによって連邦政府の承認を得られた部族は、2016年現在18部族にとどまっている。その一方で、審査によって承認を明確に拒否されたのは34集団のみで、その他の申請については審査自体が進んでいない。その主な理由は、多くの先住民集団にとって承認を得るために必要とされる歴史的な証拠書類を整えることが困難であるにもかかわらず、連邦政府が設定する承認審査基準が厳しすぎることが挙げられる。またそれ以外の理由としては、連邦承認部族が増加することによって、すでに自らが連邦政府から得ている諸権益が目減りするとして、新たな集団の承認に反対する連邦承認部族がいることや、承認を申請している集団が居住する州が、その集団が連邦政府の承認を得ることで、州に干渉されずにカジノを開設する資格を得ることを恐れて承認に反対していることが挙げられる。後者のような反対は、連邦承認部族によるカジノ経営が莫大な利益を生み、それが先住民の持つ「不当な特権」として批判されるようになった1990年代以降に強まった。

以上のように、先住民の集団的な地位を連邦政府が決定する連邦承認制度は、現在必ずしもうまく機能していない。またこの制度は、どの集団が先住民部族であるのかという個々の集団的属性を決定する権限を連邦政府に委ねているという点で、先住民の主権を侵害するものであるという批判もある。それゆえ、連邦政府の承認をあえて求めようとしていない先住民集団や、連邦政府からの承認に比べれば、付与される権益もはるかに少ない州政府からの承認のみを求める先住民集団も存在する。しかし、多くの場合経済的な困難を抱える先住民集団にとって、連邦承認部族という地位がもたらす恩恵が、依然として魅力的なものであり続けている状況には変わりがない。

（佐藤　円）

[参考文献]

阿部珠理『アメリカ先住民——民族再生にむけて』角川学芸出版　2005年
岸上伸啓「北アメリカにおけるもうひとつの先住民族問題——アメリカとカナダの非公認先住民族」窪田幸子、野林厚志編『「先住民」とはだれか』世界思想社　2009年
藤田尚則『アメリカ・インディアン法研究（II）——国内の従属国』北樹出版　2013年
Miller, Mark E., *Forgotten Tribes: Unrecognized Indians and Federal Acknowledge Process*, University of Nebraska Press, 2004.

12

民族自決

★ネーション内のネーション★

今日、米国の先住民部族を「ナヴァホ・ネーション」、「スー・ネーション」と呼ぶことを耳にすることが多い。カナダの先住民部族も「ファースト・ネーションズ」と呼ばれる。そもそも、なぜ「ネーション」なのだろうか？ 日本語に訳すと、「部族国家」という意味合いになる。これは、先住民部族と民族自決の関係を示唆している。

多くのアメリカ先住民は、合衆国市民であると同時に部族民であるという二重の市民権をもってきた。連邦政府から認定を受けた部族には、保留地や先住民コミュニティで一定の自治権がある。一方、米国政府には連邦信託責任として、先住民部族の土地と資源を保護する法的義務がある。

先住民部族の自治と民族自決のルーツは、合衆国と先住民の歴史的関係にさかのぼる。植民地時代、新大陸で発見された土地はイギリス国王の所有となったが、英国法は先住民がそのような土地に居住する権利をもつと定めていた。独立革命以前、13の植民地を統治していたイギリス政府は先住民各部族を独立国家とみなし、国際法に基づいて対等な関係で扱っていた。特に東部のイロコイ連合は、他部族との連合により高度な政府組

〈各部族の旗の例〉 1970・80 年代に部族の自治とカジノ経営が増大すると、各部族のシンボルを取り入れた旗が作られ、儀式や行事で使われるようになった。

チェロキー・ネーション

ナヴァホ・ネーション

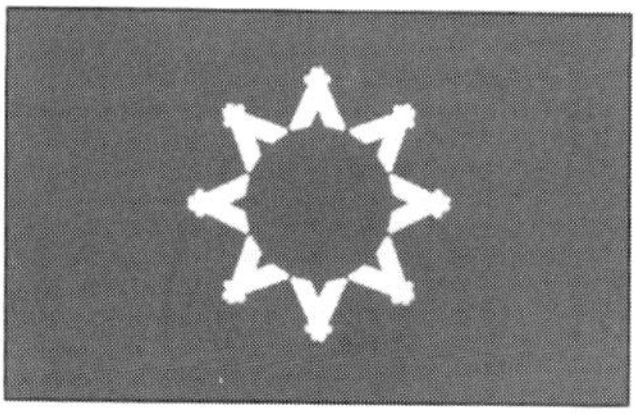
オグララ・スー・ネーション

イロコイ連合

マカ・インディアン・ネーション

コチティ・プエブロ

ノーザン・シャイアン族

ラミ・ネーション

出典：Donald T. Healy and Peter J. Orenski、*Native American Flags*（University of Oklahoma Press, 2003）

織と憲法をもっていた。合衆国も当初、この慣習を踏襲し、憲法でインディアンを共和国市民に含めなかった。土地の借用・譲渡、通商貿易、防衛上の同盟を目的に、各部族と国際条約として「インディアン条約」を締結していた。その後も領土を拡大する過程で各部族と条約を交渉し、先住民の所有地を移住者から保護することを条件に、合衆国は広大な面積の土地を入手した。

19世紀に入ると州が部族を管轄下におくことを主張し始めたが、1831年の最高裁判決は、インディアン諸部族が準主権を有する「国内従属国家」であるとし、連邦政府の直轄と定めた。これによって、合衆国が部族とその土地財産を預かり、管理する「信託責任」の原則が確立された。その後の条約締結の過程で、各地に先住民部族のための保留地が設けられた。「インディアン・カントリー」と呼ばれる保留地は徐々に西部諸州やテリトリーに拡大していった。そして19世紀末までには、大部分の先住民が保留地での生活を強いられ、連邦政府の管轄下に置かれた。

インディアン条約によって連邦政府と先住民の間に信託関係が築かれたとはいえ、合衆国は先住民に対してほぼ全権を行使し、先住民の身分を変更して条約を破棄してきたことも事実である。連邦議会は1871年の「インディアン歳出予算法」で、インディアン部族を「国家」とみなさず、インディアンを非外国人として取り扱うことを定めた。これによって、インディアンは合衆国市民でも移民でもない特殊な立場におかれることになった。そして先住民部族との条約締結は終了したが、それまでに締結された条約は371にのぼった。

1880年代以降、連邦政策は、従来の分離主義から、先住民や保留地を合衆国に統合する同化主義に移行した。合衆国にとって、そもそも保留地は過渡的な存在であり、先住民の同化が推し進めば、条約に基づく信託関係も消滅すると想定されていた。1887年の「一般土地割当法」（ドーズ法）は、土地の集団保有から個人所有を促し、インディアン世帯主あたり160エーカー（64万7497平方メートル）の土地が単独保有地として与えられた。以後、1934年までに部族全体の土地の約3分の2が失われたのである。このように、20世紀初頭までには、先住民が連邦政府と交わした条約に基づく信託関係とその下での自治は、同化政策によって実質的に後退した。

20世紀のアメリカ先住民政策は1934年の「インディアン再組織法」（IRA）によって大きな転換を遂げる。それまでの同化主義を改めて、歴史的な信託関係に基づき、部族の土地を保護して先住民の自治を保障したのである。政府による土地分配政策を終結して全国の先住民保留地に部族政府の設立を促し、自治を尊重することで先住民の生活を改善しようとした。実質的には連邦政府の監督下での自治であり、部族の伝統的な統治のあり方とは一致しない場合もあったが、部族政府の制度的基盤や権限を整えることによって保留地の急速な土地喪失を食い止め、1960年代以降の自決政策の基礎を築いたのである。

第二次世界大戦後、米国の先住民政策は再び変化した。1950年代に連邦政府は、先住民を都市へ転住させて同化を促し、部族と保留地の解消を進めたのである。主流社会からの同化の圧力に対して、保留地と自治を維持してきた部族は、この連邦管理終結政策に抵抗を試みた。1944年にデンバーで設立された全米アメリカ・インディアン議会（NCAI）は、先住民の政治圧力団体として抗議活動を展開し、連邦管理終結政策を中止させた。

1960・70年代には、黒人公民権運動などとともに先住民運動が高まった。先住民の場合は、公民権によるアメリカ社会での平等のみでなく、部族の自治や歴史的な先住民としての権利を守るために同化主義に対して異議申し立てをした。先住民の若者が中心となって、漁業権闘争のフィッシュインやアルカトラズ島占拠、ウンディッド・ニー占拠といった直接行動を展開し、連邦政府に従来のパターナリズムから脱却した「自決政策」への転換を迫った。

その結果、州・連邦政府は従来の先住民政策の見直しと制度的改革を行った。1975年に制定された「インディアン自決・教育援助法」は、連邦政府の自決政策の象徴となった。この法律で使われている「自決」は連邦プログラムを管理・運営するうえでの先住民の決定権や自治を意味し、政策決定過程における先住民の参加を重視した。こうして、1960・70年代には米国の先住民政策は、従来の同化主義的な「連邦管理終結政策」から「自決政策」へと移行した。

以上のようにアメリカ先住民は、18、19世紀に締結された条約や、法律に基づく国内従属「国家」の立場を強化しようと試みてきた。先住民にとって自決とは国内での自治と条約上の権利を意味し、アメリカ社会において独自の立場と差異の承認を求めてきた。その成果は、限定的ではあれ、連邦政策の従来のパターナリズムからパートナーシップへの移行に見る事ができる。今日では、国際的にも先住民の固有の立場について理解が広まり、長年の検討の末、2007年に採択された「先住民族の権利に関する国際連合宣言」では先住民族の自己決定権が謳われている。しかしその実現には、解決を要する課題が多々あることも事実である。

（内田綾子）

【参考文献】

岩崎佳孝『アメリカ先住民ネーションの形成』ナカニシヤ出版　２０１６年
鎌田　遵『ネイティブ・アメリカン――先住民社会の現在』岩波書店　２００９年
デニス・バンクス、リチャード・アードス著、石川史江・越川威夫訳『死ぬには良い日だ』三五館　２０１０年
W・T・ヘーガン著、西村頼男・島川雅史・野田研一訳『アメリカ・インディアン史』北海道大学出版会　１９９８年

13

インディアン請求委員会

★先住民の土地返還請求とその顛末★

インディアン請求委員会は合衆国に対する先住民の請求に対応することを目的に、1946年8月13日に設置された。本来、先住民の合衆国に対する請求は、1855年に設けられた請求裁判所において処理されるはずだったが、1863年の法改正によって締結された条約やそれに関連して生じるいかなる請求も請求裁判所では審議できない、と規定された。これは南北戦争中、一部の部族が南軍についたことを理由に、先住民の裁判権が失われたためである。以降、先住民が国家を相手に訴訟を起こすためには、合衆国議会において特別管轄法の制定が必要となった。部族単位で裁判権を獲得しなくてはならないこうした状況では、先住民が合衆国を相手に請求訴訟を起こすことは著しく困難であった。

裁判権を行使できない状況に対する先住民の不満は、第二次世界大戦においてアメリカ兵として従軍した多くの先住民帰還兵によって表明されるようになり、汎インディアン運動が興隆の兆しを見せると、インディアン請求委員会の設立が具体的に希求されるようになった。1944年、50を超える先住民部族がコロラド州デンバーに集結し、全米アメリカ・インディアン議会が結成されると、その十カ条綱領に組織の優先課題としてインディアン請求委員会の設立が掲げられた。先住民がインディアン請求委員会の設立を急いだ背景には、土地請求にかける切実な思いがあった。先住民部族を独立主権集団と見なしての条約締結は1871年に終了したが、合衆国政府は以降、交わした条約を反故にして先住民の土地を接収した。条約が保障した先住民の土地権原や部族先住の歴史的事実は請求裁判所において十分に認められず、1945年にはショショーニ族の土地権が否定される判決も下されていた。

全米アメリカ・インディアン議会による法案提出やロビイングによって、1946年晴れて「インディアン請求委員会設立法」が制定されたが、委員会は当初わずか10年という短い期間でその役目を終える、一時的な機関として設定されていた。インディアン請求委員会に申し立てができるのは、1946年までに合衆国請求裁判所への請求を行った先住民部族・個人であり、かつそうした請求権をもつ部族・個人も、1951年8月13日までに改めてインディアン請求委員会に請求を行わなくてはならなかった。結局、インディアン請求委員会は10年でその役目を終えることができず、5年ごとの延長を繰り返し1978年まで存在した。それぞれの請求事案の規模、複雑さが期間延長の原因であったが、事案処理の長期化を引き起こした非効率的な委員会の在り方も、先住民にとって大きな問題となっていた。

先住民側から申し立てのあった370の請求のうち、多くは条約の不履行、特に部族土地の正当な権利を主張するものであったが、他にも合衆国政府による部族基金の不当処理に関するもの等があった。これらの請求はその内容ごとに振り分けられ、611の異なる事案としてそれぞれ訴訟番号が付された。

インディアン請求委員会は、合衆国議会の独立・準司法部として機能した。連邦政府に対する土地請求事案はまず、各種報告書や歴史関係書類、民族誌等をもとに部族の先住地の権原を確認することから始まる。部族の土地権原が認められると、土地が割譲された時点での土地価値が見積もられ、最後にそれまで政府が部族へ支払った金額、および訴訟において部族を代表してきた弁護士への支払いを差し引いた額が、部族への支払いとして決定する。こうした一連の過程は、合衆国側の代表である司法省と、内務省の承認を得た部族顧問弁護士とのやり取りによって進められた。顧問弁護士の弁護料を補償金から弁済するよう求められたことで、先住民からの嘆願は「賠償請求」の色を濃くするものとなっていった。最終的にインディアン請求委員会において546件の請求が処理され、全請求の58%に賠償が認められ、342件の請求に対して8億ドル以上の補償金が裁決された。

インディアン請求委員会における先住民の土地請求は、ほとんどのケースにおいて補償金の支払いという顛末に終わった。部族が受け取った補償金は、部族構成員に頭割りして支払われた。メイン州のペノブスコット族とパッサマクオディ族や、カロライナ州のカトーバ族は、獲得した資金をもって土地を購入し部族共有地とした。一方、ブラックヒルズの返還を求めたスー族や、シャスタ、シスキュー、モドック、ラッセンを先住地とするピットリバー族は補償金支払いによる決着を拒否し、あくまで土地返還を求めた。部族に土地が約束された例外的なケースとしては、グランドキャニオンのハバスパイ族のケースが挙げられる。ハバスパイ族の土地返還請求では、インディアン請求委員会においていったんは補償金支払いが裁決されたものの、その後、議会特別法を経て部族に連邦政府信託地が託された。

インディアン請求委員会の活動は1978年に休止され、9月30日に170件の未解決事案が合衆国請求裁判所に引き継がれると正式に終結した。1946年から32年間存在したインディアン請求委員会は、条約で約束された土地を先住民に返還する意図が備えられたものではなく、その実態は先住民部族がその設立に寄せた期待とは異なるものだった。先住民の土地請求は高額な報酬を期待する弁護士によって、賠償請求にすり替えられてしまった。先住民政策の転換期にあった連邦政府もまた、先住民の土地請求を賠償というかたちで解決することで、部族主権、部族自治の基礎となる土地権原を先住民から奪った。

インディアン請求委員会が設立された時期は、連邦政府の対先住民政策が部族自治の促進を志向するものから、部族解体、主流社会への同化を目指すものへと変わる分岐点に当たる。内務省インディアン局は局長ジョン・コリアのイニシアティブの下、1934年に「インディアン再組織法」を定めて近代政体としての部族政府を樹立させ、部族自治を推進しようとした。しかし、合衆国議会と対立を深めたコリア局長が辞任に追い込まれると、対先住民政策は部族解体や先住民同化を推進する方向へ大きく方針転換したものとなった。

先住民側がその設立を切望したインディアン請求委員会は、皮肉にも1950年代から本格化した連邦管理終結政策の一翼を担ったと考えられる。インディアン請求委員会が提示する賠償金を受け取れば部族は土地権原を失い、以降土地請求をすることはできない。インディアン請求委員会は、先住民の土地請求を賠償請求にすり替えることで、国家の先住民に対する歴史的責務の解消を果たすためのシステムとして機能したといえよう。

（川浦佐知子）

［参考文献］

上田伝明『インディアン請求委員会の研究』法律文化社　１９７９年
内田綾子『アメリカ先住民の現代史　歴史的記憶と文化継承』名古屋大学出版　２００８年
藤田尚則『アメリカ・インディアン法研究（Ⅰ）――インディアン政策史』北樹出版　２０１２年
Wilkins, David E., *Hollow Justice: A History of Indigenous Claims in the United States*, Haven and London: Yale University Press, 2013.

14

アクティビズム

★民族自決と文化再生に向けて★

アメリカ先住民のアクティビズムの始まりは全米アメリカ・インディアン議会（NCAI）結成までさかのぼることができる。1944年、コロラド州デンバーに全米27州、約80人の部族や団体の代表者たちが結集した。冷戦期に進行した連邦管理終結政策に対抗する目的で結成されたこのNCAIは、連邦政府との条約と自治権に基づく民族自決を主張した。同時期のアフリカ系アメリカ人をはじめとするマイノリティ・グループの公民権運動と異なるのは、アメリカ国民として平等な権利を主張するのではなく、先住民固有の権利を求めた点にあった。そのため、NCAIは他のマイノリティ集団とは一線を置いて活動したのである。

1961年にNCAIが主催したアメリカ・インディアン・シカゴ会議は先住民のアクティビズムの歴史のなかで非常に重要な会議である。ダーシー・マクニックル（ブラックフット族）や非先住民の文化人類学者ソル・タックスらが中心となって組織したこの会合には、67部族、500人以上の参加者が集まった。最終日に発表した「決意宣言」には合衆国政府に対する11項目の要求があり、このなかには土地返還、先住民文化の保護などの要求が含まれていた。

数多くの指導者たちが意見交換を行い、団結する重要な機会であった一方で、ＮＣＡＩの指導者らをはじめとする保留地出身の年長者を中心とする穏健派と、より革新的な変化を求めた都市出身の若い世代との分裂が明らかになった会合でもあった。シカゴ会議の１カ月後、ＮＣＡＩの連邦政府に対する姿勢を過度に協調的であると批判した青年先住民らは、ニューメキシコ州ギャラップに結集し、全米インディアン青年評議会（ＮＩＹＣ）を結成した。ＮＩＹＣの中心的役割を担ったのはクライド・ウォリアー（ポンカ族）やメルヴィン・トム（パイユート族）らを代表する青年グループで、メンバーの多くが都市部で教育を受けた先住民の大学生であった。このように高等教育を受けた若者や都市部の先住民らはアフリカ系アメリカ人による権利運動の影響を受け、非暴力直接行動を中心とするレッド・パワー運動を展開していった。レッド・パワーは先住民の民族自決を目標とし、部族への土地返還、狩猟権の保護、生活状況改善など多岐にわたる要求を連邦政府に突きつけた。

ウンディッド・ニーでのAIMメンバーの様子（1973年3月2日、デンバー公立図書館所蔵）

ＮＩＹＣの初期の活動で有名なのが１９６０年代中期に活発化した太平洋岸北部の州でのフィッ

シュ・インと呼ばれる抗議活動である。この運動は連邦政府との条約締結に基づく先住民の漁業権を主張し、州の条例等に反して漁を行ったものである。メディアの影響力を十分に理解していたレッド・パワーの活動家たちは、戦略的にメディアを利用した。フィッシュ・インの際には俳優のマーロン・ブランドやコメディアンのディック・グレゴリーなどの有名人が支援者として加わり、全米の注目を集めた。

1960年代末になると、都市に移り住んだ先住民たちが数多くの汎インディアン団体を組織し、レッド・パワーをけん引していった。なかでも特に代表的存在となったのが、アメリカン・インディアン・ムーヴメント（AIM）である。AIMはミネソタ州ミネアポリスに住む先住民が、警察などからの差別的行為や暴力から自らを守るために自警団として結成された。AIMのリーダーにはデニス・バンクス（オジブワ族）、ジョージ・ミッチェル（オジブワ族）、ラッセル・ミーンズ（ラコタ・スー族）などが挙げられる。部族社会とは離れた都市部で生活する先住民たちは、レッド・パワーの活動を通じて、部族社会や保留地の先住民とつながる機会を得て、汎インディアン・アイデンティティとともに、部族アイデンティティも強めていったのである。

レッド・パワーは、1960年代末から70年代半ばに最盛期を迎えた。1969年、汎インディアン・グループがサンフランシスコ湾に浮かぶアルカトラズ島を18カ月間占拠した。このアルカトラズ島には、アル・カポネなど凶悪犯が収監されていた旧刑務所があったが、当時は使用されていなかったため、活動家たちは連邦政府に対し、この土地に先住民の文化センターなどを建設することを要求したのだった。その後も1972年の全米横断キャラバン「破られた条約の旅」、ワシントンD・C

のBIA本部占拠、1973年のサウスダコタ州パイン・リッジ保留地内ウンデット・ニーでの71日にわたる占拠事件、1978年「ロンゲスト・ウォーク」など、施設占拠や大陸横断といった手法を用い、運動を展開していった。

では、レッド・パワーの成果はどういった形で現れたのであろうか。1970年代には先住民側の要求に沿う形で連邦政府も民族自決政策を採用し、先住民に対する社会経済的支援を拡大した。特に教育の面での支援は充実したといえる。1972年に「インディアン教育法」、1975年には「インディアン自決・教育援助法」がそれぞれ成立し、連邦予算拡大、アメリカ先住民の民族自決、教育改革といった部分で改善がみられた。しかしながら、1970年代末以降、アメリカ社会からのバックラッシュが起こった。レッド・パワーが過激化し、先住民に有利な法案が成立していくなか、こういった動きに反感をもつ人びとが増えていったのである。また、レーガン政権下では先住民向けの連邦予算が大幅に削減され、先住民の生活状況は再び悪化していったのである。

そして現在もアメリカ先住民の戦いは続いている。近年は保留地の多くが直面している環境問題や、ステレオタイプに異議をとなえる運動が盛んになっている。保留地では、鉱山開発や核廃棄物処理場建設などから派生する環境汚染が深刻化している。それに対抗する運動の一つとして、2015年アリゾナ州サンカルロス・アパッチによる聖地保護のための運動が挙げられる。2015年連邦議会は、サンカルロス・アパッチの聖地であるオーク・フラットでの銅鉱山開発を認可し、その予定地と一般の土地の交換を合法化する「国家防衛認可法」を通過させた。サンカルロス・アパッチの呼びかけは、現地での抗議活動やSNSなどのメディアを通じて全米に広がり、2015年7月には、途上主要都

ウンディッド・ニー占拠の際に拠点となったセイクリッド・ハート・カトリック教会（1973年3月2日、デンバー公立図書館所蔵）

市や保留地に立ち寄りながら、アリゾナ州から首都ワシントンまでキャラバンで回り支援を呼びかけた。

一方、都市発の運動の例としては、1980年代末から1990年代にかけて活発化した「コロンブスの日」（10月第2月曜日）に対する抗議活動が挙げられる。1992年はクリストファー・コロンブスが新世界に到達して500周年の年に当たり、南北アメリカ各地で大規模な祝祭行事が企画されていた。これに対し、コロンブスのアメリカ大陸到達を先住民の大量虐殺や奴隷制などと直接的に関連付けて捉えてきたアメリカ先住民活動家らが、「虐殺者」コロンブスにちなんだ祝日の廃止を求めて運動を展開した。1989年、コロラド州デンバーでは、AIMのメンバーであったラッセル・ミーンズらがコロンブスの銅像に血のりを撒《ま》くなどして、逮捕者も出た。その後、先住民側の主張は徐々に非先住民たちの理解を得てきており、2014年にはシアトル市やミネアポリス市が「コロンブスの日」を廃止し、「先住民の日」に変更した。

近年の水利権、環境保護、児童福祉などを扱った運動では、デモなどの直接行動と法廷闘争を同時進行で展開するケースが増えている。2013年にサウスダコタ州でラコタ・スー族の母親たちが起こした児童福祉に関する運動でも、コミュニティメンバーによるデモなどの直接行動と法廷闘争の結果、先住民側に有利な判決が下っている。レッド・パワー以降、高等教育を受け、専門職に就くアメリカ先住民が増えた結果、こういった権利運動の場で先住民弁護士が手腕を振るい、先住民政治家が活動家を支援する場面も増えている。コロラド州のNative American Rights Fund（NARF）が例として挙げられるであろう。現在先住民の権利運動を展開する人びととその活動のなかに、過去のアクティビズムの成果を垣間見ることができるのだ。

（大野あずさ）

【参考文献】

阿部珠理『アメリカ先住民——民族再生にむけて』角川学芸出版　2005年
内田綾子『アメリカ先住民の現代史——歴史的記憶と文化継承』名古屋大学出版会　2008年
清水知久『米国先住民の歴史——インディアンと呼ばれた人々の苦難・抵抗・希望』増補版　明石書店　1992年

15

インディアン教育補助法

★部族管理へと移行する先住民教育★

アメリカ合衆国の歴史においてアメリカ先住民の学校教育は、キリスト教の宣教団体や、ときには連邦政府による政策の一部として、保留地外に設置された学校のなかで進められてきた。つまりは、非先住民による同化教育が続けられてきた。しかし20世紀半ば以降に、その同化教育を受けてきた先住民の人びとを中心に教育問題を含む民族の「自決」を求める運動が先住民保留地の内外で活発化した。さらに教育管理への関心は、1960年代のジョンソン政権下の「経済機会局（通称OEO）」から始まる先住民部族管理の学校設立を受けて、より注目を浴びるようになった。本章では、1970年代に制定された先住民を対象にした教育法に限定して、連邦政府による教育補助政策の一連の改革を扱う。先住民の教育問題が、連邦管理から先住民部族管理へと変革を迎え始める歴史的な転換期ともいえる。

19世紀後半から着手された連邦政府による先住民への教育補助政策は、主としてインディアン局が設置した保留地外寄宿学校に対する維持費用に重点が置かれていた。20世紀に入ると、寄宿学校制度への悪評・批判や経営難により、保留地内またはその近隣に公立学校が設置されるようになった。教育補助も州政府や地方に対する間接的なものへと変化していった。例えば、連邦議会で可決した1921年の「スナイダー法」や1934年の「ジョンソン・オマリー法」などの下で、教育問題は、貧困、医療と並んで補助の対象となった。結果として、先住民の教育問題は直接的な改善措置は取られないまま、主流社会の貧困問題対策とほとんど同列に扱われてきたのだ。このように先住民に対する教育政策は、常に非先住民社会によって規定されてきた背景がある。

1972年6月23日に制定された「1972年教育改正」は、アメリカ合衆国の広範な教育問題への改革をもたらした。「インディアン教育」はその第4編に規定されている。通称「インディアン教育法」(Indian Education Act)は、アメリカ史で初となる先住民の教育問題を中心に扱う画期的な法律であった。本法の制定にあたって、第90議会(1967年)からインディアン教育の改革を目的とした法律制定の公聴会が、「インディアン児童の教育に関する調査報告」として上院議会の特別委員会で開催された。全米の先住民部族政府や教育関係者がその公聴会で教育問題の重要性を訴える声明を発した。また1969年のアメリカ先住民の教育問題の悲惨な現状を全米に訴えた「インディアン教育—国家の悲劇・国家の挑戦」、通称「ケネディ報告書」を提出したロバート、エドワード・ケネディの両議員も参加していた。

「インディアン教育法」がこれまでの合衆国政府による先住民への教育支援策と異なるのは、それがインディアン局や州政府を通じた単純な財政援助に止まる政策ではない点にある。第A~E章によって構成される本法の特筆すべき内容を以下に列挙していく。第A章「インディアン児童に関連する領域計画の修正」では、アメリカにおける先住民児童の特殊性を認めたうえで、主流社会に吸収するような同化教育ではなく先住民自身による地方教育への積極的参加が促された。第B章「インディアン児童の教育機会を改善するための特別計画およびプロジェクト」では、先住民教育に携わる全米の関係機関ならびに教育施設に対して、インディアン児童教育への伝統文化教育やバイリンガル教育の計画導入を奨励する内容となっている。そして第D章では、本法の施行に際して保健教育福祉省（現保健福祉省）の教育総局内にインディアン教育局（Office of Indian Education）が新たに設立された。さらに「インディアン教育に関する全国諮問委員会」（National Advisory Council on Indian Education）という合衆国大統領によって任命された15名の先住民のみによって構成される委員会が、インディアン教育局内に設置された。以上のように教育政策立案・管理における先住民の大幅な参加が認められるようになった。

「インディアン教育法」制定以降、先住民の教育問題への参加を助長した法律には、1975年1月5日に制定された「インディアン自決・教育援助法」（Indian Self-Determination and Education Assistance Act）がある。本法は教育問題だけではなく、先住民部族社会が政治、経済開発、医療などの広範な領域で計画立案に関与することを可能とした法律である。教育領域は、第2編「インディアン教育補助法」として独立して扱われている。そこでは先に挙げた「ジョンソン・オマリー法」に3カ条の修正を加えている。州政府に委ねられている公立学校における先住民の教育に対して、先住民自身による計画参加を奨励する内容となった。例えば先住民児童が多く通う学区において、教育委員会に先住民が少数である場合は、先住民両親が自らの意見を反映できる別の教育委員会の設置が可能となった。1972年の「インディアン教育法」とあわせて、アメリカ社会における先住民の教育機会の拡大と参加が、法律制定によって実現されはじめたことを示している。

アメリカ先住民の初等・中等教育は、非先住民によって計画・運営される被支配的な教育状況から、先住民自らの手で管理される「民族自決」的な教育政策へと大きな方向転換を迎えた。その後も前述の法律は、幾度となく修正を重ねながら、先住民の教育問題に深く関係し続けている。1978年の「教育改正法」(Education Amendments)では、教育における「民族自決」の目的を促進すべく、先住民による学校管理の側面が強調された。その後の1988年の「部族管理学校法」(Tribally Controlled Schools Act)では、先住民部族によって創設された部族管理学校への補助金支出を規定している。

これまでの二つの法律は、主として初等中等教育を対象とした補助政策である。その制定過程において高等教育の問題も議論されてきていた。1978年10月5日に制定された「部族大学補助法」(Tribally Controlled Community College Assistance Act)では、先住民部族政府によって管理・運営される「部族大学」を対象にした財源補助を認めている。部族大学は先の「自決教育法」の枠組みの中でも資金補助を得ることが可能となっていた。ただし、その規定はアメリカ主流社会における教育認可水準を通過した教育機関に限定されており、多くの部族管理の大学は財源補助対象校には認定されなかった。「部族大学補助法」制定には、アメリカ主流社会と先住民社会の教育問題における新たな交渉が示されている。

1970年代の一連の「インディアン教育補助法」とその改正によって、インディアン局や州政府に独占されていた先住民に対する教育計画は、先住民自らの管理に移行してきている。当時の先住民による「民族自決」を求めた社会運動と相互に影響を受けるかたちで、先住民の教育はようやく自らの手に戻ってきたといえるだろう。

一方で、先住民の教育は、教育水準の向上や財政難など多くの問題を抱える現状にある。国内での根強い民族的差別や異文化理解に対する意識の欠如も未だ存在する。先住民の児童が合衆国において他の子どもたちと同様の条件で通学できる環境作りに重点を置くことも考えていくべきだろう。今後の「インディアン教育法」の動向をみていくにあたり、先住民の社会環境を理解したうえで、計画立案から実践に至る大きな視野で彼（女）らが望む教育のモデルを理解していく必要がある。

（根元慎太郎）

［参考資料］

藤田尚則『アメリカ・インディアン法研究（I）インディアン政策史』北樹出版　２０１２年

Szasz, Margaret, *Education and the American Indian, The Road to Self-Determination Since 1928*, University of New Mexico Press, 2003 [1999].

16

アメリカ・インディアン信教自由法

――★インディアンは、伝統的な宗教を信仰する権利をもつ★――

合衆国は、伝統的なインディアンの宗教の自由な活動を抑圧し、禁止する政策を長い間にわたって採ってきた。宗教への抑圧や禁止は、伝統的なインディアンの宗教が真に「宗教的」なものであるか否かに疑問を抱いたキリスト教徒の信条と態度の現れであった。連邦政府は、インディアンを改宗させ、文明化させるためキリスト教伝道者に直接的、間接的支援を惜しまなかった。合衆国は、1882年のインディアンの犯罪を定めた「インディアン犯罪裁判所規則」でサンダンス、スカルプダンス、ウォーダンスおよびメディスンマンの宗教的活動を禁止した。また1904年の「インディアン犯罪裁判所連邦規則」では、部族の宗教活動が全面的に禁止された。初犯の場合、10日以内の配給禁止、重犯の場合15日から30日の配給禁止、または30日以内の投獄という手段を用いて処罰したのである。またキリスト教会は、ペヨーテ信仰を排斥し、連邦政府もこれを激しく弾圧している。連邦政府は、サンダンスは戦争のためのダンスであり、フロンティアの平和を危険に陥れるものと考え、またペヨーテ信仰は邪道であって、インディアンの同化、そして文明化の障害物であると考えたのである。インディアン保留地内での宗教的礼拝が認められるようになったのは、インディアン局局長ジョン・コリアーが１９３４年に「インディアンの信教の自由とインディアン文化」と題する行政命令を出してからである。しかし連邦政府による多くの規制が、インディアンの宗教的実践にとっての障害物として残った。たとえば伝統的な宗教的実践者は、保留地の外の連邦の土地にあるインディアンの「聖地」へ近づくことを禁止され、多くの州が法律でネイティブ・アメリカン・チャーチの宗教的儀式に用いられるペヨーテ（第44章参照）の所持・使用を禁止した。

１９６０年代に入り連邦政府は、管理終結政策からインディアンの自決・自治政策へと大きな政策転換を図るが、かかる政策の一環として合衆国議会は１９７８年８月の両院合同決議で「アメリカ・インディアン信教自由法」（ＡＩＲＦＡ）を制定する。合衆国議会は、アメリカ・インディアン（アラスカ先住民およびネイティブ・ハワイアンを含む）の宗教的活動は彼らの文化、伝承および伝統の一部として必要であり、インディアンの価値体系の基礎を形成し、インディアンの生活にとってかけがえのないものであるとしている。そして「明白で総合的な、および首尾一貫した連邦政策の欠如が、しばしば伝統的なアメリカ・インディアンにとって信教の自由の減殺をもたらした……かかる宗教的侵害は、認識の欠如、連邦の政策と規制の無感覚およびさまざまな法律の前提となる変更を許されない強制に起因する」としている。そして「以後、アメリカ・インディアンに対してアメリカ・インディアン、エスキモー、アリュート族およびネイティブ・ハワイアンの遺跡の利用、聖なる物の使用および所有ならびに儀式および伝統的儀礼による礼拝を含み、これに限定されない伝統的宗教を信仰し、表現し、および実践する固有の自由権を保障し、保護することが合衆国の政策」である規定している。

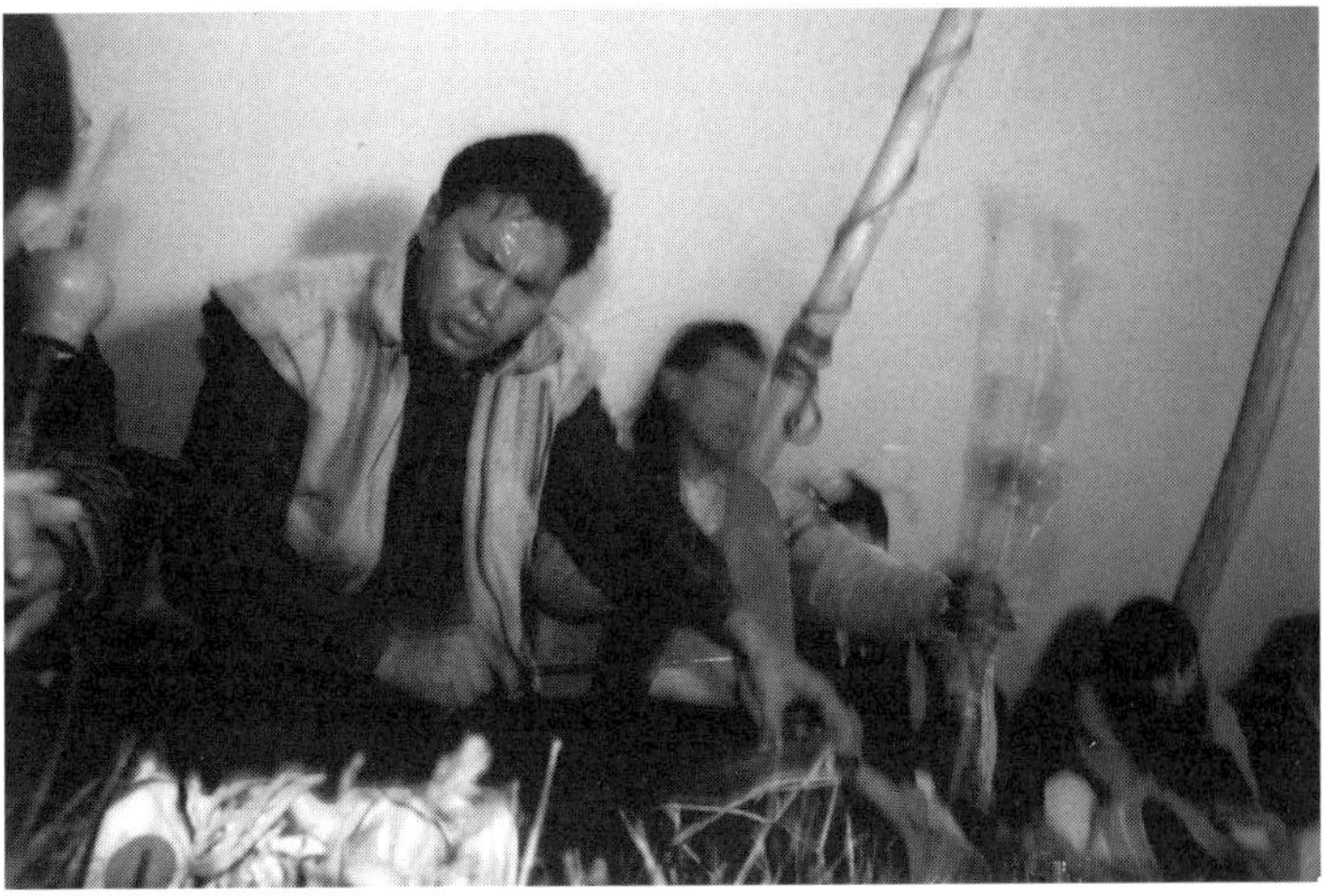

ネイティブ・アメリカン・チャーチの儀式（撮影：阿部珠理）

ＡＩＲＦＡは、連邦の各行政機関はアメリカ・インディアンの宗教的文化的権利および実践の保障、ならびに保護に必要な措置を決定するため、先住民の伝統的宗教指導者と協議のうえで連邦政府の採ってきた政策および手続きを再評価しなければならず、大統領は行政上および立法上の変更に関する勧告を、合衆国議会に提出しなければならないと定めている。１９７９年に合衆国議会に提出された報告書は、数百に及ぶ宗教の自由な活動への政府による障害の実例を特定し、行政上および立法上の勧告を行っている。しかしいくつかの新たな規則の制定や政策、そして１９９０年に制定された連邦政府によって所有または資金提供されている連邦行政機関および博物館からの先住民の人体の遺物、副葬品等の部族への返還、人体の遺物および文化的品目の不正取引を禁止した「アメリカ先住民墓地保護および返還法」（ＮＡＧＰＲＡ）の制定を除いて、報告書の勧告は採用されなかった。

1988年、合衆国最高裁判所は、アメリカ・インディアンの聖地が位置するカリフォルニア州シックス・リバーズ国立森林公園内に舗装道路を建設するための合衆国森林局によって採択された管理計画が、インディアンの宗教の自由な活動を侵害するとして争われた「リング対北西部インディアン墓地保護協会事件」で、舗装道路建設には政府の「やむにやまれぬ政府利益」があるとしてインディアンの主張を退けた。判決はまた、AIRFAは「訴訟原因ないし司法的に強制し得る個人の権利」を認めたものではないと判示している。さらに1990年、合衆国最高裁判所は、ネイティブ・アメリカン・チャーチの信徒がオレゴン州法によりその所持が禁止されているペヨーテを宗教的目的で使用し、雇用者から解雇されたので、州当局に失業補償給付金を申請したが拒否された「オレゴン州人事部雇用局対スミス事件」判決で、裁判所は、信教の自由を侵害する法律の合憲性を審理するに際して、宗教に対して中立的であって一般的に適用される法律に関しては「やむにやまれぬ政府利益」があるか否かの厳格審査基準を適用する必要はないと判示し、ペヨーテの所持を禁止したオレゴン州法を合憲とした。

合衆国最高裁判決とインディアンよる宗教の自由な活動をめぐるさまざまな紛争とが相俟《あいま》って、インディアンの部族連合、全国インディアン組織、教会および市民権団体は、1993年にはAIRFAの改正を求める運動を開始した。彼らは、政府行為が聖地を脅かした場合インディアンの宗教的実践者に訴訟の法的手続きを認めること、連邦政府機関に聖地へ影響を与える計画を採用する場合には、影響を受けるインディアン部族への告知と聴聞の機会を与えること、インディアンによるペヨーテの儀式用使用の解禁、そしてインディアンの在監者に他の在監者と同等の宗教的権利が保障されることを求めた。

1994年、合衆国議会は、「1994年アメリカ・インディアン信教自由法改正」を可決し、AIRFAに新たに第3条を追加規定した。第3条は、インディアンの宗教的実践と結合した真正なる伝統的な儀式目的のための個々人のインディアンによるペヨーテの使用、所持ないし運搬は合法的であって、連邦および州によって禁止されてはならないと規定し、連邦行政機関がペヨーテの使用に規制を加える必要があると判断する場合は、インディアンの宗教的指導者との協議が必要とされる旨を定めている。さらに1996年、ときの大統領クリントンは、インディアンの聖地保護のために連邦の土地を保護する大統領令13007号「インディアンの聖地」を発出し、連邦の各行政機関に対して連邦の土地を管理するにあたって、インディアンの宗教的実践者のためにインディアンの聖地の利用および儀式的使用に便宜を与え、聖地の自然状態を維持するようその責務を課した。（藤田尚則）

［関連書ガイド］

藤田尚則『アメリカ・インディアン法研究（Ⅰ）インディアン政策史』北樹出版　2012年

藤田尚則『アメリカ・インディアン法研究（Ⅱ）国内の従属国』北樹出版　2013年

17

アメリカ先住民墓地保護および返還法

★NAGPRAが問う先住民の人権★

「アメリカ先住民墓地保護および返還法」（NAGPRA）は1990年、先住民への文化財の返還と先住民墓地の保護を目的として制定された。「文化財」には遺骨、埋葬品、聖遺物や伝承物・世襲財産が含まれ、NAGPRAによって連邦資金を受ける研究所、博物館、大学等の研究機関、および政府機関は、保有する遺骨や埋葬品、その他文化財の目録を作成してこれを開示し、先住民からの返還要求に応じることが求められた。NAGPRAに先駆けて制定された1989年「国立アメリカ・インディアン博物館法」は、約18万柱の先住民遺骨を保有するスミソニアン協会に対して遺骨と埋葬品の返還を求めたが、アメリカ全土の博物館等研究機関に所蔵されていた先住民遺骨は30万柱から60万柱にのぼると試算されていた。これらの遺骨や埋葬品、その他文化財を遺族や当該部族へ返還することが、NAGPRA制定によって初めて具体的に進められることとなった。

膨大な先住民遺骨が収集されるという異常な事態が生じた背景には、陸軍医学博物館の影響がある。1862年に設立された陸軍医学博物館は当初、軍医を介して戦傷や疾病が人体に及

ノーザン・シャイアン保留地にある再埋葬共同墓地

ぼす影響を研究するための標本を収集していた。1867年になると博物館学芸員のジョージ・A・オティスが西部に駐在する軍医に先住民「標本」の収集を指示し、戦場のみならず、遺体が埋葬されたばかりの墓でも密かに発掘が行われた。19世紀前半、ペンシルベニア医科大学解剖学教授のサミュエル・G・モートンは、先住民遺骨を収集し、頭蓋骨の容量を計測することで先住民の人種的劣性を示そうとしたが、陸軍医学博物館も同様の目的で遺骨収集にあたったと考えられる。このように収集され、陸軍医学博物館に標本コレクションとして所蔵された先住民遺骨は、後にスミソニアン協会に譲渡され、協会博物館群の一つである国立自然史博物館の管理下に置かれた。

科学的研究の名の下での遺骨収集のほかにも、蒐集家に人気のある先住民遺物を入手するための墓荒らしも横行した。「1906年遺跡保存法」は連邦政府地所での略奪行為を禁じたが、先住民墓地に対する冒瀆行為を禁じる役目を果たさなかった。「1979年考古学的資料保護法」が制定され、遺跡盗掘や違法な調査発掘が禁じられたが、先住民の遺骨や遺物を保護するうえでは効力を発揮しなかった。合衆国初となる先住民遺骨保護に関わる法は、「1976年アイオワ墓地保護法」であった。

アイオワ墓地保護法制定のインセンティブとなったのは、ヤンクトン・スー族のマリア・D・ピアソンによる州知事への異議申し立てである。ピアソンは州交通局による工事の際、発掘された先住民遺骨が白人の遺骨のように再埋葬されず、研究機関に送られることに異を唱え、先住民遺骨の返還と墓地保護を訴えた。ピアソンの訴えは先住民遺骨や遺物は医学標本や考古学的資料としてではなく、祖先とその精神世界に関わるものとして倫理的、人道的配慮をもって扱われるべきものであると主張するものであった。1980年には先住民による墓地保護を訴える団体が設立され、アメリカ先住民権利基金や全国アメリカ・インディアン議会等とともに運動を展開した。かれらはアメリカ考古学会や世界考古学会議において、先住民墓地保護の道義的理由を説いたが、アメリカ考古学会等はこれに激しく抵抗した。

遺骨返還、墓地保護についての議論が先住民と学会の間で続くなか、1987年スミソニアン協会に対し、先住民が聖遺物、および遺骨の返還を求めるという事態が起こった。また同年提出された国立アメリカ・インディアン博物館設立のための法案に対しても、先住民側は遺骨や埋葬品の返還なしに博物館設立は考えられないと主張した。下院での公聴会では、アメリカ先住民権利基金の弁護士ウォルター・R・エコホークが、先住民遺骨を「標本」「所有物」「財産」といった言語で表現することを止め、コモン・ローに則って死者の遺体を適切に埋葬すること、および死者に属する埋葬品についても返還することを求めた。

1988年にはアメリカ先住民権利基金の支援の下、先住民弁護士によって遺骨や埋葬品の返還を求める法案作成が進められ、1889年、ダニエル・K・イノウエ上院議員によって法案が提出された。当初「骨法案」と揶揄《やゆ》された法案は幾度かその内容、名称を変更しながら、最終的に「アメリカ先住民墓地保護および返還法」として1990年11月16日に成立した。

NAGPRA法案には二つの課題があった。一つは先住民の要請と科学的調査・研究とのバランスをどのようにとるのかという問題だった。先住民からの返還要請によってコレクションが失われることを恐れた博物館や、墓地保護によって調査・研究が妨害されることを恐れた研究機関、考古学者のNAGPRA法案への反応は芳しいものではなかった。しかし返還対象となる文化財を限定することや、返還請求の妥当性を精査する手続きを厳格化することが条件として加えられたことで、最終的にはアメリカ博物館協会やアメリカ考古学会も法案内容に合意した。

もう一つの課題は運用手続きの明確化だった。NAGPRAでは「遺骨および埋葬品」の所蔵機関は6カ月以内に収蔵品目録を作成し、文化的関連が推測される部族に目録を送付するよう定められた。博物館は返還請求を受けた場合、競合する請求が存在しないことや請求者と遺骨や埋葬品の関わりが妥当なものであることを確認した後、請求から90日以内に返還を実現することが求められた。NAGPRA運用を司る内務省国立公園局によれば遺骨、埋葬品、聖遺物の目録作成は着実に進み、2014年9月までにおよそ5万体の遺骨、140万の埋葬品、5000の聖遺物、8000の文化伝承品が目録化されている。

先住民にとってNAGPRAは一定の成果をもたらすものであった。NAGPRAによって連邦所有地や部族所有地での墓荒らしや、遺骨や聖遺物の売買は禁じられ、犯罪として取り締まられるようになった。また「国立アメリカ・インディアン博物館法」には当初含まれていなかった、遺骨や埋葬品以外の文化財も返還請求の対象とされた。しかし返還請求の手続きは煩雑であり、請求者が返還を求める文化財との関連を証明することが困難な場合や、競合する返還請求が存在する場合には返還が滞る等、NAGPRAには依然課題も残る。一方、NAGPRAによって博物館と先住民との連携が進み、収蔵品についてより正確な情報が寄せられるようにもなった。また、博物館の企画や展示に関して、先住民側との間で協議の場が持たれるようにもなった。NAGPRAの効力が及ぶのはアメリカ合衆国内のみであるが、欧州には現在も多くの合衆国先住民の文化財が収蔵されている。その取り扱いを巡り、NAGPRAを国際的に運用しようとする活動も始まっている。

（川浦佐知子）

［参考文献］

藤田尚則『アメリカ・インディアン法研究（Ⅰ）インディアン政策史』北樹出版　２０１２年

Fine-Dare, Kathleen S., *Grave Injustice: The American Indian Repatriation Movement and NAGPRA*, Lincoln and London: University of Nebraska Press, 2002.

McKeown, C. Timothy, *In the Smaller Scope of Conscience: The Struggle for National Repatriation Legislation, 1986-1990*, Tucson, AZ: The University of Arizona Press, 2012.

Sangita Chari & Jaime M. N. Lavallee, eds., *Accomplishing NAGPRA: Perspectives on the Intent, Impact, and Future of the Native American Graves Protection and Repatriation Act*, Corvallis, OR: Oregon State University Press, 2013.

18

インディアンとアメリカの戦争

★戦士の伝統と現在★

アメリカ先住民といえば、西部劇でしばしば取り上げられてきたように白人と戦った「戦士」のイメージが長らく強かった。しかし、彼らは19世紀を通じて合衆国と戦うのみでなく、合衆国側について他の部族と戦うこともあった。たとえば、19世紀のスー族やシャイアン族に対するインディアン戦争で、ライバルであったポーニー族やクロウ族は合衆国軍の斥候（スカウト）として戦った。そして、20世紀には米軍兵士として外国と戦ってきた。

従来、「戦士」としての義務と名誉の伝統をもつ先住民は、アメリカのエスニック集団のなかでも従軍の割合が高い。1917年に先住民人口の3分の1以上が市民権をもっていなかったが、選抜徴兵制によって徴兵可能な年齢の先住民男性はすべて登録を課された。その結果、1万7000人以上が兵役に登録し、約1万2500人が徴兵や志願によって従軍した。市民権がない先住民も志願兵として受け入れられ、1919年に帰還兵の希望者に市民権が付与された。

1940年の国籍法は、再び先住民の市民権を確認し、すべての先住民男性を徴兵登録の対象とした。第二次世界大戦では、全米の先住民人口約35万人のうち、４万４０００人以上の先住民が従軍した。特に保留地では割合が高く、21歳から44歳までの先住民男性の４割以上に相当する約２万５０００人が従軍した。１９４２年にはナヴァホ語を海軍の暗号として駆使するナヴァホ・コードトーカーが結成され、１９４５年までに約４００名のナヴァホ兵士が活躍した。第二次世界大戦では、黒人兵部隊とは異なり、先住民兵士は白人兵士と同じ部隊で戦った。軍隊では、チーフやレッドスキンなどの蔑称を投げかけられ、人種偏見や差別に遭遇することもあった。先住民の多くが軍隊のなかでも精鋭の兵士が多い海兵隊に所属した。ピマ族のアイラ・ヘイズは、硫黄島で星条旗を掲げた兵士の一人として、戦時国債ツアーへの参加を命じられ、合衆国の英雄として称えられた。しかし、戦後は戦争でのトラウマを引きずって酒浸りとなり、若くして保留地で亡くなった。

先住民の従軍の動機は、他の兵士のように教育や就職、旅行などの機会を得ることが含まれるが、特徴的なのは、何よりも一族に伝わる戦士の伝統として、部族の名誉のために従軍したという点である。米国への愛国心というよりも、部族と祖先の地を守るためだった。多くの先住民の家庭では、代々、身内から兵士を送り出すことが誇りとされてきた。また、一般のアメリカ人よりも先住民の同胞から認められることが重要であった。20世紀前半には、長い同化政策によって先住民の伝統儀式が衰退していたが、第一次世界大戦・第二世界大戦を通じて、戦士にまつわる儀式が先住民コミュニティでは復興していった。アメリカ兵として戦った先住民の復員兵のなかには、第二次世界大戦後、部族の政治に関わり、先住民の権利のためにリーダーとして活躍した者もいた。毎年、保留地の内外で行われるパウワウと呼ばれる踊りを競う祭り（第45章参照）では、復員兵たちが英雄としてパレード

第18章

インディアンとアメリカの戦争

モンタナ州クロウ保留地のアプサルーク退役軍人公園（Apsaalooke Veterans Park）の兵士像。クロウ族の英雄や米軍復員兵が記念されている

に参加し、称えられてきた。後に、米国政府から戦争中の貢献を認められてメダルを授与された復員兵もいる。

ベトナム戦争は、米国のみではなく、先住民にとっても複雑な意味をもたらした。選抜徴兵制によって貧困層や有色人種のマイノリティの若者が多く戦地へ送り込まれ、先住民は約4万2000人以上が従軍したが、当時の全米のエスニック人口の割合からすると先住民兵士の割合は2倍以上にのぼった。反戦運動が広がったにもかかわらず、先住民の志願兵は白人や黒人の場合よりもはるかに多く、80〜90％が志願兵であった。志願兵の多くは父や祖父、兄弟などが第一次・第二次世界大戦や朝鮮戦争に従軍しており、兵士であることが一族の伝統になっていた。

しかし、60年代末に反戦の動きが高まると、徴兵を拒否し、また兵役を逃れるために大学へ進学した先住民もいた。また、ベトナムに先住民の歴史的境遇を重ね合わせ、次第に戦争に疑問を抱くようになった先住民兵士もいた。そして、60・70年代の先住民の権利回復運動には、多くのベトナム帰還兵が参加した。

徴兵制は1973年に廃止されて志願制になったが、その後も経済格差の広がりとともに、貧困層やマイノリティの若者が兵士として戦地に送られた。アメリカは戦争のサイクルにおいて兵力を補うために、大学奨学金や医療、市民権、年金などの恩典を充実させ、貧困から脱けだそうとする若者に軍への入隊を促してきた。

今日、先住民は米軍におけるマイノリティ兵士のなかで最も高い比率となっている。2010年のアメリカ国防総省の統計によると、先住民は約2万2600人の兵士、約1300人の将校を数え、全米の先住民人口1・4％を上回る1・7％に相当し、軍隊で最も割合が高いエスニック集団になっている。先住民兵士のなかで女性が占める割合も高い。女性兵士の増加により、先住民女性の犠牲者も出ている。2003年にはイラク侵攻から間もなく、ホピのロリ・ピエステワが女性兵士として最初の犠牲者になった。戦闘部隊に配置される場合が多いため、PTSDに苦しむ先住民帰還兵も多い。先住民の場合は、一般のカウンセリングやセラピーよりも、スウェットロッジ（第39章参照）などの伝統儀式に救いを見出し、治癒の効果があると指摘されている。従軍の動機は、戦士の伝統よりも現実の経済的必要性へと変わっているのかもしれない。

2001年同時多発テロ事件後、米国は国土安全保障省を設立して国土防衛を強化した。イラク戦争後、先住民の間では“Homeland Security, Fighting Terrorism Since 1492”（国土防衛、1492年からテロと戦ってきた）というメッセージのTシャツが広まった。白人の侵入に抵抗したアパッチの戦士ジェロニモたちの写真とともにメッセージがプリントされ、1492年のコロンブスのアメリカ大陸到着以来、先住民は自分たちの国土を防衛してきた、という意味である。このTシャツは年配の先住民復員兵の間でも人気だったらしい。歴史的に、先住民が米軍に従軍した理由は、部族と同盟関係にあるアメリカを支援して、先祖伝来のインディアンの土地を守るためであった。

一方、2011年には、米国のオサマ・ビンラディン掃討作戦で、ビンラディンの暗号名に「ジェロニモ」が使われた。アパッチ族や多くの先住民がオバマ大統領に説明と謝罪を求めた。ジェロニモのひ孫にあたる男性も抗議したが、自らベトナム戦争に従軍し、父親は第二次世界大戦の復員兵であった。これに対し、国防総省は暗号名は無作為に選んだもので、侮辱する意図はまったくなかったと回答した。米軍は、ヘリコプターなどの兵器にアパッチ、コマンチなど先住民の部族名等を使用し、ベトナム戦争では敵地を「インディアン・カントリー」と呼ぶことがあった。このように、現代のアメリカの戦争は未だに19世紀のインディアン戦争の影を引きずっているのである。

（内田綾子）

［参考文献］

高村宏子『北米マイノリティと市民権――第一次大戦における日系人、女性、先住民』ミネルヴァ書房　2009年
Abe, Juri, "It Is a Good Day to Die: Native American Warrior Tradition and American Wars," *Rikkyo American Studies*, No.29, March 2007.
Abe, Juri, "Fighting a White Man's War: Participation and Representation of the Native American during WWII," *Rikkyo American Studies*, No.33, March 2011.

Ⅱ

現代社会問題

19

インディアンとは誰なのか

★決めるのは誰か★

「先住民（インディアン）」とは、誰なのか。それは「エスニック」「民族」あるいは「人種」的に自明のことであると思っている人も多いだろう。アメリカ合衆国の先住民関連の条約、法規、福祉プログラム等を施行するうえで、誰がその対象となるのかについて法的に統一された定義が存在すると、当然考えるだろう。しかし驚くべきことにアメリカ合衆国では、現実には先住民なるものについての一貫した定義は存在しない。

合衆国において、帰属を望む先住民集団（部族）や、先住民に補助金、課税免除、特権、優遇措置等を与える合衆国政府から、ある人物が「先住民」であると認められるためには、大きく分けて以下の三つの条件があると考えられる。

まず、当たり前のことではあるが、①本人が先住民であると自己規定していることが必要である。そして、②一定程度の先住民の血統――これを「血の割合（blood quantum）」という――をもっていること、そして最後に、③先住民集団（部族）に代表される先住民コミュニティが、その者を成員、すなわち「先住民」と認めていることである。

ここで、①について考えてみよう。合衆国に「インディアン」人口を示す指標として用いられることの多いセンサス（国勢調査）をみると、現時点（２０１６年）における最新の２０１０年センサスでは、合衆国総人口の約１％にあたる５２０万人が、インディアン（およびアラスカ先住民）、ないしはその血統を有すると申告している。しかしこれはあくまでも自己申告であり、条件①の「自己規定インディアン（Self-identified Indian）」に過ぎず、②でいうどれだけの「血の割合」を有しているかどうかわからない。また、全員が③の先住民集団の成員（部族民）という訳でもない。さらにそこには、先住民を詐称する者（後述）も含まれているかもしれない。

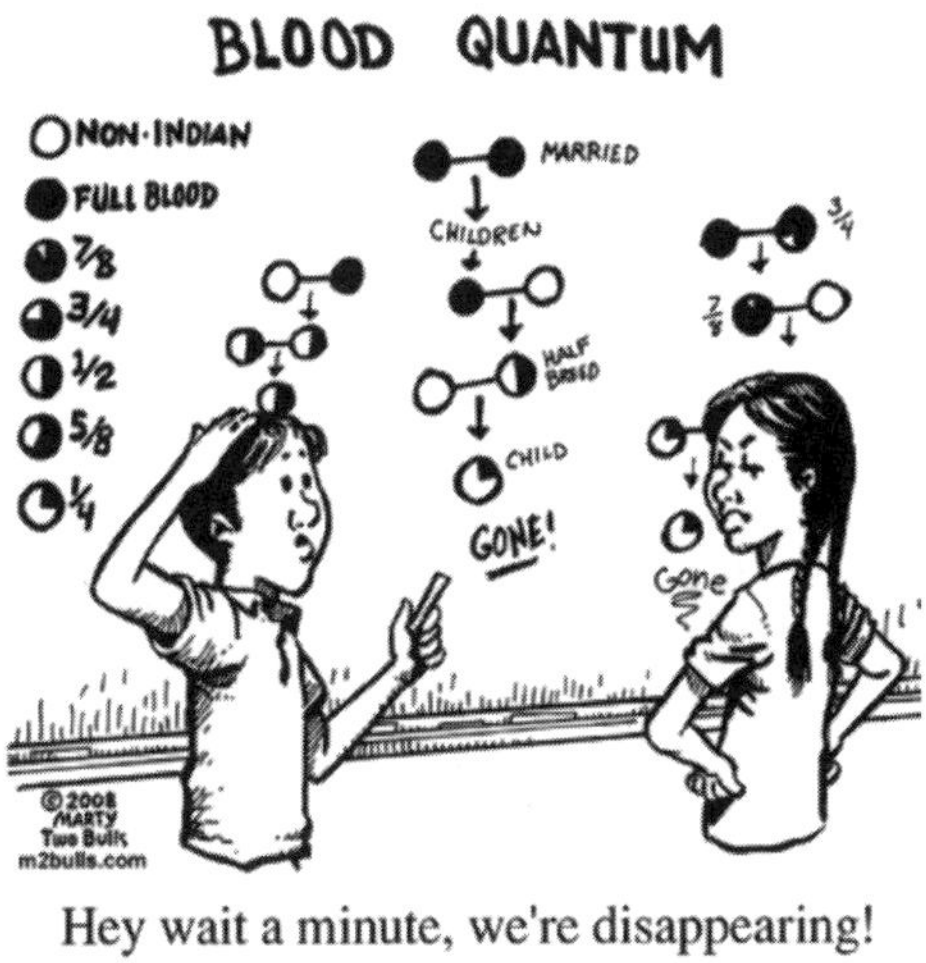

「血の割合」～「ねえ、ちょっと待ってよ、これじゃあ僕たち絶滅しちゃう！」

出　典：Barreiro, Jose and Tim Johnson, ed. *America Is Indian Country: Opinions and Perspectives from Indian Country Today.* Golden, Colorado: Fulcrum Publishing, 2005, 53.

②と③について、このどちらか、あるいは両方を満たしていない者は、①の段階でいかに自分のことを先住民と認識し、そう主張していようと、先住民集団や合衆国政府から「先住民」と認められない場合が多い。この結果先住民と認められなかった者たちは、先住民血統の多寡、はたまた真偽にかかわらず、先住民社会の正式な成員たちからしばしば、「アウタラック（Outaluck）」（Out of luck の略で「運のない奴」）や、「ワナビー（Wannabe）」（Want to be の略で直訳すれば「(先住民に）な

りたがり」）と呼ばれ蔑まれる（この問題については第51章でも述べる）。

このように一個人の生に重大な影響を及ぼす条件②③の裁定を行う、最も権威ある主体が「連邦承認部族」（第11章参照）である。なぜならば、合衆国政府は連邦承認部族が認めた成員を自動的に「先住民」と認めることが多いからである（ただし後述するように①の自己規定者や、他にもさまざまな基準で「先住民」を規定するケースもある）。最終的に③の認定を行うにあたっては、それぞれの先住民集団ごとにさまざまな条件が課される（例えば保留地内への居住等）が、最も基本となるのが条件②である。先住民の血統をわずかでももっていれば容認する先住民集団もあるが、現状では多くの集団が「4分の1」の「血の割合」を成員認定の条件に課している。

しかし話を複雑なものとしているのは、多くの場合「連邦承認部族」の「血の割合」の判定が、正確性に疑問のある合衆国政府の記録に基づいていることである。合衆国内務省インディアン局（BIA、第3章参照）は申請者が、過去に合衆国政府が作成した先住民集団の成員名簿（有名なものとして19世紀後半の「ドーズ法」（一般土地割当法）施行時に作成された「ドーズ名簿」がある：第6章参照）に名前が記載されている人物の子孫であると証明された場合、そこから計算した当人の現在の「血の割合」を明示したCDIB（Certificate of Degree of Indian Blood）カードを発行する。そのカードを手に入れることに成功した者は、俗に「正会員インディアン（Card-carrying Indian）」と呼ばれ、これが大抵の場合、「連邦承認部族」から成員と認められるチケットになる。

しかしここでいう「血の割合」には、大きな問題がある。多くの先住民集団は自集団だけの血統を求め、他の先住民集団の血統は考慮しない。例えば、4分の1の血の割合を条件として課すAという集団に成員として認定されることを求める者が、A集団の血統を8分の1、B集団の血統を同じく8分の1もっている場合、この者の「血の割合」は8分の1足す8分の1＝4分の1とは計算されず、単にA集団血統8分の1に過ぎないとみなされる。その結果、この人物はA集団から成員として受け入れられない結果になる。

その一方で、多くの先住民集団は数世紀に及ぶ外部社会との関係性のなかで、(多くは白人である)先住民の血統をもたない者も婚姻や養子縁組で成員として受容してきた。この場合、条件③の「連邦認定部族」が成員として認めることで「先住民」になることができ、このような者も実際に多数存在する。

また先に述べたように、国内の先住民を法の下で統治し、また各種支給金やプログラムを提供する、合衆国政府、議会、裁判所も、さまざまな関連法あるいは判例で適宜、対象として扱う「先住民」なるものを、それぞれが「連邦承認部族」とは別個に定義してきた。そこでは条件②や③によって、またときには①だけで「先住民」を判定した事例もあるが、なかには白人文化を実践せず先住民の文化を保持している者であること――ハンバーガーを日常的に食べていない――等の荒唐無稽な判定基準や、現場執行機関の任意の判断にゆだねられた例もある。

特に刑事事件においては、先住民集団の「自治」(第10章参照)の観点から、被告が先住民、非先住民のどちらであるかは捜査、科刑のうえで重要な争点になる。それにもかかわらず、多くの刑法には何者を先住民とするのかについての規定がなく、裁判官が訴訟ごとに被告が先住民であるか否かの判断を下すのが現状である。そこでは条件③を満たしていなくとも条件②だけでよしとしたり、または先住民対象のプログラム受給者であれば先住民と認められたり、またそれとは反対に、先に述べたハンバーガーの例のように「伝統的」慣習を実践していないという理由で、先住民であることを否定されたりしている。

合衆国ではこのように、「先住民」とは誰なのかについて多種多様な定義が存在し、この結果、連邦、州、先住民集団のそれぞれのレベルでさまざまな「先住民」が生まれ、ある場合に先住民と認められた者が、別の場合にはそれを否定されるという、非常に複雑な事態が生じている。

それでは、「アウタラック」や「ワナビー」のように、(その真偽はともかく)「先住民」であることを認められなかった者については、どのように考えたらよいのであろうか。第51章でも述べるように、多くの場合先住民であることに何らかのメリットを感じている者——多くは白人——の詐称である可能性もあるが、その一方先住民としてのアイデンティティをもち、家族の伝承により自分が先住民であることを「事実」として知りながら、不幸にして「血の割合」を証明する証拠史料がなく(実際にそのような事例は枚挙に暇がない)、「先住民性/インディアン性(Indianness)」が認められずにいる者がそこに全く含まれていないとは、絶対にいい切れない。

以上の問題は、我々が当然のごとく存在を疑っていなかった「先住民」なるものが、実際には軽々にその真偽を判断できないことを知らしめる。合衆国内のエスニック・マイノリティのなかで、自らの「エスニック」「人種」性を「証明」し、他者からの「認定」を得なければならないのは、先住民だけである。「先住民/インディアン」とは誰なのかという問いは、このような重い現実を我々につきつけている。

(岩崎佳孝)

［参考文献］

Garroutte, Eva Marie, *Real Indians: Identity and the Survival of Native America*, Berkeley: University of California Press, 2003.
Sturm, Circe, *Blood Politics: Race, Culture, and Identity in the Cherokee Nation of Oklahoma*, Berkeley: University of California Press, 2002.

20

人口統計

★人種・民族的混血が進むアメリカ先住民★

アメリカ先住民の人口を把握する試みは、植民地時代からその時々の目的に応じて個別の集団を対象に行われてきた。それが19世紀の後半になり、先住民に対する征服が完了に近づくと、より包括的な先住民政策を立案する必要が生まれ、10年ごとの国勢調査の際に、先住民に対する人口調査も行われるようになった。ただし当初は、課税対象となっていた一部の先住民しか調査しない不完全なものであった。それが1900年の国勢調査からは、保留地に暮らす先住民をも含めた本格的な調査が実施されるようになり、その結果、当時のアメリカ合衆国には約24万人の先住民しか残存していないことが明らかとなった。数百万人と推定されるコロンブス到来時の先住民人口と比較すると、その数字はまさに400年にわたって展開されてきた戦争と支配、そしてアメリカ大陸以外からもたらされた伝染病の蔓延による壊滅的な人口減少を示すものだった。

国勢調査の結果を見ると、アメリカ先住民の人口は、その後も20世紀の前半はあまり増加しなかったことが分かる（表1参照）。当時の先住民は、やがてはいなくなる存在として、小説や映画などでそう呼ばれていた通り、一般社会からは「消えゆ

第20章

人口統計

表1　国勢調査における先住民人口

国勢調査年	先住民人口	国勢調査年	先住民人口
1900	237,196	1970	827,268
1910	265,683	1980	1,420,400
1920	244,437	1990	1,959,234
1930	332,397	2000	2,475,956（純血）
1940	333,969		1,643,345（混血）
1950	343,410	2010	2,932,248（純血）
1960	551,669		2,288331（混血）

出典：Nancy Shoemaker, *American Indian Population Recovery in the Twentieth Century*, University of New Mexico Press, 1999, p.4, table 1.1; US Census Bureau, "The American Indian and Alaska Native Population: 2000," 2002 and "The American Indian and Alaska Native Population: 2010," 2012.

註：1960年からアラスカ先住民の人口も含まれている。また2000年からはアメリカ先住民人口を純血と混血で分けて調査するようになった。

表2　2000年と2010年の国勢調査における混血の先住民

総人口とその人種的内訳	2000年	2010年	10年間の増加数
アメリカ先住民総人口	4,119,301	5,220,579	1,101,278
純血の総数	2,475,956	2,932,248	456,292
他人種との混血の総数	1,643,345	2,288,331	644,986
白人との混血	1,082,683	1,432,309	349,626
黒人との混血	182,494	269,421	86,927
白人と黒人の両者との混血	112,207	230,848	118,641
アジア系との混血	52,429	58,829	6,400
その他の人種との混血	93,842	115,752	21,910
その他の回答	119,690	181,172	61,482

出典：US Census Bureau, "The American Indian and Alaska Native Population: 2010," 2012.

くアメリカ人」と見なされていた。しかし彼らの人口は、20世紀の後半に入ると一転して急速に増加し始め、最新の２０１０年の国勢調査では、混血を含めて５００万人を超えるまでになっている。

このような20世紀後半以降の人口の急増は、先住民社会における高い出生率、近代的な医療の普及による乳幼児死亡率の低下や寿命の長期化などが背景となっているが、それに加え、国勢調査における人種や民族についての質問への回答が、１９６０年以降部分的に調査対象者の帰属意識に基づく自己申告にゆだねられるようになり、１９７０年からは完全に自己申告制に移行したことも影響している。かつては人種的にアメリカ先住民に分類されることは、他者から「劣等人種」と見なされ、差別の対象とされかねないものであったため、先住民の血統を有している人びとも、できるだけ先住民と分類されないように努めてきた。それが１９６０年代以降の先住民の権利回復運動の影響で、一般社会における先住民に対するイメージが好転するにつれて、そうした混血の人びとも自らを積極的に先住民であると自己申告するようになってきたのである。実際のところ、アメリカ先住民の純血と申告した人びとと他の人種との混血と申告した人びとを統計上区別するようになった２０００年以降の変化を見ても、混血の増加数の方が純血の増加数よりも多い（表1、表2参照）。また、このような混血の先住民の多くが白人との混血であるため（表2参照）、以前の国勢調査ではたとえ混血であっても白人と申告していた人びとが、最近では積極的に先住民と申告するようになってきた状況が窺《うかが》える。

しかしながら、このように最近になって自らをアメリカ先住民であると表明するようになった人びとが、実際にどこまで先住民としての属性を備えているかについては、自己申告制である国勢調査の結果からは分からない。国勢調査ではアメリカ先住民と回答した人びとに対して、それぞれが帰属意識をもつ部族についても回答するように求めているが、それに基づいて集計される国勢調査上の各部族の人口と、実際に各部族がそのメンバーとして正式に認めている人の数には、時には相当の開きがある。例えば2010年の国勢調査の結果では約82万人と最も人口が多いチェロキー族の場合（表3参照）、連邦政府からアメリカ先住民部族として承認されている諸チェロキー族の登録された実際のメンバーの合計数は、2013年時点で合計約35万人である。チェロキー族は、歴史的に白人との混血を繰り返してきているため、国勢調査からも分かるように、現在でも多くの混血が自らをチェロキー族であると申告している。しかしそのような混血も含め、国勢調査でチェロキー族と申告した人の半数以上は、部族からは正式なメンバーとしては認められていないということである。これに対し、2010年の国勢調査の結果では人口約33万人で人口第2位のナヴァホ族の場合は（表3参照）、部族の登録メンバーは2011年時点で約30万人となっており、国勢調査の結果との差は少ない。このような比較をアメリカ先住民全体で行ってみると、2010年の国勢調査における先住民人口が約52万人であるのに対して、2005年にインディアン局が調査した560あまりの連邦承認部族の登録メンバーの合計数が約197万人であったことから、自らを先住民であると国勢調査で申告している人びとの半数以上は連邦承認部族の正式なメンバーではないということが分かる。

このように、国勢調査においてアメリカ先住民であると自己申告していても、その人が必ずしも特定の部族のメンバーであるかどうか分からないことに加え、2010年の国勢調査の結果を見ると、複数の部族に帰属意識をもつ人びと、つまりは民族的な意味での混血も相当数いることが分かる（表3参照）。この民族的な混血の人口も2000年の国勢調査と比較すると増加傾向にある。これには近

表3　2010 年の国勢調査における先住民部族の人口（上位 10 部族）

部族名	人口	純血		他人種との混血	
		当該部族のみ	他部族との混血	当該部族のみ	他部族との混血
チェロキー	819,105	284,247	16,216	468,082	50,560
ナヴァホ	332,129	286,731	8,285	32,918	4,195
チョクトー	195,764	103,910	6,398	72,101	13,355
チペワ	170,742	112,757	2,645	52,091	3,249
スー	170,110	112,176	4,301	46,964	6,669
アパッチ	111,810	63,193	6,501	33,303	8,813
ブラックフィート	105,304	27,279	4,519	54,109	19,397
クリーク	88,332	48,352	4,596	30,618	4,766
イロコイ	81,002	40,570	1,891	34,490	4,051
ランビー	73,691	62,306	651	10,039	695

出典：US Census Bureau, "The American Indian and Alaska Native Population: 2010," 2012.

表4　2010 年の国勢調査における先住民の人口集中地（上位 10 州、10 都市）

州名	先住民人口	都市名	先住民人口
カリフォルニア	723,225	ニューヨーク	111,749
オクラホマ	482,760	ロサンゼルス	54,236
アリゾナ	353,386	フェニックス	43,724
テキサス	315,264	オクラホマシティ	36,572
ニューヨーク	221,058	アンカレッジ	36,062
ニューメキシコ	219,512	タルサ	35,990
ワシントン	198,998	アルバカーキ	32,571
ノースカロライナ	184,082	シカゴ	26,933
フロリダ	162,562	ヒューストン	25,521
ミシガン	139,095	サンアントニオ	20,137

出典：US Census Bureau, "The American Indian and Alaska Native Population: 2010," 2012.

年自分が属する部族の保留地を出て、仕事や教育の機会を求めて都市などで生活する先住民が増加し、それにより他の部族との人的交流が増え、異なる部族の人びとの間に子どもが生まれるケースが増えたことの影響である。実際のところ、2010年の国勢調査によると、アメリカ先住民全体の約78％が保留地外で暮らしている。

最後に、2010年の国勢調査の結果から、アメリカ先住民の居住分布について説明してみたい。まず北東部、南部、中西部、西部の4地域別に見てみると、アメリカ先住民全体の9・7％が北東部に、30・6％が南部に、17・4％が中西部に、40・7％が西部に居住している。現在でも先住民の約4割が西部で居住しているのは、アメリカの一般社会が開拓によって西方へ拡大した陰で先住民が西部へと追いやられ、その結果保留地の多くも西部に設置されたという先住民の苦難の歴史の名残である。次に州別に先住民人口の多いところを挙げてみると、カリフォルニア州、オクラホマ州、アリゾナ州、テキサス州、ニューヨーク州、ニューメキシコ州、ワシントン州などとなる。これらの諸州には、アメリカ先住民の保留地が数多くあるか、または先住民が多く暮らす都市が存在している。ちなみに2010年の国勢調査から、先住民人口が多い順に都市名を挙げると、ニューヨーク（ニューヨーク州）、ロサンゼルス（カリフォルニア州）、フェニックス（アリゾナ州）、オクラホマシティ（オクラホマ州）、アンカレッジ（アラスカ州）、タルサ（オクラホマ州）、アルバカーキ（ニューメキシコ州）などとなる（表4参照）。

以上のように、現在のアメリカ先住民の人口動態を国勢調査の結果からまとめてみると、その人口は着実に増加しているが、それは自然増に加え、先住民の血統を有する人びとが積極的に自らを先住民と申告していることの影響が大きいこと、さらには、多くの先住民が保留地外で生活しているため、一層の人種的・民族的混血が進んでいるということが分かる。しかしその一方で、この急速な人口増加と混血化の結果、自らをアメリカ先住民と称する人びとが、実際にどこまで先住民としての実質的な属性を備えているのかについては、ますます分かりにくくなってきている。

（佐藤　円）

［参考文献］

阿部珠理『アメリカ先住民——民族再生にむけて』角川学芸出版　２００５年
佐藤　円「一四九二年の先住民人口」富田虎男他編著『アメリカの歴史を知るための63章』第3版　明石書店　２０１５年
Shoemaker, Nancy, *American Indian Population Recovery in the Twentieth Century*, University of New Mexico Press, 1999.
Thornton, Russell, "United States Native Population," in *Handbook of North American Indians*, vol.2, Smithsonian Institution, 2008.

21

都市インディアン

★都市化と文化継承★

２０１０年現在、アメリカ先住民人口の約78％が保留地外に居住しており、その多くが全米各地の都市圏に住む都市先住民である（第19章、20章参照）。この都市先住民人口はアメリカの2大都市であるニューヨーク（11万２０００人）、ロサンゼルス（5万４０００人）と、大きな保留地に隣接する西部都市（順にフェニックス、オクラホマシティ、アンカレッジ、アルバカーキ）に集中している。このデータに驚く人びとも多いであろう。なぜなら、一般社会では、アメリカ先住民は農村部に点在する保留地で伝統的な生活を営んでいるというイメージが根強く残っているからである。

現在、アメリカ先住民の大多数が都市部に居住するに至った背景には連邦政府の政策、個々の先住民の事情など、さまざまな理由が挙げられる。19世紀末から20世紀前半には、保留地の外での就労を目的とするアメリカ先住民が都市へと移住した例が数多くある。例えば、１８８０年代にはニューメキシコのラグーナ・プエブロの労働者がアトランティック・パシフィック鉄道で働くため、カリフォルニア州に移住した。カリフォルニア州リッチモンドにはラグーナの鉄道労働者とその家

コロラド州デンバーの初の汎インディアン団体ホワイト・バッファロー・カウンシル・オブ・アメリカン・インディアンズの役員会（1969年、デンバー公立図書館所蔵）

族が集まり、ラグーナ・コロニーと呼ばれる集落を形成した。また、1920年代以降、ニューヨーク州ブルックリンには、高層ビル建設現場で働くモホークのとび職のコミュニティがつくられた。彼らの多くは、保留地への強制移住などにより伝統的な経済活動を営むことが困難となり、その逼迫《ひっぱく》した経済状況から脱出するために保留地の外で雇用機会を求めたのである。

　このような初期の都市移住の例もあるが、アメリカ先住民の都市化が特に加速したのは第二次世界大戦期以降である。1940年の時点で約7%であった先住民の都市人口は、1950年には約2倍の13・4%となった。これはアメリカ先住民の軍隊入隊、ならびに保留地外での雇用によるものである。第二次世界大戦中に約2万5000人の保留地のインディアンがアメリカ軍に入隊し、約9万人が軍需産業労働者として保留地を離れ、終戦後もそのまま都市部にとどまる退役軍人や労働者も多かった。

　戦後、先住民の都市化をさらに推し進めたのが、1952年から1973年までインディアン局によって全国展開されたインディアン都市移住計画である。保留地で失業や貧困に苦しむ先住民の希望者に対し、就職斡旋や職業訓練を提供すると同時に、都市部への転住費用や就職先が見つかるまでの生活費などの経済的援助も行った。この計画を通じて、約10万人の先住民がロサンゼルス、シカゴ、デンバーなどの西部ならびに中西部の都市に移住することとなったのである。

都市に移住した先住民たちは、移住先で部族の差を超えた汎インディアン・コミュニティを形成していった。都市先住民コミュニティの特徴として挙げられるのが、その多部族性である。ある特定の部族出身者からなる部族コミュニティと異なり、都市部には全米各地から出身部族の異なる先住民が集結する。彼らは日常生活のなかで他の部族出身者と交流し、またパウワウなどの文化行事への参加を通じて汎インディアン・アイデンティティを強めている。

都市先住民コミュニティのもう一つの特徴は、地理的分散型であるということだ。都市先住民は他のエスニック・グループと比較すると、特定の地域に集中して住むのではなく、メトロポリタン地区全体に広がって居住する傾向がみられる。地理的に分散して生活するこの都市先住民をまとめる役割を果たすのが、インディアン・センターと呼ばれるアメリカ先住民自助支援団体である。このセンターが提供するサービスは就職、医療、児童福祉、高齢者支援など多岐にわたる。

都市への移住は、多くのアメリカ先住民に経済的・社会的状況や住環境の改善、教育の機会拡大など、社会経済的恩恵をもたらした。その一方で、都市先住民ならではの問題も山積している。一つには文化継承とアイデンティティの問題が挙げられる。部族社会から離れて生活しているため、日常のなかで部族文化や言語に触れる機会がなく、アイデンティティの喪失へつながると危惧されているのだ。特に、保留地での生活を知らない都市先住民の二世、三世が増えるなか、都市で部族文化を次

インディアン局の都市移住計画宣伝用パンフレット
(National Archives Records Administration 所蔵)

世代に継承する方法を模索しているのだ。地域のインディアン・センターなどの先住民団体は、機会を見つけてはパウワウを開催したり、知識豊富な年長者や親などと協力して、ダンス、伝統工芸、部族語を教える文化教育プログラムを提供するなどして、未来を担う子どもたち向けのプログラムを積極的に展開している。

アイデンティティの問題とも関連しているのが、混血化の問題である。都市部でマイノリティのなかのマイノリティとして生活する都市先住民の間では、混血化が急速に進んでいる。その結果、部族員として認定されず、先住民向けのサービスを受けられないケースが増えている。これは、多くの部族が部族員認定の際にその部族の血を4分の1引いていることを部族員認定の条件としているためである。連邦政府予算で運営されている都市インディアン・センターの雇用支援プログラムや医療などのサービス、大学の奨学金などを受ける際には連邦承認部族の部族員であるという証明が必要となる。他の部族員との間で子どもをもうけた場合には、他の人種や民族グループに属するパートナーとの子どもと同様、たとえアメリカ先住民の血を100%引いていたとしても、特定の部族員になるための要件を満たさない場合があるのだ。

さらに、保留地でも深刻化しているアルコールや薬物乱用の問題は、都市先住民の間でも最も懸念されている問題の一つである。都市での生活に適応できずにアルコールや薬物に依存する人びと、収入が安定せず、アルコール・薬物依存症からホームレスになるものも多い。時に失業率が9割を超えるような保留地と比較すれば、都市先住民は経済的に安定しているといえるかもしれない。しかし、アメリカ社会全体のなかでは経済状況、住環境、教育などさまざまな部分でまだ遅れをとっているのが現状である。2010年の時点で、アメリカ先住民はアメリカで最も貧困率が高いエスニック・グループで、その値は全米平均の15・3%を大幅に上回る28・4%であった。このなかで、都市部を見てみるとフェニックスやデンバーなど西部都市の先住民の貧困率はアメリカ先住民全体の貧困率と大差なく30%近くにのぼり、ミネアポリスやラピッドシティではその値よりもはるかに高い45~50%となっている。アメリカ先住民の大多数が都市先住民となった今、都市先住民が抱える社会的、経済的、文化的問題は、アメリカ先住民社会全体で対処すべき問題として解決策を模索していく必要があるといえるだろう。

（大野あずさ）

［参考文献］

青柳清孝、松山利夫編『先住民と都市――人類学の新しい地平』青木書店　１９９９年
スチュアート ヘンリ、岸上伸啓「北米先住民と都市」綾部恒雄監修・編『失われる文化・失われるアイデンティティ』（講座　世界の先住民族　ファースト・ピープルズの現在10）明石書店　２００７年
Fixico, Donald L., *The Urban Indian Experience in America*. Albuquerque: University of New Mexico Press, 2000.

22

健康問題

★心身ともに健康であるためには★

1492年のクリストファー・コロンブスによる「新大陸発見」は、アメリカ先住民社会にとって文字通り「未知との遭遇」であったであろう。人びとの往来はもちろんのこと、動植物、エキゾチックな品々、目に見えるものから見えないものまでありとあらゆるものの行き来が新旧二大陸間で開始されたのである。外の世界とのつながりがよりいっそう深まっていくにつれ、先住民たちの運命を大きく変えていったものの一つが天然痘やペスト、腸チフスといった疫病であった。なかでも天然痘は抗体をもたなかった先住民たちの命を次々と奪っていった。当時の先住民社会において病に苦しむ人びとを救うのはメディスンマンの役目であったが、儀式を通して行う彼らの伝統的な「処方箋」は一向に効き目がなく、また先住民社会における民間療法が病をいっそう悪化させたこともあり、メディスンマンたちの地位は失墜、部族全体の大幅な人口減と社会不安を生み出していった。連邦政府による天然痘対策が1832年になってようやく始まるとはいえ、直後に西部開拓の時代を迎える合衆国において、先住民と入植者たちとの接触はさらなる疫病の蔓延を招き、より多くの先住民たちの命が失われていったのである。

ウイルスによる感染症は、その後も先住民の人びとを苦しめ続けた。19世紀末に先住民の子どもたちを対象に「アメリカ化（同化）教育」が施されると、親元を離れ寄宿舎生活を強いられた子どもたちの多くが、トラコーマという目の病気に感染した。さらに、第二次世界大戦後のアメリカにおいて問題視されたのは結核であった。1955年に先住民の公衆衛生担当部門としてインディアン衛生局が保健教育福祉省（現保健福祉省）公衆衛生局内に設置されるやいなや、結核との闘いが先住民社会における克服すべき案件の第一に挙げられた。事実、翌56年には、インディアン衛生局管轄下の病院において総ベッドの半数が結核患者で占められているとする報告があがってくる。結核に加え赤痢などの伝染病も蔓延していた先住民社会には、まず第一に安心して飲める上水道、それに汚水処理といった基本的なインフラ整備、栄養失調対策、ワクチン接種が急務であった。

戦後70年以上が経過した現在、先住民が対峙しなければならない病とは一体何であろうか。主なる死因に関して保健福祉省が毎年公表しているデータによると、アメリカ先住民の死因は第1位が悪性腫瘍（ガン：全体の18・3％）、第2位が心臓病（17・8％）であるという（2012年）。特筆すべきは他の疾病をおさえて第3位に不慮の事故（11・6％）がランクインしていることであり、第8位の自殺（2・9％）、第11位の殺人（1・6％）とともに気になるところである。一方、長い間先住民たちを悩ませてきた結核がトップ10から姿を消し、代わりに糖尿病（6・0％）が第4位に、慢性肝臓病・肝硬変（5・6％）が第5位に入る。糖尿病、そして肝臓の機能に障害を与えるアルコール中毒・依存が、現代アメリカ先住民社会を悩ます二大疾病となる。

まず、糖尿病の有病率に目をやると、ヒスパニック系を除く白人と比べ先住民の成人は2・3倍、10代の子どもたちに絞るとⅡ型糖尿病を発病する率は実に9倍に跳ねあがる。10万人当たりの死亡者数で見ても全米の21・8人に対して34・5人と1・6倍となり、事態が深刻であることを窺《うかが》わせる。責められるべきは食生活の欧米化によるカロリー過多の食事と運動不足だとは我々もよく耳にするが、先住民社会における生活様式の劇的変化を考えるとそれもうなずけよう。農耕定住社会であれ狩猟採集社会であれ、先住民の食習慣は高タンパク低カロリーが基本であった。それを一変させたのは19世紀中頃より連邦政府が実施を始めた対先住民政策であった。広大な土地を奪うため先住民たちに連邦政府が命じたのは移動の禁止と保留地内での定住であった。狩りも戦《いくさ》も禁じられ食料調達もままならない先住民たちに支給されたのは脂肪と糖分たっぷりの安価な配給品であった。それまで狩りと戦で身体を鍛えていた彼らの運動量は保留地に閉じ込められることで格段に落ち、高カロリーの食事を摂取しはじめた彼らの身体はみるみる脂肪を蓄えていった。その結果が現在の糖尿病発病率の高さに現れているのである。糖尿病はまた多くの合併症を誘発することでも知られている。症状が悪化し腎臓の濾過《ろか》機能が低下することで透析を導入せざるをえない人びとが先住民の中に多数いることを考えると腎炎・腎臓症が先住民の死因第10位となるのは納得がいくし、第2位の心臓病や第7位の脳卒中も糖尿病が動脈硬化を進行させたことがそもそもの原因であったとしても何の不思議もない。

アルコールもまた、外界との接触がもとで到来して以来、先住民社会に暗い影を落とし続けている。確かに、メキシコと国境を接するアメリカ南西部の先住民社会には「新大陸発見」以前からアルコールが存在した。しかし、用途は儀式に限られ、大量に見境なくアルコールを摂取することはなかった。それが今では多くの先住民の生活を脅かす諸悪の根源となっているのである。平均年収は3万5062ドル（2010年）と全米の1万5000ドルマイナス、失業率も2倍、定職をもたず貧困にあえぐ人びとが経済的、社会的不安からアルコールに走ると、過度の飲酒は飲酒をする本人の健康を害するにとどまらなくなる。妊娠中の女性が飲酒をやめられずに胎児の発育に影響を及ぼす「胎児性アルコール症候群」が先住民社会では深刻な問題となっている。死産や流産を引き起こすケース、また無事出産までたどりつけたとしても出生前後の成長遅延により中枢神経系が障害を受け、顔面の形成不全をも伴う先天異常をきたすのが特徴であり、さらには胎児への影響が学童期に入っても続く場合、対人関係の困難や学習障害を伴うことになるのである。

先に述べた死因の事故、自殺、殺人も、元をたどれば飲酒との因果関係が多分にある。肝臓疾患だけでなく事故も自殺も殺人も過度のアルコール摂取に起因しているのだとインディアン衛生局が論じはじめて久しい。飲酒運転が元で亡くなる者、酒に溺れ命を絶つ者、酒のトラブルで人の命を奪う者とその犠牲者と、アルコールに起因する死者は先住民社会では10万人あたり49・6人と全米の6・2倍である。不慮の事故で命を落とす人のなかに若者が多いのも先住民社会の特徴であり、5歳から44歳まで、第一の死因がすべて不慮の事故だということも明記しておきたい。

「健康」とはただ単に生活習慣を改善し健康増進を図れば事足りるわけではない。「健全な精神は健全な身体に宿る」というが、心身ともに先住民が健康であるために本当に必要なことは何なのか。彼らがたどってきた歴史や彼らが抱えている社会的、経済的要因の中にこそ、解決の糸口が見つかるのかもしれない。

（石井泉美）

［参考文献］

阿部珠理『アメリカ先住民――民族再生にむけて』第2版　角川学芸出版　２０１３年
鎌田　遵『ネイティブ・アメリカン――先住民社会の現在』岩波書店　２００９年
鎌田　遵『ドキュメント　アメリカ先住民――あらたな歴史をきざむ民』大月書店　２０１１年
Ishii, Izumi, *Bad Fruits of the Civilized Tree: Alcohol and the Sovereignty of the Cherokee Nation*, Lincoln: University of Nebraska Press, 2008.

23

経済問題

★広がる部族間格差★

アメリカ先住民は、相変わらず合衆国でもっとも貧しい民族グループである。合衆国の貧困水準以下の生活を送る人が、先住民は27・3％（2009年）と、民族グループ中もっとも多い。この数値は白人の約2・3倍、アメリカ全体の約2倍であり、先住民の4人に1人以上が、貧困に喘いでいることになる（表1参照）。しかし1990年の貧困水準以下の数値が33％であったことを考えれば、貧困層は明らかに減少している。表2の2006―2010年の世帯所得水準でも、年収1万5000ドル未満の最貧困層がもっとも多いことがわかるが、年収50万ドル以上の中流から、10万ドル以上の上流階層をトータルすると、その比率は37％にものぼる。物価水準が異なるから単純な経年比較はできないが、1979年の統計によると、年収五万ドル以上の世帯は全体の2・4％に過ぎず、中流以上の階層の驚異的な増加が確認できる。先住民の所得水準傾向も、白人と全米の動きとほぼ一致しているが、これも過去には見られない傾向である。アメリカ先住民は、ほとんどが貧困層であるという印象をもたれているが、最新の統計で見る限り、富裕層が確実に出現しており、その結果先住民族間に、大きな経済格差

表1　人種別貧困水準以下の人口（2009年）

	アメリカ全体	白人	黒人	アメリカ・インディアン、アラスカ・ネイティブ	アジア人	ヒスパニック
貧困水準以下の人口（単位：千人）	42,868	26,271	9,408	647	1,539	11,131
人種内に占める割合	14.3	11.7	25.8	27.3	11.4	23.5

資料：*Statistical Abstract of the United States: 2012 The National Data Book* 131st Edition. Table 36
http://www.census.gov/compendia/statab/2012/tables/12s0036.pdf

表2　所得中央値および所得水準別世帯種類（2006～2010年）

	インディアン、アラスカ・ネイティブ	白人	全世帯
10,000ドル以下	13.4	6.0	7.2
10,000～14,999	8.1	5.1	5.5
15,000～24,999	14.0	10.2	10.8
25,000～34,999	12.4	10.2	10.5
35,000～49,999	15.0	14.0	14.1
50,000～74,999	16.6	19.0	18.6
75,000～99,999	9.5	13.0	12.3
100,000～149,999	7.5	13.1	12.3
150,000～199,999	2.0	4.7	4.4
200,000ドル以上	1.5	4.7	4.2
所得中央値	36,779ドル	54,999ドル	51,914ドル

資　料：SELECTED ECONOMIC CHARACTERISTICS: 2006-2010 American Community Survey Selected Population Tables: INCOME AND BENEFITS (IN 2010 INFLATION-ADJUSTED DOLLARS)
http://factfinder2.census.gov/faces/tableservices/jsf/pages/productview.xhtml?pid-ACS_10_SF4_DP03&prodType-table

ローズバッド保留地の低所得者向け住宅（二家族用）

が生じてきている。貧困水準以下の家庭の割合が１・４％しかない富裕なマシャンタケット・ピクォート族から、過半数が貧困水準以下の生活をおくるイースタン・ショショーニ族まで、はなはだしく差がある。貧困世帯がほとんど皆無の部族から、２人に１人は貧しい部族があるということだ。

この変化の要因には、部族の賭博場経営が関わっている。１９８６年のＢＩＡの調査によれば、インディアン・カジノが開設される前の保留地では、41％が貧困水準以下の生活をしていたが、開設後は33％まで改善した。１９８９年の調査では、カジノをもたない保留地の貧困世帯は、平均で40％になっており、カジノの有無が経済を左右し始めており、経済状態が著しく良くなった部族に関しては、カジノが大きな役割を果たしているということが窺《うかが》える。

失業は、依然として大変深刻な問題である。ＢＩＡの１９９９年報告によると、その率は49％にのぼるが、この数値も部族、保留地によって大きな差がある。サ

第23章
経済問題

ウスダコタ州のローズバッド保留地やパイン・リッジ保留地は、失業率80％から90％という、全米で最悪の数値が続いている。

先住民の貧困の原因を探るうえで、「与えられた」保留地の地理的条件や、その保留地で強いられた生活様式の変化を考えることも重要である。全米にある保留地面積の3分の2は、農業に適さない土地である。失業率の高い保留地の多くは、水利が悪く土壌の豊かでない土地で、かつ産業立地の厳しい遠隔地に位置している。ウィンド・リヴァーやローズバッド、パイン・リッジはその典型である。また保留地生活で、かつての生業からまったく切り離された場合も、貧困に転落し、そこから抜け出せない場合が多い。平原諸部族はその代表例で、保留地の定住生活は、かつての狩猟採集民族を文字どおり無産無職にした。スー族、シャイアン族、クロー族などの保留地でいまだに貧困が色濃いのは、そういう地理的・歴史的背景がある。

保留地の経済は、よく「福祉経済」と呼ばれる。貧しい部族民が最低限の生活を確保するためには、二重三重の福祉給付や特別補助が必要である。福祉プログラムには、部族、郡、州、政府の四つのレベルのものがある。部族が給付するものとしては、寒冷地では凍死者も出るほど寒い冬を乗り切るための薪《まき》やガソリン、学童のための文具や運動靴などの生活用品がある。郡の福祉はさまざまだが、ローズバッド・スー族を例に取れば、保留地が位置するトリップ郡やトッド郡が提供する老齢者への食事給付を受けることができる。州の補助で代表的なものには、子どものいる低収入家庭に給付されるAFDC（Aid for Family with Dependent Children）がある。また主要な連邦福祉は、フード・スタンプとコモディティ・フードであるが、前者はスーパーなどで食糧を購入する際の金券、後者は配給食糧そのものである。コモディティ・フードには、小麦、インスタント米、オートミール、マカロニ、チーズ、マーガリン、粉ミルク、缶詰めの肉、マメ、野菜、果物があり、貧困家庭のライフラインとなっている。ただし、コモディティとフード・スタンプを、同一月に受け取ることはできないことになっている。

現在連邦承認部族は567あるが、いまだ3分の1には水道がなく、60％に電話がない。教育と医療（歯科治療を含む）は無償であり、政府の公衆衛生局が、インディアン衛生局を通じて運営する病院が全米に45、診療所が607ある。部族民が受給するこれら一連のサービスを、一概に福祉の概念で捉えることは正しくない。歴史的にみれば、これらのサービスは、各部族が土地割譲の代償として当然受け取るべきものであり、合衆国は、部族との間に結んだ給付保障の条約を履行する義務が、依然としてある。

部族における経済開発の自助努力への期待も、膨らんでいる。すでに牧畜、林業、天然資源、美術工芸品、賭博などの分野で得ている収入を、いかに安定的に増やしていくかが大きな課題だ。

シャイアン・リヴァー保留地のスー族の牧畜の取り組みは、伝統を現代の経済生活に再生させたことで注目される。彼らは、かつての主食であったバッファローの放牧に乗り出し、部族が経営する牧場には、現在3000頭ものバッファローがいる。保留地で多くが消費されるが、今後外部市場での流通拡大が見込まれている。さらに放牧されたバッファローは、学校の給食などに使われ、子どもたちが味だけでなく、解体や調理を通じて、伝統的な生活のあり方を学んでいる。

全米の保留地面積の1割は、商品価値のある材木を産出できる森林である。それら地域にある57の保留地が林業の可能性を秘めるが、林業で利益を上げているのは、そのうち14にしか過ぎない。インディアン局の管理規約や伐採規則の厳しさが、有効資源の活用を限定している。同様に、保留地面積の1割に、天然鉱物資源が埋蔵されている。全米のウラン埋蔵量のなんと80％が、ナヴァホ、ホピ、オグララ・スー族などの保留地に眠っている。また、露天掘り可能な石炭田の33％が保留地にある。アリゾナ州の石炭エネルギーのすべてが、州内の保留地から供給されており、モンタナ州南部のクロー保留地には、170億トンの石炭埋蔵量があるとされる。

豊かな天然資源が部族経済に反映していないのは、インディアン局の干渉に加えて、ナヴァホ族やホピ族の過去の事例に見られるような部族内分裂、部族政治の非民主性、腐敗などが、外部資本の搾取を許してきたことが大きい。今後、天然資源を自らの手で管理する能力と権限の確保、それにともなうインディアン局の管理、干渉の縮減が望まれるが、それはインディアン諸部族の「自治自決」の権限と、合衆国の信託管理責任という本源的な矛盾が、今後どのように解決されてゆくかにかかっている。

（阿部珠理）

［参考文献］

阿部珠理「新しいバッファローを求めて――ラコタ・スー族の経済開発」岸上伸啓編『北アメリカ先住民の社会経済開発』明石書店　２００８年
阿部珠理『アメリカ先住民――民族再生にむけて』第2版　角川学芸出版　２０１３年
Demallie, Raymond J., "Pine Ridge Economy: Cultural and Historical Perspective." in Stanley, Sam ed., *American Indian Economic Development*, The Hague: Mouton, 1978.
Pickering, Kathleen Ann, *Lakota Culture, World Economy*, Lincoln and London: University of Nebraska Press, 2000.

24

部族大学

★先住民部族社会による大学運営の開始★

「部族大学（Tribal Colleges and Universities）」（TCU）とは、アメリカ先住民部族政府によって管理・運営がなされている全米でも特殊な高等教育機関である。その第一校目のナヴァホ・コミュニティ・カレッジ（NCC）（現ディネ大学）が、ナヴァホ・インディアン保留地内で創立されたのは1968年である。2015年の時点では、全米で37校のTCUが、それぞれの部族文化と社会に密接したカリキュラムを自ら計画し、学生に提供している。創立から40数年と未だ成長段階にあるこの取り組みは、アメリカ先住民による教育の「自決」を促進させる革新的な出来事として評価されている。同時に先住民社会は自らが理想とする教育モデルと主流社会が規定する高等教育の基準の狭間で、教育計画を模索するという難題と向き合うこととなる。

アメリカ社会にはTCU以外にも少数派集団によって設立された大学が存在する。例えば南北戦争後に南部諸州で増え始めた「歴史的黒人大学」（HBCU）や、20世紀後半の高等教育機会拡大に伴って西／南西部を中心に拡大した「ヒスパニックのための大学」（HSI）などが挙げられる。民族の人口割合が集中している地域にキャンパスを置くのが特徴となっている。T

CUの場合は先住民保留地が多くある西部・中西部諸州（ノース／サウス・ダコタ、ミネソタ、モンタナなど）にキャンパスが集中している。

主流社会の他の高等教育機関と異なり、部族管理の形態をとるTCUは、先住民の伝統的知識と価値観を、経営方針やカリキュラムに積極的に取り込んでいる。それと同時に、TCUは学生の将来的進路に配慮した責任ある教育機関であることも求められている。つまり全米の大学と同様に、TCUは大学設置基準協会（アクレディテーション）の審査対象に含まれている。一方で、基準協会の認定が困難な課題であることは、1970年代に報告されたTCUの特徴から明らかとなる。①インディアン保留地内またはその近隣にキャンパスが置かれ、地理的にも文化的にも主流社会から孤立している。②大学自体が小規模であり、在学者数は75〜800名未満である。③すべての大学が常態的に資金不足ならびに補助のめどがたっていない。④大学を置くコミュニティならびに組織それ自体がアメリカ合衆国において最貧困地域に属する。以上のような環境のなかでTCUは常に経営の危機に瀕しながらも保留地の若者に高等教育を提供している。

経済環境的に問題の多い保留地にあるTCUを支える運動は、創立当初からすぐに実行された。「アメリカ・インディアン高等教育連合」（AIHEC）は1972年に当時の部族大学6校の代表者によって結成されたTCUの支援と大学相互の積極的なネットワークの構築を目的とした団体である。設立当初の目的は、主として新設され始めたTCUの経営維持を可能にする政策的補助へのロビー活動にあった。また当団体の活動には、1989年からTCUの取り組みを内外に情報発信する季刊誌「トライバル・カレッジ・ジャーナル」の発行などもある。

シンテ・グレシュカ大学のラコタ学部専用施設「ティーピー」

またAIHECの初代メンバーであり、1970年にサウスダコタ州ローズバッド保留地で設立されたシンテ・グレシュカ大学（SGU）のライオネル・ボルドー学長をはじめ、他のTCU関係者は、設立したばかりの先住民管理の大学機関が、早くも存続危機にあることに気付いていた。先述の環境的に不利な条件に加えて、主流社会の大学機関と異なり連邦ならびに州政府からの援助が期待できないTCUは、常に経営資金確保の問題が悩みの種であった。1971年にナヴァホ・コミュニティ・カレッジを対象にした資金補助政策が制定、75年には「インディアン自決・教育援助法」により、TCUへの公的資金補助が期待された。しかし現実的にはほとんどのTCUが認可基準に満たないことを理由に、十分な経営資金を得ることができなかった。そこで各学長ならびにAIHEC関係者は、TCUへの直接的な経営補助資金を可能にする法律制定へのロビー活動を展開した。結果として１９７８年に制定された「部族大学補助法」は、単なる経営維持だけではなく70年代の間で20校以上も設立された部族大学を支える役割を果たした。

主流社会が設定するアクレディテーションの問題も大きな壁として立ちはだかっている。10年単位で認定委員会がランダム選択した他大学のスタッフによって、その審査が実施されている。本基準を満たすことができずに、経営をサテライト授業のみに移行せざるを得なくなった例もある。さらに先述したシンテ・グレシュカ大学は学士号に加えて修士課程も有するＴＣＵのモデルケースであるが、本校すらも経営に対して基準協会から勧告を受けている現状にある。そのような状況下、先住民による独自の認可基準の設置を求める動きも起こっている。「世界先住民高等教育連合」（ＷＩＮＨＥＣ）は２００２年８月にカナダのアルバータ州で開催された世界先住民教育会議のなかで設立され、ＴＣＵをはじめ、ニュージーランドやカナダにおける同等の先住民高等教育関係者によって構成されている。「先住民の人びとの生活に関わる共通の基準、実践、原則に一致した先住民による教育構想とシステムのための認定機関の設置」を目的に掲げ、主流社会との教育の差異を主張している。先住民による独自のアクレディテーションの設置は今後の動きに期待ができる。

ＴＣＵの設立は、19世紀以降の同化教育と比べて、先住民社会の伝統復興に大きな影響を与えたことは明らかである。加えて保留地内の先住民だけではなく、近隣のコミュニティからも多くの非先住民学生を受け入れることで、多民族共生の場を提供している。例えばＳＧＵでは全学生が３科目以上のラコタ学部の授業を受講している（ラコタ言語、ラコタ史、ラコタ教育ならびに思想）。また建学の精神や大学の目的にラコタの伝統的な知識や考え方が盛り込まれていることで、あらゆる人びとが平等に伝統的知識と高等教育を同時に学ぶことが可能となっている。

主流社会からの批判的な意見もある。2014年11月26日にアメリカの有名評論誌「アトランティック」のウェブサイトに部族大学を扱う記事が掲載された。その要約をすると「連邦政府による教育効果をあげていないTCUへの多額の資金援助は公的資金の無駄遣い」という批判内容であった。それに対して、1989年からTCUを含む先住民学生への奨学金補助を行ってきた団体のアメリカ・インディアン・カレッジ・ファンドの現最高責任者シェリル・クレイジー・ブルは声明を発表した。SGUの教員や運営に携わってきた経歴をもつ彼女は「先住民保留地の現状を鑑みることなく、偏狭な統計数値と公的利益に準じた考え方から、先住民の高等教育問題ならびに部族大学を理解することは不可能である」と反論した。実際のところ、1978年に部族大学の運営資金や通学生への学費補助を目的として制定された「部族大学補助法」によって学生に支給される金額は、主流の大学機関の半額以下であり、そのせいで通学が困難となる学生もいる。また、批判の対象に挙げられた部族大学の教育成果不足については、部族大学が多くあるノースダコタ州では実際に先住民労働力が拡大し、州利益に貢献していることを明らかにした。先住民保留地が抱える社会経済的問題への理解は、アメリカ国内でもまだまだ浸透していない。

公立や私立の大学機関とは異なる部族政府管理のTCUが、アメリカ先住民の教育の「自決」を体現していることは明らかである。一方で、先住民部族政府と合衆国政府のインディアン局が密接な関係にあることを忘れてはならない。連邦政府との「信託」関係を維持しつつも教育的な「民族自決」を主張し続けることには、ある種の矛盾が付き纏っている。TCUの存続とその活動が、政府―先住民間の関係的な矛盾を超えた「民族自決」に答えをもたらすかどうかは今後も考えていく必要がある。

（根元慎太郎）

[参考文献] ……………………………………………………………………………………

阿部珠理『アメリカ先住民——民族再生にむけて』第2版　角川学芸出版　2013年（2005年）

Crazy Bull, Cheryl, "Why Tribal Colleges Matter: Our Response to The Hechinger Report" *American Indian College Fund*. December 16, 2014. [http://www.collegefund.org/press/detail/299] (2015.10.29)

Oppelt, T. Norman, *The Tribally Controlled Indian Colleges: The Beginnings of Self Determination in American Indian Education*, Tsaile: Navajo Community College Press, 1990.

Warner, Linda Sue and Gipp, Gerald E. eds., *Tradition and Culture in the Millennium: Tribal Colleges and Universities*, Charlotte: Information Age Publishing, Inc, 2009.

25

言語維持

★部族語の現在と行方★

今日、大部分のアメリカ先住民が日常語として話しているのは英語であるが、かつてはそれぞれの部族語が使われていた。白人の入植前、北米には約300の先住民言語が存在したといわれる。先住民は文字をもたなかったが、ニューメキシコ州アルバカーキ近郊のペトログリフ国立公園など、アメリカ南西部に残っているペトログリフ（岩絵）は、部族の歴史を伝えるコミュニケーション手段の一つだった。平原部族の間では、意思疎通のために独自のサインランゲージとしての手話も使われていた。また、全米50州のうち、27の州が先住民の言葉に由来しており、他の地名にも多く残っている。19世紀前半に白人文化に適応していったチェロキー族の間では、1821年に独自の音節文字が発明され、部族語の新聞も発行されていた。

今日、部族語話者の多くが高齢で亡くなっていくなか、伝統文化を支える部族語の継承は差し迫った課題となっている。親から子へ家庭で継承されている部族語は約20といわれている。米国の2006〜2010年の国勢調査によれば、アメリカ・インディアンとアラスカ先住民240万人（5歳以上）の70％以上が家庭で英語のみを話していた。部族語を話している家庭は約15％であり、その3分の2がアリゾナ、ニューメキシコ、アラスカ州に集中している。ナヴァホ語は約17万人の話者がいて、他の部族語のなかで圧倒的に多い。一方、ニューヨーク州西部に暮らすセネカ族の間では、流暢な話者が10年前に２００人いたが、ほとんど高齢だったため、今日では30人に減っているという。北西部や太平洋岸の部族では話者がほとんどいなくなり、存続が危ぶまれる言語が数多く存在する。

先住民が英語を話すようになったのは、19世紀末から連邦政府が推進した同化教育を通してである。先住民の子どもたちは、親元から引き離されてミッション・スクールやインディアン寄宿学校に送られ、一般のアメリカ文化に適応するよう同化教育を受けた。キリスト教と英語教育が重視され、部族語が禁止されてこの世代を境に部族文化の継承が大きく後退した。教室で部族語を話すと教師から体罰を受け、石鹸を口のなかに突っ込まれたというエピソードもある。このような教育は、世代を超えて学校への不信感とともに先住民のアイデンティティに歪みを生じさせたといわれている。一方、第一次世界大戦でチョクトー語、第二次世界大戦ではナヴァホ語が米軍の暗号に用いられ、各部族の先住民が通信兵として起用された。

先住民の就学率は戦後、次第に上昇し、１９６０年代半ばまでに大部分の生徒が義務教育を受けるようになった。先住民の間で自意識が高まった１９６０年代には、先住民文化の復興が起こった。子どもたちが学校やテレビなどを通じて英語を身につける一方、部族語が話せる高齢者が亡くなり、伝統文化の継承への懸念が次第に広がった。そもそも文字をもたなかった先住民にとって、言語は世代を超えて部族の価値観や信仰、祖先の記憶を語り継ぐ文化的アイデンティティの源といえる。言語の

図　米国で話者（5歳以上）の多い部族語　（人）

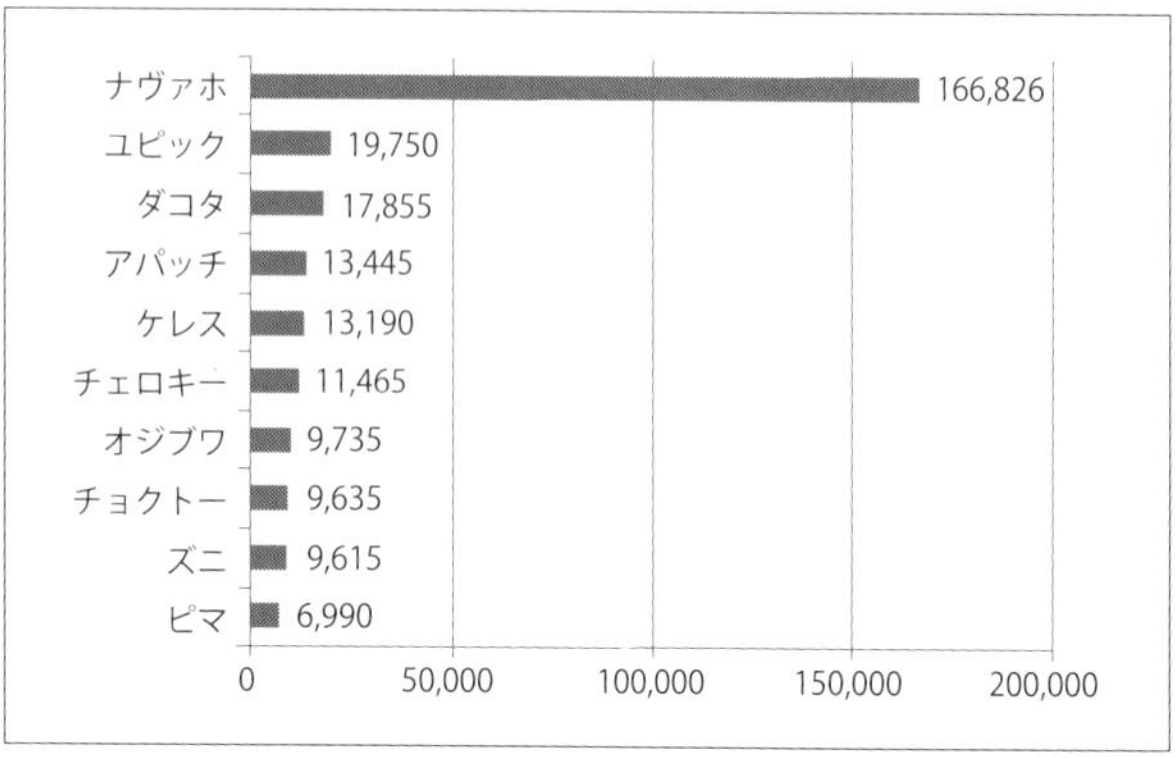

出典：2009-2013 American Community Survey, U.S.Census Bureau

発音やリズム、文法、言語構造には民族の思考様式や世界観が反映されている。

こうして、教育において先住民の自治を確立する試みが生まれた。１９６８年のナヴァホ・コミュニティ・カレッジ（現在のディネ・カレッジ）設立以来、部族大学が各地で設立された。これらは各部族の伝統文化の継承、発展を教育目標に掲げ、部族語や部族文化の授業をもち、教員養成プログラムにも組み込まれるようになった。１９６８年に制定された「バイリンガル教育法」は、英語を母語としないマイノリティの子どもたちのために、公立学校で民族言語を使って授業することを許可し、80年代にかけてバイリンガル教育が発達した。１９７５年の「インディアン自決・教育援助法」は、先住民の教育機会と進学を促すために部族語の教育を支援し、部族と教育局・内務省との協力体制を定めた。１９９０年には「アメリカ先住民言語法」が制定され、先住民の言語継承の権利を保障し、支持することを定めた。具体的には、学校で部族語の授業を促し、高齢の話者も教えられるよう教員の条件を柔軟にした。

合衆国のバイリンガル教育では、第二言語のみで教科を教えるイマージョン方式が注目されてきたが、先住民の各保留地でも、幼児からの部族語のイマージョン教育が行われてきた。しかしながら、イマージョン・プログラムを維持・発展させるには資金不足で、財政的基盤の確保が課題であった。

２００６年には、「エスター・マルチネス・アメリカ先住民言語維持法」が制定され、部族はイマージョン・プログラムや教材のための補助金を連邦政府に申請できるようになった。エスター・マルチネスは、ニューメキシコ州のテワ語の教師・ストーリーテラーとして知られ、２００６年に94歳で全米芸術基金（ＮＥＡ）よりナショナル・ヘリティッジ・フェロウシップ（日本の文化勲章に相当）を授与されたが、まもなく交通事故で亡くなった。この法律はマルチネスを記念して制定された。

近年、多くの先住民コミュニティで注目されるのが、インターネットやラジオ放送などのメディアを用いた部族語保持の試みである。今日ではこれらの通信手段を利用して、保留地の情報交換や遠隔教育が進んでいる。ローカル・ニュースを流すラジオ放送は、保留地の重要なコミュニケーション媒体であり、部族語放送をとり入れて言語保持を促してきた。さらに、部族語教育に大きな効果が期待されているのが、コンピュータでのマルチメディア教材やインターネットでの授業である。部族語話者がいなくても、スマートフォンやタブレット、コンピュータにアクセスし、個々に自分のペースで発音を確認しながら学習できる。部族のホームページに、部族語の学習ビデオを掲載し、フェイスブックなどのソーシャルメディアを利用して部族語の普及が試みられている。また、若者の関心を引きつけるために、映画のセリフを部族語に吹き替えたり、ラップ音楽が部族語で歌われてきた。

これら一連の試みは、部族語の復興・継承を促しながら、先住民生徒の学習意欲を高めることを目指している。部族語を通じた文化的アイデンティティの育成は、先住民の学力不振や中途退学、アルコール・麻薬などの非行の防止につながると期待されている。子どもたちが部族語を通じて自尊心とアイデンティティを育めば、先住民コミュニティも活性化する。このように、先住民の家庭やコミュニティでは、日常に根ざした生活言語として部族語を採り入れ、新たな世代に伝える努力が重ねられている。

（内田綾子）

［参考文献］

阿部珠理『アメリカ先住民――民族再生にむけて』角川学芸出版　2005年
杉野俊子『アメリカ人の言語観を知るための10章――先住民・黒人・ヒスパニック・日系の事例から』大学教育出版　2012年
宮岡伯人「先住民言語・多様な思考の危機」綾部恒雄 監修・編『失われる文化・失われるアイデンティティ』（講座世界の先住民族 ファースト・ピープルズの現在10）明石書店　2007年

26

文化復興

―★インディアン・アイデンティティとスピリチュアリティ★―

インディアン社会における文化復興の機運の高まりは、レッド・パワーに代表される先住民権利回復運動と軌を一にする。1960年代以降活性化する一連の運動の思想的バックボーンは「民族自決」であり、自らによって立つ民族として、自己決定権を回復することが大きな課題であった。そのためにまず必要なことは、民族アイデンティティを明確に示すこと、つまり、白人とも合衆国の他のマイノリティ集団とも異なる、アメリカ大陸の先住の民としてのアイデンティティを確立することであった。Indiannes、インディアンらしさとは、一体どのようなものであるのか、その希求がこの時期、求心的になされた。

彼らはその答えを、「伝統」と「文化」に求め、彼らの伝統と文化の底に横たわる、「インディアン・スピリチュアリティ」を再活性化しようとした。インディアン・スピリチュアリティは、合衆国が強力に推し進めた同化政策によって、弱体化を余儀なくされていた。同化教育のなかで母語を奪われ、宗教儀式を禁止され、彼らのインディアンらしさは、自ずと希釈されていた。寄宿学校や、1950年代の連邦政府の都市転住計画によって、先住民共同体から引き離されて、世代間断絶が生じたことも、伝統の継承を難しくしていた。

そんな彼らが、60年代の民族自決運動で立ちあがったとき、政治的復権に加えて、アイデンティティ回復のためのスピリチュアリティ活性化、文化復興を目指したことは、至極当然といえる。その象徴的な出来事は、AIM（アメリカン・インディアン・ムーヴメント）の闘士たちによる、ゴーストダンスの復活であったろう。AIMは、権利回復運動のなかでも、武力行使も辞さない先鋭的な団体であったが、その彼らがメディスンマン、グロードックに率いられて、サウスダコタのローズバッド・インディアン保留地で、この宗教儀式を復活させたのだ。

1972年彼らが、パインリッジ保留地ウンディッド・ニーを占拠して、FBIと銃撃戦を交えたときも、ラコタ・スー族で尊敬を受けるメディスンマン、フールズ・クローがやってきて、「勇士」の伝統の復活を祝福した。彼らの伝統では、勇士とは「今日は死ぬにはいい日だ」というスピリットをもって、民のためにいつでも命を投げだす人びとである。

各部族の保留地では、伝統の宗教儀式の復興が、盛んに行われるようになった。ことに平原諸部族の間では、長い間「蛮習」として合衆国に禁止されていたサンダンス（第39章参照）が復興され、部族内外の多くの参加者を集めるようになった。サンダンスのみならず、すべての儀式に先行して行われるスウェットロッジ（第39章参照）も、頻繁に行われるようになった。

平原諸部族、ことにスー族やシャイアン族は、アメリカにおけるインディアンのステレオタイプの原型となった「馬上の勇士」たちだが、彼らは実際、最後までアメリカ合衆国に抵抗した人びとでもあった。インディアンのイコンとして、彼らの儀式化が進み、自らの伝統をすでに失っていた他の部族へも影響を与えた。現在合衆国の多くの部族で行われるスウェットロッジ、サンダンスは、おおむねラコタ・スー族のスタイルを踏襲している。

この事例が示すように、特定の部族の伝統や儀式が60年代以降、汎インディアン化する傾向がある。この典型例を、パウワウ（第45章参照）に見ることができる。競技化したパウワウでは、ダンスカテゴリーやダンス装束が、部族の垣根を越えて汎インディアン化して、どこのパウワウに行っても、同じダンスと装束を見ることができる。今や年に何百というパウワウが、全米で行われ、多くの白人観光客を集めているが、インディアン文化として広く認識されて、文化復興の一つの象徴と見なされている。

インディアン・スピリチュアリティは、60—70年代の一大潮流であった、カウンター・カルチャーに注目されるようになる。カウンター・カルチャーでは、物質主義的な主流文化の相対化が目指されており、多くの若者が、非西欧的思想や宗教伝統に魅せられた。ヒッピーはその時代の象徴的存在だが、自然回帰を目指す彼らは、インディアンの長髪や裸足を模倣し、インディアンの伝統的共同体に憧れて、郊外にコミューンをつくったりした。

パウワウで汎インディアン文化化したジングルドレス

ローズバッド小学校の朝の儀式

80年代には、ヒッピーの精神文化の流れを汲む、ニューエイジの若者たちが、「自分探し」の旅や「癒し」を求めて、インディアンの精神世界に接近した。彼らは、先住民の「癒しの師」であるメディスンマンに傾倒し、保留地へ出かけて彼らとの接触を求めて、儀式に参加した。大手書店の「精神世界」のコーナーは、一時期メディスンマンの自伝や、インディアン・スピリチュアリティの本で一杯だった。折しも環境破壊が世界的な問題となっており、自然と共生してきた「大地の守り人」「環境保護の先駆者」としてのインディアンのイメージが、アメリカ社会に浸透していった。このように、インディアンのスピリチュアルな文化が、白人に「発見」され、外部からの視線や注目によって、彼らが自らのアイデンティティを再学習し、また彫琢していった事実は否定されるべきではない。彼らがスピリチュアリティを、アイデンティティ・ポリティクスの核として使う傾向も、この頃から見られるようになった。

現在もアルコール依存、家庭内暴力、健康不安など、多くの問題をかかえる保留地社会は、引き続き文化復興、就中スピリチュアリティの復活を基軸に、民族再生、共同体再生を図ろうとしている。その手段の一つが、学校教育でのインディアン文化の学習である。伝統の継承は、母語の維持にかかっているので、多くの部族の初等教育から母語学習が取り入れられている。ラコタ・スー族を例にとれば、小学校での言語イマージョンメソッドの導入で、母語と英語を同時に学習するクラスが設定されている。中等教育では、母語に表れる部族固有の伝統的価値を学ぶ。小学校、中学校の朝礼は、伝統の太鼓と歌の合唱と祈りで始まる。

文化復興の中核として、ますます重要性を増しているのは、部族大学である。そこでは、白人社会と渡り合える西洋知の獲得と同時に、部族アイデンティティの確立と、日々の行動の指針となる伝統価値の学習に重きがおかれ、部族社会の再生に資する人材を輩出しつつある。ラコタ・スー族の部族大学の入学式、卒業式で祝福の祈りをするのは、メディスンマンの役割であるし、大学の敷地内で、スウェットロッジの儀式が執り行われることもある。ラコタ学部での部族の歴史や口承伝承、神話学の学習ばかりでなく、学生生活のさまざまな場面で部族伝統を学ぶようになる。部族大学はパウワウをスポンサーし、そこでは「ミス部族」が選ばれる。ミスの条件は母語を話せること、伝統の踊りができること、弱者を大切にすることといった伝統価値を実践しているかどうかである。

これらは、文化復興運動が端緒についた50年前には、見られなかった光景であろう。半世紀を経た今、文化復興の成果は確実に民族的、文化的矜持を持つ若者たちを誕生させている。

（阿部珠理）

［参考文献］

阿部珠理「アメリカン・インディアン・アイデンティティと文化創造——汎インディアン運動を中心に」『立教アメリカン・スタディーズ』25号　２００３年

阿部珠理「ウォ・ラコタ——アメリカ先住民社会における伝統の継承と実践」『宗教研究』85巻2号　２０１１年

27

インディアン・カジノ

★「新しいバッファロー」になりえるのか★

２００６年12月、フロリダ・セミノールが世界45カ国、１２４店舗のレストランをもつハード・ロック・カフェを6億６５００万ドルで買収し、ニュースとして大きく取り上げられた。フロリダ州に保留地をもつ人口３０００人ほどのこの部族が、これほどまでのビジネスを買収することができるまでに経済的に成長した背景には、インディアン・カジノの存在があった。

インディアン・カジノとはロトくじ、ビンゴ、スロット・マシーン、カード賭博（ポーカーなど）を主体としたアメリカ先住民による賭博事業運営のことである。１９７９年にフロリダ・セミノールがカジノ経営を開始したのがインディアン・カジノの始まりであるが、その後全米各地の部族が後に続き、１９８０年代には１００以上のインディアン・カジノが開業した。２０１５年８月時点で、４８６部族が全米28州で賭博事業に携わっている。

アメリカ先住民部族がカジノ経営に乗り出した背景にはレーガン政権期の急激なインディアン予算削減があった。この大幅な予算削減に対応し、終わることのない保留地での貧困から脱却するための一手段として、先駆者となったセミノールやカリフォルニアのミッション・インディアンであるカバゾンなどの部族はカジノを採用したのである。この先住民主導の動きに対して、レーガン政権もカジノがアメリカ先住民の経済的自立をもたらし、連邦予算の削減につながると考え、部族のカジノ経営を推奨した。

連邦政府がインディアン・カジノを支援する姿勢を示す一方で、州や地方自治体はカジノ開設による治安の悪化、環境破壊、交通渋滞などを懸念し、カジノ開設への反発を強めていった。カリフォルニアをはじめとする州政府はインディアン・カジノの運営は州法に則っていないとして、部族運営のビンゴやトランプカード賭博の運営を禁止しようと試みた。その結果、法廷闘争へともつれ込むケースが増えていった。インディアン・カジノの運営に関して、部族側を支持する最高裁判決が下ったのが1987年のアメリカ合衆国対カバゾン判決である。この判決では該当州が高額掛け金のビンゴ等の賭博を認可しているのであれば、州や地方政府は先住民部族が保留地で運営するカジノを規制することはできないという判断が下った。

1988年、連邦政府は急激に増加したインディアン・カジノの管理を行う目的で、「インディアン賭博規制法」（IGRA）を制定した。IGRAはカジノを含む部族による賭博施設の設立、運営は部族がその統治権を行使して保留地内で運営し、管理することを明記した。また、賭博を3種に分類し、その種類によって開設のプロセスや管理方法を規定している。第1種は少額の掛け金で行われる社会的賭博や先住民の伝統的な儀式の一環として行われる賭け事で、例えば先住民の伝統的スポーツであるラクロス（スティックボールとも呼ばれる）の試合の勝敗を賭ける場合が挙げられる。第2種はビンゴやポーカーなどのカードゲームであるが、この2種については部族政府の管轄である。第3種には第1、2種に分類されないスロット・マシーンやブラックジャックなどのカードゲームが含まれる。この第3種にインディアン・カジノの多くが分類されるが、この第3種の施設を開設するには州と交渉し、協定を結ぶ必要がある。

現在、インディアン・カジノは全米に広がっているが、特に西部と中西部で数多く開業している。なかでもオクラホマ州（30部族、124施設、収益3・8億ドル）とカリフォルニア州（62部族、69施設、収益70億ドル）に集中しており、この2州のカジノ収益だけでインディアン・カジノ収益全体の38％を占めている。全米の大小さまざまな部族がインディアン・カジノを開設するに従い、その収益も増加し続け、1988年には1億2100万ドルだった収益は、2015年には299億ドル（3兆5880億円）に達した。

では、カジノを運営する部族はその莫大な収益をどのように利用しているのであろうか。カジノを運営する部族の約7割がカジノ収入を部族政府のサービス、経済開発、地域開発などに充てている。残りの3割の部族は収益を部族員に対し、頭割りで支払っている。また、部族によっては部族政府による管理と部族員への直接分配の両方を採用している場合もある。例えば、セミノールは社会サービス事業としてヘルス・クリニック、生涯教育事業、高齢者支援などを実施している。経済開発プログラムではカジノに加え、農業、観光業、タバコ販売なども支援している。文化事業では博物館運営、文化教育プログラムなどを展開している。同時に部族員に対する頭割りの配当も行っているため、個人配当収入により、部族メンバーの個人収入も増加しているのだ。

特定の部族の劇的な成功が注目を集め、インディアン・カジノはどれも大きな利潤を生みだしてい

第27章

インディアン・カジノ

るかのようなイメージがもたれがちであるが、すべての部族が成功を収めているわけではない。ノースダコタやサウスダコタなどの都市部から離れた保留地に建設されたインディアン・カジノは、都市部との距離、交通の便などの問題があり、保留地の外から客を呼び寄せることが難しい。一方、成功を収めているカジノの多くは大都市近隣に位置している。例えば、マシャンタケット・ピクォートが運営するフォックスウッズ・カジノはボストンから車で2時間、ニューヨークから2時間半ほどである。2002年に開業したペチャンガ・カジノは部族人口約800人のペチャンガ・バンド・オブ・ルイセニョ・インディアンズが経営するが、これはサンディエゴから車で1時間の距離である。

このように今日まで全米各地の部族が続々とカジノ運営に参入し、2015年時点で500近い部族が賭博運営を行っているが、その一方で、ホピやオノンダガのようにカジノ産業への参入を拒否する部族もある。その背景には、賭博が伝統文化の崩壊につながるという考えや、倫理的に問題があるという信念があるのだ。さらに、はじめはカジノ運営に対し否定的な意見をもっていた部族でも、後にその考えを改め、賭博産業に参入した部族もある。例えば、南西部に広大な保留地をもつナヴァホは2008年までギャンブル中毒、伝統文化の破壊、犯罪の増加などを懸念してカジノ参入を拒否していた。しかし、2008年に一つ目のカジノを開設すると、数年のうちにさらに三つのカジノを建設し、計四つのカジノは2015年時点で8000万ドルの収益を生み出している。

セミノールやピクォートの例に見られるように、カジノが生み出す莫大な収益は部族の文化再生や経済開発の一助となる場合もある。その一方で、派閥闘争、汚職などの問題が深刻化して、部族内の分裂を引き起こす場合もある。さらに、連邦政府による部族承認ならびに部族による部族員承認でも問題が起きている。これは、インディアン・カジノがもたらす巨額の富を目当てに、カジノを経営するために連邦の部族承認を得ようとする団体や部族メンバーとしての承認を部族に求める人びとも現れているためである。

今後、永久的にカジノ経営がうまくいき、先住民の衣食住のすべてを支える「新しいバッファロー」であり続けるという保証はない。部族の経済的自立への道をカジノのみに頼ることなく、観光業、資源開発など、その他の経済開発も同時進行しながら、バランスよく運営していくことが重要なのではないだろうか。

（大野あずさ）

［参考文献］
青柳清孝『ネイティブ・アメリカンの世界――歴史を糧に未来を拓くアメリカ・インディアン』古今書院　2006年
青柳清孝「開発としてのカジノ経営――その成果と課題」岸上伸啓編『北アメリカ先住民の社会経済開発』明石書店　2008年
阿部珠理『アメリカ先住民――民族再生にむけて』角川学芸出版　2005年

28

ステレオ・タイプ

★歪んだイメージを越えて★

ヨーロッパからの移民たちがアメリカ大陸に到着して以来、先住民に関するさまざまなステレオ・タイプがつくられてきた。支配層になった白人が、先住民への虐殺や弾圧を正当化するために政治的な目的で構築した野蛮人のイメージは、ハリウッド映画などによって一般化された。

一方で公民権運動に端を発したカウンター・カルチャー、それをもとに生まれたニュー・エイジ運動によって、先住民世界を美化する動きもあらわれるようになった。しかし、いずれのイメージも、先住民の歴史や、いまも彼らが直面する社会的、政治経済的に困難な現況から乖離した幻影に過ぎない。

先住民のステレオ・タイプでもっとも一般的なのは、長髪に羽根飾りをつけて、無表情のまま馬に乗る男性の雄姿だ。古くから先住民族は、神から与えられた「マニフェスト・デスティニー」（明白な運命）を標榜する開拓者の前に、立ちはだかる、無慈悲で獰猛な野蛮人とみなされてきた。このようなステレオ・タイプは、西への侵略を続けた白人による土地の収奪やジェノサイドの残酷な歴史を、「自由の国の拡張」と読み替える道をつくった。

野蛮人のイメージは、20世紀前半から人気を博した西部劇を通じて、アメリカ社会にひろく浸透した。勧善懲悪の物語に登場する先住民は、ジョン・ウェインをはじめとする往年のスター俳優が演じる白人ヒーローを脅かすものの、結局はなす術もなく撃ち殺される。ジェロニモなどの有名なリーダー以外、先住民には役名すらも与えられなかった。

精悍な顔つきで荒野に佇み、長い黒髪を風になびかせるストイックな先住民は、映像としてはインパクトがある。しかし、すべての先住民が髪を伸ばしていたわけではない。なかには頭を剃り上げる習慣をもつ部族もあれば、羽根飾りとは無縁の先住民も珍しくなかった。そもそも彼らの抵抗は、白人による侵略行為から自らを守るための防衛の戦いだった。

好戦的な民というイメージは、チーム名やマスコットとしてアマチュア、プロを問わず、たくさんのスポーツ・チームによって濫用されてきた。オハイオ州クリーブランドが本拠地のメジャー・リーグ球団「インディアンズ」を、「トライブ（部族）」と呼ぶファンもいる。チームのマスコットは、大きな白い歯を剝き出して笑う赤い顔の先住民、チーフ・ワフー。野球帽やユニフォームはもちろん、Tシャツやマグカップなどのグッズにも、不敵な笑みを浮かべたチーフ・ワフーの「酋長」のイメージが使われている。

首都ワシントンDCに拠点をもつアメリカン・フットボールのチーム、「レッド・スキンズ」は、赤い肌の先住民をイメージして命名された。このチームのロゴも、頭に羽根飾りをつけた長髪の先住民男性の横顔をモチーフにしている。

1950年代から60年代に拡大した公民権運動、さらには70年代のレッド・パワー運動を背景に、先住民側から強い抗議を受けて使用禁止になった例もあるが、いまでも多くのマスコットが存在している。擁護する側は、自分たちには差別的な意識はなく、勇敢な先住民戦士のイメージが、長年にわたってファンに愛されてきたのだから、使用禁止を訴えるのは過剰反応だと主張する。

しかし、黒人の厚い唇や、ユダヤ人のかぎ鼻、アジア人のつり目など、歴史を通じて構築されてきた人種差別的なイメージをマスコットに使用することは、政治的公正（Political Correctness）の立場からも許されることではない。それにもかかわらず、先住民のマスコットだけが現在に至るまで許容されてきた。先住民族は西部開拓時代に絶滅した民族で、現代社会の構成員ではないという勝手な思い込みが社会に受け入れられているからだろう。

各地の部族政府や先住民団体は、スポーツ・チームによる先住民マスコットの使用に反対を表明してきた。国内でもっとも大きな先住民団体の一つである全米アメリカ・インディアン議会（ＮＣＡＩ）は、この問題についてホームページで以下の見解を発表している。

「とくにスポーツ界のマスコットによって、いまも根強く残るネガティブなインディアンのステレオ・タイプは、個々の先住民に関する評価や自己イメージに影響を与え、部族市民にたいする差別を助長しつづけている」

クリーブランド・インディアンズの公式ホームページのオンライン・ショップでは、2016年7月現在、チーフ・ワフーのデザインの野球帽が24.99ドルで売られている

好戦的な先住民男性のイメージの対極におかれるのが、白人男性に尽くす、性的な欲望の対象としての先住民女性像だ。ディズニー映画の主人公にもなったポカホンタス（第61章参照）は特に有名だ。ポーハタン族の「酋長」の娘が、ヴァージニア植民地の建設に関わったジョン・スミスと恋に落ち、彼の命を救ったという美談は、先住民史においてはまったくのつくり話とされる。それでも献身的な先住民のプリンセスの人気は高く、毎年ハロウィーンの季節には全米各地で、ジョン・スミスとポカホンタスの衣装に身を包んだ男女が闊歩《かっぽ》する。

白人男性の欲望を満たす先住民女性のイメージは、彼女たちが深刻な性暴力の被害を受けてきた歴史と共振関係にある。この状況はいまも改善されておらず、2007年にアムネスティ・インターナショナルが発表した報告書によれば、アメリカ先住民女性の実に3人に1人がレイプの被害にあっているという。

先住民の女性が受けてきた暴力と、彼女たちが現在も抱える痛みを理解しているならば、白人侵略者とポカホンタスの格好でハロウィーン・パーティに出かけることはできないだろう。先住民族に関する一般認識が、いかに現実離れしているかがうかがえる。

1970年代後半以降、ニュー・エイジ文化の影響のもとにもてはやされるようになったのが、独自の精神世界を矜持《きょうじ》し、自然を尊ぶ穏やかな民というステレオ・タイプだ。たとえば、映画『ダンス・ウィズ・ウルブス』（1990年）で描かれる先住民は、やさしくおおらかだ。産業化が進んだアメリカ社会で失われてしまったとされる、「本来の人間性」にたいする、製作者側のノスタルジアが感じられる。

美化された先住民像は、積極的に商品化されてきた。1988年に創業された「セブンス・ジェネレーション」は、洗剤、おむつ、生理用品などを生産している。消費者の健康と安全を守ると同時に、自然環境にやさしい製品づくりを目指してきた。

「7世代目」という名称を掲げた同社は、イロコイ連盟の「自分たちが決断を下すときには、7世代あとの子孫への影響を考慮しなければならない」というコンセプトをモットーにしている。商品価格はやや高めに設定されているが、リベラルな思想をもつ、比較的裕福なインテリ層に人気がある。

私はこれまで数多くの保留地を訪ねてきたが、「セブンス・ジェネレーション」の商品を好んで使う先住民に会ったことはない。

西部劇に登場する野蛮人、スポーツ界のマスコット、ポカホンタスが象徴する女性像、そして環境にやさしい賢者というステレオ・タイプは、いずれも白人に都合よくつくられたイメージでしかない。虚像は常に強烈な印象を残し、先住民が直面する現実だけでなく、アメリカ社会が抱えるさまざまな矛盾と課題を見えにくくしている。

（鎌田　遵）

［参考文献］

鎌田　遵『ネイティブ・アメリカン――先住民社会の現在』岩波新書　2009年
鎌田　遵『ドキュメント　アメリカ先住民――あらたな歴史をきざむ民』大月書店　2011年
鎌田　遵『辺境の誇り――アメリカ先住民と日本人』集英社新書　2015年

29

部族民認定

★血統主義が生み出す混乱★

多くのアメリカ先住民は、歴史的に「部族（tribe）」を形成して集団として自他を区別してきた。一般に「部族」とは、「民族」と同様に、歴史、文化、帰属意識などを共有し、しばしば政治的なまとまりをもつ社会集団を意味するとされているが、その構成員である部族民の資格は、伝統的には親族関係、氏族関係、養子縁組、婚姻などを通して決定されるものだった。それゆえ、必ずしも血縁上のつながりがない他集団の構成員でも、部族民に組み入れられることもよく見られた。それはヨーロッパ人やアフリカ人との接触が増した植民地時代以降も同様で、ヨーロッパ人やアフリカ人が養子として部族民に受け入れられたこともあったし、ヨーロッパ人やアフリカ人との混血も、母系制、父系制、双系制と先住民によって血縁を決める制度はさまざまであったが、片親が部族民であれば、子どもはその部族の一員と生まれながらに認められることが多かった。

このような先住民自身による部族民認定は、19世紀後半になり、先住民部族が征服され、先住民の主権が否定されるようになると、継続することが困難になった。連邦政府は支配下に入った先住民部族の部族民を血統に基づいて認定し、先住民を管理するようになったのである。その最たる例が、1887年の「ドーズ一般土地割当法」が施行された際の部族民名簿の作成である。「ドーズ一般土地割当法」は、部族民の各個人にその部族の保留地を分割して割り当てることによって部族と保留地の解体を目指したものであったが、土地の割り当てのために部族民名簿（通称ドーズ名簿）が作成された際、連邦政府の係官は、だれが部族民であるかを血統割合（blood quantum）に基づいて認定した。しかし、たいていの場合係官は、当人の容貌に基づいて「純血」「2分の1混血」などと恣意的に記録していったに過ぎなかった。その後も、このような保留地と部族の解体を目指す連邦政府による血統に基づいた一方的な部族民認定と部族民名簿の作成が、20世紀初頭まで繰り返し行われた。

しかし、1934年にインディアン再組織法が成立すると、先住民部族の側も改めて部族民認定を自ら行い、部族民の範囲を確定し直して部族を再建することを連邦政府から求められるようになった。その際に、連邦政府が過去に作成した部族民名簿を部族民認定の際の根拠として先住民部族の側も利用するようになり、また混血者のなかから部族民を選別する場合には、血統割合が重視されるようになった。このような先住民部族による部族民認定のやり方は、1960年代以降アメリカ先住民の権利回復運動が高揚し、それに呼応して連邦政府から正式に先住民部族として承認された部族に提供される各種の補償や援助が増大して、その活用や部族民への分配が各部族の裁量に委ねられるようになると、さらに重要性を増していった。つまり、連邦承認部族には、連邦政府から各種の資金やサービスが提供されるようになったが、そのような連邦政府からの援助を目当てに、新たに部族民としての資格認定を部族に申請する人びとが現れ始め、その認否の決定も各部族政府に委ねられるようになったのである。このような新たな部族民認定の申請は、近年カジノ経営で大きな利益を上げ、部族民への分配金、公的サービス、雇用機会などを充実させている先住民部族において顕著である。

さて、現在連邦承認部族で行われている部族民認定のやり方は、具体的にはおおよそ以下の通りである。基本的に多くの部族では、部族民認定を求める申請者に対して、ドーズ名簿など連邦政府が過去に作成したその部族の部族民名簿に申請者の祖先の名前が記載されていることと、部族民として一定の血統割合を有することを証明するように求めている。このうち部族民名簿上の人物と申請者の血縁関係については、自分と自分につながる祖先の出生証明書や婚姻証明書などの書類を申請書に添付するように求めている。一方血統割合については、部族民名簿に記載されている祖先の血統割合をもとに算出されることが多いが、その算出結果については、内務省インディアン局が発給するカード状の血統割合証明書（Certificate of Degree of Indian or Alaska Native Blood：CDIB）を事前に取得して、それを提出するように求める部族が多い。しかしそもそも部族民名簿にある血統割合の情報がどこまで正確かも疑わしいため、血統割合の判定にはしばしば混乱が起きている。そういう事情もあり、もともと混血部族民が多い部族のなかには、例えばマサチューセッツ州のワンパノアグ族やオクラホマ州のチェロキー族のように、部族民認定に際して血統割合の多寡については問わず、部族民名簿にある祖先との関係の証明のみを求めている場合もある。これに対して、部族民認定に血統割合の証明を求める部族の場合でも、その際に必要とされる最低限の血統割合は、フロリダ州のミコスキー族のように2分の1のという厳しいものから、最も一般的な4分の1というもの、あるいはノースカロライナ州の東チェロキー族のように16分の1という緩やかなものまでさまざまである。

このように先住民部族自身による部族民認定に、連邦政府が過去に作成した部族民名簿やインディアン局が発行するCDIBを利用することについては、先住民としてのアイデンティティの判定を連邦政府の判定に委ねているという点から、却《かえ》って部族の主権を損なうものであるという批判がある。また、部族政府から血統の割合の少なさ、もしくは血統を有していないとして部族民認定を拒否された申請者からは、そもそも血統にこだわることは、人種主義に他ならないとの強い批判も起こっている。例えば、オクラホマ州のチェロキー族やセミノール族のように、南北戦争後、それ以前に奴隷として所有していた黒人を解放して部族民の資格を与えていた部族が、近年になって先住民の血統を有さないことを理由にそれらの「黒人部族民」の部族民資格を剝奪、もしくは制限しようとしていることに対しては、人種差別であると訴訟が起きている。さらに、以上のような人種的な血統をめぐる問題に加え、近年先住民同士の人的交流が盛んになった結果、異なる部族の間にしばしば「混血」の子どもが生まれるようになったことも部族民認定に混乱をもたらしている。今のところ多くの部族では、このような「混血」から部族民認定の申請が出された場合には、両親のいずれかが所属する一つの部族からしか認定が受けられないように制限を設けることで対処している。しかし、集団的なアイデンティティの複数性を認めようとしない部族政府に対する反発も、一部では高まっている。

このような状況に対して連邦政府は、先住民部族自身による部族民認定のやり方は、各部族の内政問題であるとして不介入の姿勢を崩していない。ただしその一方で、前述した通り、連邦承認部族の部族民に対してはインディアン局を通してCDIBを発給し、4分の1以上の血統を有する部族民にのみ特定のサービスを提供するなど、連邦政府自身も血統割合の活用をやめておらず、そのことが先住民部族の部族民認定における血統主義を助長している。しかし先住民の人種・民族的混血化がますます進行している現在のアメリカで、先住民部族が厳格な血統主義を未来にわたって維持していくことには、相当な困難が予想される。

（佐藤　円）

［参考文献］

佐藤　円「チェロキー族における『市民権問題』」『歴史学研究』８４８号　２００８年
Sturm, Circe, *Blood Politics: Race, Culture, and Identity in the Cherokee Nation of Oklahoma*, University of California Press, 2002.
Terrell, Edward, *Tribal Enrollment: The How to Guide, Native-American-Online*, Org, 2014.

30

環境問題

――――★危機的状況を生き抜く、未来に希望をつなぐ★――――

多くのアメリカ先住民は、日々の生活でさまざまな環境問題に直面してきた。そもそも「環境」という概念は、政治経済的、社会的、文化的、生態学的、歴史的、地理的な営みがつくり出す状況を総合的に表すものである。従って、先住民が抱える環境問題には、保留地や都市の先住民コミュニティに未だに根深く存在する貧困、カジノ経営による経済的な成功と失敗、植民地主義の歴史が生み出してきた社会的な偏見や差別、各種の依存症の問題も含まれる。多面的な社会環境と、本章で紹介する一般的な自然環境問題が深く結びついていることを最初に確認しておきたい。

アメリカ先住民族はたいがい、部族の領土として認識されている場所や周囲に広がる自然環境と、密な相互関係を築いている。文化や社会の様相は個々の部族によって多様だが、民族的なアイデンティティの根幹に、生活基盤として機能してきた先祖伝来の土地とのつながりがあるという認識は共有されている。そのため、個々の現場では、地理環境が悪化したからといって、他の場所に移動するという選択肢は受け入れがたいという声がよく聞かれる。地球規模で進む自然環境の破壊が、直接的に共同体や文化の崩壊につながるという危機意識があるからだ。

地球温暖化を例に考えてみよう。20世紀から21世紀にかけて、温室効果ガスが地球上の温度の上昇を招き、人類は今、その破壊的影響に直面している。最前線に置かれているのが、過去100年で世界平均の約2倍のはやさで気温上昇がみられる、北極圏の先住民族である。北極圏では、先住民の居住場所や狩場が溶けてなくなるという事象が多発しているだけでなく、地形の変化により動物の生態も大きく変容し、古くからの狩猟文化が脅かされている。アラスカ先住民の場合、温暖化によるカリブー、アザラシ、ホッキョクグマの生息数の激減は、食糧不足や生活サイクルの変調、儀式や伝統の弱体化につながっている。このような事態は最終的に、彼らが生存し、共同体を維持できるのか、という民族としての死活問題に発展する可能性がある。

天然資源の開発による被害も深刻だ。ヨーロッパ系の入植者が農業や牧畜には向かないと判断し、19世紀に保留地の設置を認めた土地が、実は石炭、石油、天然ガス、ウランをはじめとする自然資源の宝庫というケースがある。すべての保留地にエネルギー資源があるわけではないが、この傾向は南西部地域で顕著だ。20世紀以降、連邦政府やエネルギー関連の民間企業が、保留地内やその付近で大規模な資源開発を進めた。冷戦期のナヴァホ・ネーションにおけるウラン採掘による、土壌・水質・大気汚染、発ガン率の上昇が象徴する健康被害の事象は特に有名だ。ここでは、現在も除染作業が続けられている。

部族政府や先住民団体が資源管理の権利を主張し、イニシアティブをとりはじめた1970年代までは、連邦インディアン局が保留地での資源開発を積極的に支援し、民間企業に仲買するという構図が存在した。そのため、正当な金銭的利益を得られない部族政府もあった。一方で、連邦政府や企業は、自らの利権を確保するために、環境リスクをうやむやにする傾向があった。従って、連邦政府による資源開発への関与や、保留地の環境保護・保全への対応にたいして懐疑的な先住民も多い。

ウラン開発に加え、プルトニウムの生産、核実験、放射性廃棄物処分に至るまでの核開発における諸段階の現場が、先住民族の歴史的な生活圏と重なっていることも多い。たとえば、第二次世界大戦中から冷戦期にかけてプルトニウム生産を行ったワシントン州東部のハンフォード・サイトでは、原子炉の冷却水がコロンビア川にそのまま放出された。下流に住む先住民族のあいだにガン患者が急増したのは、鮭をはじめとする魚類や、狩りで捕った獲物を、汚染によるリスクを知らずに昔ながらの方法で食し続けていたからだと考えられている。

環境問題と社会的な差別や格差構造の接点に着目し、1990年代に大きな発展を遂げた環境正義運動と、先住民の社会運動が連携する動きも盛んだ。ミネソタ州に本部を構える先住民環境ネットワーク（IEN）は、1990年代以降、先住民による草の根の環境正義団体の代表格として活動している。同団体は、自然との親和的関係のなかで育まれたとされる先住民族の伝統的な価値観と、ヨーロッパ系移民による世界観との違いを主張し、環境、および経済における社会的な正義の実現を目指している。IENのホームページは、先に挙げた地球温暖化、資源開発、核開発による環境問題に加え、森林伐採、遺伝子組み換え作物、水利権をめぐる課題などへの取り組みを紹介している。

部族政府の大半は、こうした歴史と現状を踏まえつつ、必要に応じて連邦諸機関と連携し、財政支援を受けながら、環境担当局や環境規制を設置し、独自の政策を施行しようとしている。自然資源を文化資源と捉えたうえで、環境保全・保護・管理を主体的に行うために、法学、文化人類学、生物学、生態学などの専門家を雇用している部族も増えている。

部族政府や草の根団体が、徐々に政治経済力をつけていくなかで、連邦政府はその声を無視することはできなくなっている。たとえば連邦環境保護庁（EPA）は、連邦機関のなかでもいち早く1984年に、先住民族との政府間交渉の原則を確認したうえで、保留地の住民の健康と安全を確保していく方針をあきらかにした。庁内に設置されたアメリカン・インディアン環境局は、公害を防止するための教育・啓蒙活動や、有害物質によって汚染された土地の除染プロジェクトなどに関与し、部族政府を支援している。

多岐にわたる問題に直面しながらも、これからの世代のために将来を見すえ、環境政策において革新的な取り組みを始めている部族もある。そうした傾向は、再生可能エネルギーの生産や環境教育の分野などにみられる。連邦エネルギー省のホームページによれば、省内に設けられた部族エネルギー・プログラム局は、2002年から2014年にかけて、全566部族（当時）のうちの23%にのぼる132部族に財政支援を行った。先住民族の文化は自然の営みと調和しているという広く流布したイメージや、風力発電や太陽光発電に適した地理環境を有効に活用しながら、再生可能エネルギー関連の民間ビジネスを開始、もしくは拡張しようとする動きも活発だ。環境に優しい方法でエネルギーを生産し、経済発展の実現の可能性も秘めたビジネス・モデルを、先住民自らが創出しようとしているのだ。環境教育と人権教育を結びつけ、地域の若者を対象とした啓蒙活動を行おうとする先住民団体も出てきている。アメリカ社会全体が抱えるさまざまな環境問題について、危機的な状況を生き抜いてきた先住民族の経験を通じて考える視点が、今後ますます必要とされていくのではないだろうか。

（石山徳子）

［参考文献］
石山徳子『米国先住民族と核廃棄物――環境正義をめぐる闘争』明石書店　2004年
杉浦芳夫編著『地域環境の地理学』朝倉書店　2012年
ブルース・E・ジョハンセン著、平松紘監訳『世界の先住民族環境問題事典』明石書店　2010年

31

インディアン・メディア

★多様な展開と役割★

サウスダコタ州のパインリッジ・スー族保留地を訪ねるときの楽しみの一つは、ＫＩＬＩを聴くことだ。ＫＩＬＩはスー族（ラコタ族）所有のＦＭ放送局。放送は、毎朝6時、ラコタ語での「朝の祈り」に始まる。続いて、ラコタ音楽の番組が約2時間。その後は、深夜まで、インディアン関連ニュース、保留地内のお知らせ、音楽番組など、さまざまな番組が放送される。使われる言葉の大半は英語だが、ときどきラコタ語も混じる。パインリッジ保留地に点在する集落は、自然的、経済的、文化的条件に恵まれない「僻地」にある。ＫＩＬＩは、そんな保留地の人たちが、保留地内外の出来事を知ったり日々の暮らしに欠かせない行政サービスなどの情報を得たりするうえでとても大切な役割を果たし、また、ラコタ語・ラコタ文化の継承にも一役買っている。

ＫＩＬＩは1983年の開局。全米初のインディアン所有のラジオ局である。その後、同様のラジオ局は、ナヴァホ族のＫＴＮＮ、ホピ族のＫＵＹＩなど、あちらこちらに生まれた。

2011年には、先住民のＴＶチャンネルＦＮＸ（First Nations Experience Television）も放送を開始した。ＦＮＸは、ミッ

ション・インディアンのサンマヌエル・バンド（セラノ族）が６００万ドルを提供して、ロサンゼルス近郊のサンバーナーディーノに設立。先住民自身が取材したニュースや、彼らが制作したドキュメンタリー番組を放送している。

このようなインディアン・メディアの始まりは、２００年前に遡る。合衆国南部のチェロキー族では、18世紀末頃、「文明開化」を目指して西洋文化を取り入れ、英語を読める人が増えた。一方、１８２１年には、チェロキー語を表記する「チェロキー文字」が完成。こうした基盤のうえに、１８２８年、全米初のインディアン新聞「チェロキー・フェニックス」（以下「フェニックス」）が創刊されたのである。

スー族のFM放送局KILI

「フェニックス」は当初英語とチェロキー語で書かれていたが、やがて編集長イライアス・ブディノは紙面のほとんどを英語記事で構成するようになった。チェロキー以外の人たちにも読んでもらうためだ。当事、チェロキー族は、ジョージア州や合衆国政府から、土地を明け渡して西へ移住するよう、強く求められていた。１８３０年に「インディアン移住法」が制定されると、移住への圧力は増大する。ブディノが「フェニックス」紙の読者をチェロキー以外の人たちに広げようとしたのは、移

GWY JСᏐӘUO∽Ә.
CHEROKEE PHOENIX.
E. BOUDINOTT, Editor. NEW ECHOTA, WEDNESDAY JANUARY 28, 1829. VOL. I.—NO. 50.

チェロキー・フェニックス（1829年1月28日号）Hargrett Rare Book and Manuscript Library, University of Georgia Libraries

住問題を世論に訴えるためだった。

このように、部族の人たちに情報を伝えることだけでなく、自分たちの主張を外の世界に訴えることも、インディアン・メディアの大切な役割なのである。

「フェニックス」以来、これまでに幾百ものインディアン紙が発行されてきた。なかでも成功した例の一つが「インディアン・カントリー・トゥデイ（以下ICT）」だろう。その前身は、パインリッジ保留地に住むジャーナリスト、ティム・ジアゴが1981年に創刊した「ラコタ・タイムズ」紙だった。同紙はサウスダコタ州で成功し、1992年には全米の諸部族をカバーするICTへと発展。米国最大の独立系インディアン紙に成長する。

ICTは、現在はウェブ新聞として発行されている。ICTに限らず、現代のインディアン・メディアでは、インターネットが威力を発揮している。前述のKILIやKTNNの放送も、それぞれのウェブサイトを訪ねれば、日本にいながらにして聴くことができる。

ところで、なぜインディアンは、外の世界に訴えるために、自前のメディアを立ち上げねばならなかったのだろうか？　１９６０年代以降、抑圧されてきた人々の権利回復が唱えられ、マスメディアでもインディアンを取り巻く諸問題を「先住民の側に立った」視点から報じる事例が増えた。インディアンは、それら影響力の強いマスメディアの「良心的」報道に任せておけばよさそうなものだ。だが、そうはいかない事情がある。

インディアンが直面する諸問題には、社会的な課題として分かりやすいものもある。例えば、合衆国政府との条約を巡る問題や、部族が経営するカジノに関する問題、部族の狩猟権や漁業権を巡る問題などだ。これらについては、非先住民のマスコミも報道することがある。しかし、その頻度は低いうえ、報道されても、必ずしもインディアンに好意的な視点からの報道とは限らない。インディアンが自らの見解を主張し、世論に訴えるには、やはりインディアン自身のメディアから発信する必要があるのだ。

執務中のティム・ジアゴ氏（1992年8月）

他方で、インディアンでないと気付かないような問題もある。非インディアンからは、「何でそんなことに目くじら立てるの？」と思われかねないような事案だ。具体例を２〜３挙げれば、いくつかのスポーツチームがインディアンにとって不快な名称などを変えない問題。羽根冠《ウォーボンネット》がファッションショーなどの小道具として使われる問題。インディアンには忌まわしい人物であるコロンブスにちなむ法定休日がある問題……。どちらかというと、金銭がからまない事柄が多い。このような、他の人には些細なことのように見えても、インディアンには精神的苦痛を与えるような事案は、インディアンのメディアが問題提起をしないと、誰も報じないのだ。

非先住民メディアの「良心的」報道は、インディアンに不利益をもたらすことさえある。ティム・ジアゴによると、保留地へ取材に来た記者に、保留地の人々の建設的な取り組みを一生懸命説明しても、書かれた記事では、そうした明るい話題は無視され、暗い面ばかりが強調されるのが常だという。記者としてはインディアンへの差別や不平等を告発する「良心的」報道を意図したのだろうが、現実には、保留地の人々の気持ちを傷付ける結果を招いているのである。

もう一つ例を挙げると、「ネイティブ・アメリカン」という呼称もそうだ。「インディアン」は差別語だと考える人たちが使う言い換えだが、当のアメリカ先住民には、むしろ「インディアン」に愛着を感じている人が多いことが、ICTの投書などからも窺《うかが》える。「インディアン」という、歴史を背負った呼称が、「良心的」な人たちによる勝手な思い込みによって忘れ去られていくのは、必ずしも当の先住民系アメリカ人の望むところではないだろう。

同化政策などについてもいえることだが、「先住民の味方」を自任する非先住民が、「先住民に良かれ」と思ってなしたことが、実際には先住民には迷惑になることがしばしばある。インディアンが、自分たちに関する問題を、望ましい方向で解決するには、「先住民の味方」に頼るのではなく、彼ら自身が声をあげ、世論に訴えていくほかはないのだ。

地元密着のＦＭラジオ局から全国紙まで、多様なインディアン・メディアは、先住民系アメリカ人の暮らしや文化、人権を守るために、それぞれの役割を果たしているのである。

（横須賀孝弘）

〔参考文献〕

米国国務省編『先住民は今――二つの世界に生きる』２００９年
(http://americancenterjapan.com/wp/wp-content/uploads/2015/11/wwwf-ejournals-people.pdf)

32

「国境」を越えた先住民族運動

★国家への抵抗からグローバルな連帯へ★

米国における先住民族の連帯運動には、大きく以下の二つの組織を中心とする流れがある、あるいはあったといっていいだろう。一つが「国際インディアン条約評議会（IITC）」、もう一つが「世界先住民族評議会（WCIP）」である。

「国際インディアン条約評議会」は、1974年6月に米国サウスダコタ州のスタンディング・ロックで開催された国際会議を機に結成された組織である。国際会議そのものは、1968年7月同じくミネソタ州ミネアポリスで、クライド・ベルコートやデニス・バンクス（オジブワ族）らによって設立された全米的なインディアン（若者）の組織「アメリカインディアン運動（AIM）」が呼び掛けたものであった。「アメリカン・インディアン・ムーヴメント」は、1944年に設立され、ロビー活動を中心に連邦政府に対する生活改善運動を展開する「全米アメリカ・インディアン議会（NCAI）」に批判的で、公民権運動、ベトナム反戦運動など当時の時代背景も手伝ってさまざまな問題に直接行動型の運動を展開した。そして、その動きを、国連を中心とする国際社会に発信するためにスタンディング・ロックでの会議が呼び掛けられ、5000人以上の参加者が集まった。ここで結成された「国際インディアン条約評議会」は、1977年9月スイス・ジュネーブの国連欧州本部で開催された「先住民差別に対する国際NGO会議」にはラッセル・ミーンズ（ラコタ・スー族）やウィノナ・ラデューク（オジブワ族）らを代表として送り、また同年国連経済社会理事会への諮問資格をもつ最初の先住民族の国際組織として国連NGOに認められ、念願の活動を展開できるようになった。主権、自己決定権をはじめ先住民族に関する幅広い権利を訴えるが、入植者の政府と先住民族が結んだ条約を中心課題としているため、名称には「条約」が付けられることになる。その後、全米の先住民族団体の枠を超えて、メキシコ、グアテマラ、ニカラグア、エルサルバドル、パナマ、ブラジル、チリ、アルゼンチンなど中央・南アメリカ地域、カリブ海周辺地域、ハワイ、ニュージーランド、西パプアなどの太平洋地域に広がる先住民族組織が参加する国際組織に成長し、現在も異なる民族の13名の理事によって運営されている。

1997年に同じくジュネーブで開催された国連の先住民作業部会という人権関連の会議では、「国際インディアン条約評議会」の国連参加20周年を記念するイベントが行われた。そこでは、当時国連欧州本部の門をくぐった何人かのインディアン組織の代表たちが当時を振り返って挨拶を行ったが、正直国連に行く、国際社会に訴えるということがどんな意味をもつのか、不安だらけであったこと、依然としてさまざまな難関があるとはいえ、先住民族という「主体」が今日ほど国際社会で認識されるようになるとは想像できなかったことへの喜びが語られたことを、同席した筆者は思いだす。

国際インディアン評議会ロゴ（IITC）

他方、もう一つの「世界先住民族評議会」は、1975年10月にカナダのブリティシュ・コロンビア州ポート・アルバニーで結成された。結成のために中心的な役割を担ったのは、ジョージ・マニュエル（シュスワップ族）である。1970年に「国家インディアン協会（NIB）」（現在の「ファースト・ネーション議会（AFN）」）の会長に就任したジョージ・マニュエルは、当時のトルドー政権の下で、1971年先住民族の政策が弱かったカナダからオーストラリア、ニュージーランドを視察し、アボリジニーやマオリ民族と交流を深めた。また、1972年6月にスウェーデンのストックホルムで開催された国連人間環境会議にカナダ政府代表団の顧問としての参加を機に、北欧のサーミ民族あるいはデンマークを通してグリーンランドのイヌイット民族とも交流し、経験の共有と国連に影響を与えることを目的に運動の国際連帯を強く模索するようになった。1974年にはこの考えを、途上国を意味する「第三世界」を超えた『第四世界』という新しい概念で本にまとめ、また、1977年の「世界先住民族評議会」の第2回ストックホルム総会では、2007年に国連総会で採択されることになる「国連先住民族権利宣言」で具体化された普遍的な先住民族の権利宣言の起草を提案した。

ともかく、結成された「世界先住民族評議会」には、カナダばかりでなく、アルゼンチン、オーストラリア、ボリビア、ペルー、スウェーデン、パラグアイ、ニュージーランド、メキシコ、グアテマラ、ノルウェー、グリーンランド、米国の「全米アメリカ・インディアン議会」などの先住民族組織も参加し、初代の事務局長には、米国「アメリカインディアン法律センター」の所長であったサム・デロリア（ラコタ・スー族）、また初代の代表にはジョージ・マニュエルが選任された。

しかしながら、「世界先住民族評議会」は、もともと政府との関係の強い先住民族が参加していたこともあり、内部対立の先鋭化によって、１９９６年には解散に追い込まれた。それでもこの国際組織を使って、世界各地の多くの先住民族組織やその活動家が国連という国際機関で権利を主張する経験を積み、連帯の必要性を実感できたことも、事実である。ちなみに、アイヌ民族の代表も、１９８１年「世界先住民族評議会」のキャンベラ総会に参加している。

もちろん、「国境」を越えた先住民族運動が、ここで紹介したような大きな国際組織のみによって達成されるのではないことは、米国やカナダにおいても、例外ではない。カナダのクリー民族大評議会や米国・カナダにまたがるイロコイ連邦やイヌイット周極会議などの組織も、国連や国際機関を通して、世界各地の先住民族とその経験を共有し、普遍的な運動の形成に大きな役割を果たしてきた。

北米先住民族の国際組織は、特に米国・カナダにおいて法的な権利主張が可能であった背景から、自らの民族の法律家の育成を含め、国際法・国内法を駆使した闘いで、世界各地の先住民族のモデルでもあった。これは、同時に、政府に先住民族の権利概念が希薄で、法律専門家の養成がより困難な、アジア・アフリカの先住民族組織との国際連帯における大きな溝になったこともある。しかし、アジア・アフリカでも「国境」を越えた先住民族の連帯は着実に拡大し、２０１４年９月には第69回国連総会の特別会期として「先住民族世界会議（ＷＣＩＰ）」が開催され、現在国連では、先住民族に国連加盟国に準じる地位の付与が検討されている。こうした過程のなかでも、米国・カナダの先住民族の組織や活動家の貢献は決して小さく

国連特別総会・先住民族世界会議・2014のロゴ

ない。

（上村英明）

［参考文献］

上村英明『新・先住民族の「近代史」――植民地主義と新自由主義の起源を問う』法律文化社　2015年（特に第3章、第7章、第8章）
鎌田　遵『ネイティブ・アメリカン――先住民社会の現在』岩波新書　2009年
松原正毅他編『改訂増補　世界民族問題事典』平凡社　2002年
Johansen, Bruce E., *Encyclopedia of the American Indian Movement*, Greenwood Pub Group, 2013.

33

国立アメリカ・インディアン博物館

★進化する「生きた記念館」★

2004年9月21日、国立アメリカ・インディアン博物館はワシントン記念塔やリンカーン記念堂、国立アメリカ歴史博物館、国立自然史博物館等といった合衆国を象徴する数々の建造物が建ち並ぶワシントンD・Cナショナルモールに開館した。当日は500部族2万5000に及ぶ先住民の人びとが集い、開館を祝った。黄金色のカソタ石灰岩で覆われた5階建ての建物は雨風に晒された自然の岩層を想起させ、その周囲には湿地を再現した庭園をもつ。なめらかな曲線で構成される外観と、高い吹き抜けの円形ホールやプリズムをはめ込んだ窓をもつ館内の様相は、先住民のコスモロジーを表現している。博物館の設立準備は先住民部族の代表と協議を重ねながら行われた。設立準備において中心的役割を果たした先住民活動家のウォルター・R・ウエストJr.は初代館長に就任し、「我々は今日もここ（合衆国）にいる」と宣言した。アメリカ先住民に特化した、合衆国初となる国立博物館が合衆国議会議事堂を間近に臨む一角に建設されたことは、「消えゆく民」と見なされてきた先住民がそのプレゼンスを増すうえで大きな意味をもつ。

国立アメリカ・インディアン博物館はワシントンD・Cの博

物館のほかに、ニューヨーク市のジョージ・グスタフ・センターとメリーランド州スートランドの文化資源センターを併設する。博物館収蔵品の基をなすのは、銀行家ジョージ・G・ヘイが20世紀前半に収集した約100万点の先住民関連のコレクションである。ヘイは1897年にナヴァホの鹿皮シャツを購入したのを皮切りに、生涯にわたって暴力的ともいえる勢いで収集を進めた。北はアラスカから南はティエラ・デル・フエゴに至るまで、考古学者を雇用して南北アメリカ各地で発掘調査を行い、あわせて先住民に関わる品々を国内外のディーラーから買い付けた。先住民に現金と引き換えに所持品の引き渡しを迫ることもあり、ヒダッツァ族から聖遺品の返還を求められるというケースもあった。ヘイの収集品には考古学的、民俗学的品々の他に遺骨も含まれていた。それら収集品の展示、管理のためにヘイは基金を設立し、1922年にアメリカ・インディアン博物館をニューヨークに開館させた。

ヘイの没後、経済的基盤を失った博物館は苦境に立たされ、ヘイ基金は1977年になるとスミソニアン協会と協議をはじめ、国立博物館設立を目指すことに同意した。この協議に関わった上院特別調査委員会委員長のダニエル・K・イノウエはヘイ基金の博物館収蔵庫を視察し、先住民の神聖な品々がラベルさえ付けられず、朽ちた箱に詰め込まれているのを見て憤怒の念に駆られ、1987年アメリカ先住民に特化した国立博物館設立のための法案提出を行った。「収蔵品」となっている遺骨の返還を求める先住民に対して、スミソニアンの抵抗は強かったが、先住民側の訴えが功を奏し、1989年11月28日、「国立アメリカ・インディアン博物館法」は返還に関わる条項を含む形で制定された。

「国立アメリカ・インディアン博物館法」は博物館を「アメリカ先住民とその伝統の生きた記念館」として位置付けており、そのミッションとして先住民言語、文学、歴史、芸術、人類学、生活についての研究促進、アメリカ先住民に関わる芸術的、歴史的、文学的、人類学的、科学的研究の対象となる物品の収集、保管、展示、および先住民のための調査、研究のプログラムの提供を掲げている。博物館法は博物館評議員23名のうち、少なくとも12名が先住民であることを条件として定めており、先住民の見解が陳列品の選択や展示方法に反映されるシステムが構築されている。

国立アメリカ・インディアン博物館は当初、「私たちの宇宙――伝統知が我々の世界をなす」、「私たちの生活――現代生活とアイデンティティ」、「私たちの人びと――我々の歴史に声を与える」という三つの常設展を展開した。開館から10周年となった2014年以降、常設展は順次刷新されており、2014年からは「ネーション対ネーション――合衆国とアメリカ・インディアンとの条約」、2015年からは「偉大なるインカの道―帝国を設計する」の展示が始まっており、唯一残る開館当初からの常設展「私たちの宇宙」も2019年に終了する。

曲線が特徴的な国立アメリカ・インディアン博物館外観

開館当初の展示では、アメリカ先住民とヨーロッパ系入植者との接触やその後の歴史的展開に関する概説は避けられ、「文化衝突」における銃や宗教、条約や学校の役割に焦点が当てられていた。また、展示物に付される説明書きも簡略なものであり、解釈は見る者に委ねるという姿勢が採られていた。こうした展示方針に対し、先住民がヨーロッパからの植民者や移植民の到来以前、南北アメリカにおいてどのように暮らしてきたのか、また到来以降、どのように部族が生き残りを果たしてきたのかについてほとんど触れられていない、といった厳しい意見が寄せられていた。特に歴史的全体像を示さないことに対する批判は根強く、さまざまな部族由来の品が脈絡なく並べられた展示会のようだという意見や、個人の生活史の語りに重きを置くばかりで包括的な歴史的文脈が軽視されている、といった批判が後を絶たなかった。先住民活動家からは、アメリカ大陸における先住民の迫害や殺戮の事実に触れられていない点について抗議の声もあがっていた。

新設された常設展は、こうした批判のいくつかに応えるものとなっている。「ネーション対ネーション――合衆国とアメリカ・インディアンとの条約」の展示は、ホースクリーク条約（1851年）、ナヴァホ条約（1868年）などを取りあげ、条約締結の背景や経緯、条約の内容や後世への影響について紹介している。展示は合衆国が国家間の取り決めである「条約」を先住民部族と締結しておきながら、約束した土地権利の保障を反故にした事実を伝えており、より踏み込んだ形で主権集団としての先住民の歴史を扱っている。

長く先住民は殲滅された過去の民として捉えられ、その遺産は原始的なものとして自然史博物館において扱われてきた。一方、国立アメリカ・インディアン博物館は先住民部族との協働を通して、収蔵品の精神性を尊重した適切な保存方法や、部族のタブーを犯さない展示方法について知識を蓄積してきた。例えば特定の展示ケースにタバコとヒマラヤスギが収められたり、保管されている聖遺物をタバコやセージ、スィートグラスの煙で燻したり、といった従来の博物館では見られなかった手法が先住民部族からの要請を受けて採用されている。また、部族が所縁《ゆかり》の収蔵品を借り出して儀式・祭事に使用することを認めており、オレゴン州シレッツ部族連合へ踊りの衣装を貸し出した折には、衣装の補強、修繕などの支援も行っている。

先住民遺産の収集に血道をあげた収集家が、それぞれの品が先住民にとってどのような意味や価値をもつのかを十分に理解していたとは言い難い。収集品を受け継いだ国立アメリカ・インディアン博物館には、先住民部族との継続的な協働を通して「生きた記念館」として進化していくことが求められている。

（川浦佐知子）

[参考文献]

Blue Spruce, Duane ed., *Spirit of a Native Place: Building the National Museum of the Americna Indian*, Washington, D.C.: The National Geographic Society, 2004.

Lonetree, Army and Amanda J. Cobb-Greetham eds., *The National Museum of the American Indian: Critical Conversations*, Lincoln, NB: University of Nebraska Press, 2008.

Lonetree, Army, *Decolonizing Museums: Representing Native America in National and Tribal Museums*, Chapel Hill, NC: The University of North Carolina Press, 2012.

Shannon, Jennifer A., *Our Lives: Collaboration, Native Voice, and the Making of the National Museum of the American Indian*, Santa Fe, NM: School for Advanced Research Press, 2014.

34

ジェンダー

★女性が尊重されていた先住民社会★

アメリカ先住民社会におけるジェンダー（性別によって社会的に、あるいは文化的に求められる役割の違い＝社会的性差）は、地域によって、また部族によりさまざまであったため、それを一般化して説明することは難しい。しかしほとんどの部族において、性別による役割分業が明確であったことは共通している。またそれは、白人がヨーロッパからアメリカにもち込んだジェンダーとかなり異なるものであった。

ヨーロッパ人が到来する以前、作物の栽培や自然から食料となるものを採集してくる仕事は、多くの部族において女性の役割であった。これは女性が男性とは異なり、普段は集落とその周辺に留まって生活をしていたからだと考えられる。女性たちは集落の周りに畑をつくり、トウモロコシ、カボチャ、マメなどを栽培し、森や草原、あるいは川や海に行って、食べられる植物の種子や木の実、そして小魚や貝などを採ってきた。そうやって手に入れられた食料は、女性たちの手で調理され、また保存食に加工された。女性たちはこのような食料の確保に加え、衣服、土器、編み籠などの生活用品の製作や、薪拾いや薬草摘み、また部族によっては家の建築や補修なども行った。これらはどれも基本的に集落に留まりながらできる生活環境を整える仕事であった。もちろん出産と育児は女性の重要な仕事であっが、特に出産は、その介助も含め男性が関与できない女性のみの特別な領域であった。一方育児は、子どもが小さい頃には女性の仕事とされたが、成長に従って、男女問わず、周囲の大人や年長の子どもがさまざまな形で関与した。

これに対し先住民の男性たちは、多くの部族において、狩猟、漁撈、交易、戦争といった主に集落の外で行う仕事を役割として担った。男性の仕事はどれも、常にうまくいくとは限らない不安定なもので、時として危険をともなうものでもあった。そのため男性は、集落から出かけたまま、命を落としたり、行方不明になったりして、帰ってこないこともあった。しかしながら狩猟や漁撈は、うまくいったときには家族のみならず集落全体に大きな恵みをもたらすことができたし、ひとたび他の集団との戦争が始まれば、家族や仲間を守ることは男性の重要な役割であった。このように集落の外では働いていた先住民の男性たちも、集落にいるときには、女性が忙しく立ち働いている間も道具の手入れをするなど以外の仕事はせず、のんびり過ごすことが多かった。そのため、それを目撃した白人からはしばしば「なまけもの」の烙印を押され、その一方で先住民の女性は男性から奴隷のように扱われていると誤解された。

以上のような先住民の男性としての役割に不向きな男性には、女性として生きる機会が用意されている部族もあった。彼らは一般にベルダーシュ（あるいはバーダッシュ〔berdache〕第53章参照）と呼ばれているが、肉体は男性でも女性の衣装を身にまとって女性のように振る舞い、他の女性たちと一緒に女性の仕事にいそしんだ。彼らはいわば第三のジェンダーとして先住民社会から認められ、部族によっては特別な能力をもつ存在として重用されていた。

次に先住民の親族制度からジェンダーを見てみると、アメリカ合衆国の北東部、南東部、南西部では、ほとんどの部族において母系制が一般的であった。それらの部族では、結婚した夫婦は妻の家族と同居するか、妻の家族の近くに住むことが普通だった。また、母親こそが家族関係の中心で、生まれた子どもも母親から親族的アイデンティティを継承して、妻側の親族の一員となった。妻は夫に経済的に依存しておらず、離婚も双方からの申し立てが可能で、離婚したら、家は妻の財産であったため、夫が荷物をまとめて出ていった。母系制の社会では、母親の親族の男たちが子どもの養育に責任をもつことが多かったため、離婚や死別によって父親を失った子どもも生活には困らなかった。この母系制における父親という存在の希薄さは、男性の社会的役割が時として命の危険をともなうものであったため、万が一父親がいなくなっても子どもの養育に困らないための仕組みであったと考えられる。

このように母系制が多数派を占めていたアメリカ先住民のなかで、平原地方の部族ではむしろ父系制が多かった。そのような部族では、結婚した夫婦は夫の家族の近くに住み、父親が家族関係の中心で、生まれてきた子どもも父親の親族の一員となった。しかしこのような父系制の部族でも、狩猟に加え農耕を行っていたところでは、女性が安定して食料を確保できる作物の栽培という重要な仕事を担っていたため、必ずしも男性優位ではなかった。ところが平原地方に暮らす部族の間にも白人から手に入れた馬の使用が広まり、もっぱらバイソン狩りに依存した生活に転換すると、それを担った男性たちの社会的影響力が増し、女性が男性に対してより従属的になっていったと考えられている。

以上のようにアメリカ先住民社会では男女の性別役割分業が明確であった一方で、社会的地位という点から見れば、基本的には男女は対等だった。男女に割り当てられた役割は、そのどちらもが生存のために欠かせないものであったため、どちらかが軽視されるということはなかった。実際に交易や戦争といった外部との交渉が男性の役割であったことから、外からは部族の政治の実権を男性が握っているように見えたが、女性の領域とされていた事柄については、女性の優先的な発言権が認められており、女性も男性と一緒にさまざまな意思決定の場に参加した。なかでも合衆国東部に暮らしていたイロコイ族やチェロキー族の場合、指導者の選任や解任、あるいは交易や戦争に関わる決定にも女性たちが参与していたため、そのような先住民女性の政治的影響力を目の当たりにした白人たちは、それを女性による支配の表れと勘違いし、男性による女性支配こそ「文明」と信じる観点から、そうでない先住民社会を「野蛮」と断じた。

以上のような先住民社会のジェンダーも、白人による征服と支配、そしてその結果としての白人文化への同化によって大きく変質していった。ほとんどの先住民が保留地に幽閉された19世紀末から本格化した同化教育において、先住民の少年たちは独立した自営農民となって家長として家族を養うように、また少女たちは主婦となって家事や育児をしながら家長を支えるように教育された。しかし、先住民が自立するために必要な農地のほとんどが白人の手に渡り、先住民が困窮するなか、白人文化に同化して男性支配のみ強化された先住民社会では、男性の女性に対する暴力や虐待がはびこるようになった。それを是正するために、近年の先住民社会では先住民本来のジェンダーに立ち返ろうと、先住民女性によるフェミニズム運動が盛んになってきている。そして一部の部族では、その成果として、女性が族長に選ばれるようにもなった。

（佐藤　円）

［参考文献］

阿部珠理『アメリカ先住民――民族再生にむけて』角川学芸出版　２００５年
佐藤　円「アメリカ先住民史研究における女性とジェンダー」『ジェンダー史学』第3号　２００７年
ダイアナ・スティア著、鈴木清史・渋谷瑞恵訳『アメリカ先住民女性――大地に生きる女たち』明石書店　１９９９年
Klein, Laura F. and Lillian A. Ackerman eds., *Women and Power in Native North America*, University of Oklahoma Press, 1995.
Rayna, Green, *Women in American Indian Society*, Chelsea House, 1992.

35

ブラックヒルズ訴訟

★聖地の売却拒否★

サウスダコタ州西部の広大な平原に島のように浮かぶ緑豊かなブラックヒルズは、マウントラシュモアという観光の名所で知られている。ワシントンとジェファーソン、T・ルーズベルト、リンカーンの巨大な顔が岩壁に彫られたマウントラシュモア国立記念碑は1927年から1941年まで14年をかけて建設され、「民主主義の殿堂」として毎年200万人が訪れている。一方、マウントラシュモアから27キロ離れた岩山には、19世紀のスー族の戦士クレイジーホースの像を彫った未完成の記念碑もある。スー族の族長ヘンリー・スタンディングベアの要請によって彫刻家ジオルコウスキーが1948年から着工したクレイジーホース記念碑には、毎年100万人以上が訪れている。

ブラックヒルズは大部分が連邦所有地であるが、全米有数の金鉱、観光地として長らく地元経済を支えてきた。一方、ここはスー族にとって約10の聖地を擁する神聖な土地パハ・サパでもある。スー族の神話では、ブラックヒルズは母なる大地、部族発祥の地であり、祖先プテは1万年前にそこの洞窟から生まれたとされている。ブラックヒルズの北西に位置するベア・

マウントラシュモア国立記念碑（ワシントン、ジェファーソン、T・ルーズベルト、リンカーン各大統領）

ビュートは、代々、スー族が啓示を得るために ヴィジョン・クエストの儀式を行ってきた霊山である。しかし19世紀半ば以降、ブラックヒルズの豊かな鉱物資源がスー族の運命を左右していった。

合衆国は1868年のララミー砦条約において、ダコタ・テリトリーの西半分と今日のネブラスカ、ワイオミング、モンタナの各州に相当する2600万エーカー（10万5218平方キロメートル）の地域をスー族の領地（大スー保留地）とした。しかし、1874年にカスター中佐遠征隊がブラックヒルズで金鉱を発見すると鉱夫や開拓者が流入し、スー族と摩擦を生じた。合衆国政府はブラックヒルズを買収しようと試みたが、スー族はそれに応じず、緊張が高まった。1876年夏のリトルビッグホーンの戦いで、スー族はシッティング・ブルの指揮下、シャイアン族、アラパホ族との連合軍によってカス

第35章
ブラックヒルズ訴訟

ターが率いる第7騎兵隊を壊滅させた。合衆国はスー族を兵糧攻めにし、ブラックヒルズ譲渡の最後通牒を突きつけた。そして、翌1877年に連邦議会で「ブラックヒルズ法」を制定し、強制的に730万エーカー（2万9542平方キロメートル）に及ぶブラックヒルズを収用したのである。この条約を無視した手続きは、スー族の間で合衆国に対する不信となってくすぶり続けた。1889年にはグレート・スー協定によって、さらに900万エーカー（3万6421平方キロメートル）の土地を喪失した。そして、絶望的状況のなかで広まったゴーストダンス信仰に合衆国陸軍が警戒を強め、1890年のウンディッド・ニー虐殺が引き起こされた。

合衆国に対する先住民の訴訟が本格化するのは20世紀に入ってからである。20世紀初頭からスー族は、合衆国によるブラックヒルズ収容の非を連邦議会に訴えようと試みた。第二次世界大戦後、インディアン請求委員会が設立されると、ブラックヒルズ訴訟を起こした。しかし、問題が本格的に検討されたのは、1960・70年代にインディアン主権回復運動が高まりを見せてからであった。

ブラックヒルズでは、1950年代からウランの採掘が進み、地元で放射能汚染が引き起こされた。これによって、ブラックヒルズの東に位置するオグララ・ラコタ・スー族の保留地を流れる川も汚染され、地下水・地表水から高い放射能が検出された。この問題が明らかになった1970年代以降、ブラックヒルズを守る環境保護運動が高まった。スー族にとって、これは19世紀の金採掘以来、続いてきた聖地を汚す冒瀆《ぼうとく》にほかならなかった。

長年の訴えを経て、1974年にインディアン請求委員会は、合衆国によるブラックヒルズ収用が財産権を定めた合衆国憲法修正第5条に反するとして、スー族への賠償金を1877年当時の土地と

建造中のクレイジーホース記念碑と展望台の完成予想像（手前）

金の時価1750万ドルおよびその5％の利子分と決定した。合衆国政府はこれを不服とし、請求裁判所に上訴した。一方、スー族はブラックヒルズを売却するつもりはないとして賠償金の受け取りを拒否した。その後、スー族は1974年に発足した人権団体の国際インディアン条約評議会（IITC）を通じて、国際会議や国連でブラックヒルズ問題を訴えた。

1980年に最高裁は合衆国によるブラックヒルズ収用の非を改めて認め、「もっとも長期にわたる極めて不名誉な扱い」として、1億600万ドルの賠償金支払いを裁決した。インディアン土地訴訟のなかでも最高額の賠償金を認めたこの判決は、明らかにスー族側の勝利であった。しかし、再びスー族は賠償金の受け取りを拒否した。ときに8・9割に達する高い失業率や貧困問題を抱えながらも、部族の信仰とアイデンティティの拠り所である聖地ブラックヒルズを売却することはできなかった。部族主権に基づいた「条約上の権利」に基づいて、スー族はブラックヒルズの土地

第35章
ブラックヒルズ訴訟

回復を目指したが、インディアン請求委員会や最高裁を通じた司法手続きでは賠償金のみが検討された。賠償金を一部でも受け取れば、ブラックヒルズの請求権を永久に放棄することになった。その後、スー族はインディアン請求委員会を経ずに、ブラックヒルズ裁判をやり直すことを試みた。しかし、合衆国内の司法手続きは行き詰まり、ロビイングによって1985年と1990年に連邦議会へブラックヒルズ返還の法案を提出したが、いずれも支持を得られなかった。

最高裁判決から35年を経た今日に至るまで、スー族は土地返還を求める基本姿勢を変えていない。1996年には、スー族内の一部に賠償金をめぐって動きが見られた。ネブラスカ州のサンティー・スーとモンタナ州のフォートペック・スーが部族政府の財政難を理由に、ブラックヒルズ訴訟と対になっていたララミー砦条約土地訴訟の賠償金の受け取りに傾きかけた。しかし、オグララ・スーを始めとする残りのスー族の強硬な反対に遭い、賠償金の一部支払いの法案は無効となった。今日、賠償金は利子分を入れると、合計約10億5000万ドルに膨れあがっている。2009年にオバマ政権が発足すると、ブラックヒルズ訴訟の問題に決着をつけようとする動きも見られたが、それも滞りを見せている。スー族側は、九つのスー族全体が意見の一致を見ない限り、政府との交渉を開始できないとしている。

このように、スー族のブラックヒルズ問題は、先住民による土地返還運動のなかでもっとも長期化・複雑化している。スー族は歴史的に合衆国に対してブラックヒルズの返還を訴え、賠償金と引き換えに聖地と部族の過去を精算することを拒んできた。それは、歴史的記憶をめぐるスー族のこだわりと抵抗のかたちといえよう。

（内田綾子）

［参考文献］

内田綾子『アメリカ先住民の現代史——歴史的記憶と文化継承』名古屋大学出版会　２００８年
ディー・ブラウン著、鈴木主税訳『わが魂を聖地に埋めよ』下　草思社文庫　２０１３年
藤田尚則『アメリカ・インディアン法研究（１）インディアン政策史』北樹出版　２０１２年

36

古戦場の史跡保存

★先住民の過去とアメリカの未来★

アメリカ合衆国の軌跡は、白人入植者が先住民を武力制圧し、そのテリトリーを奪っていった歴史と切り離すことはできない。だが、長らくフロンティアの開拓として白人側の視点から正当化されてきたその過去は、非ワスプ（WASP＝ホワイト・アングロ・サクソン・プロテスタント）人口の総計が今世紀半ばには過半数となる勢いにある現代アメリカにおいて、語り直されつつある。

先住民の立場がアメリカでいかに軽視されてきたかは、国の文化財行政、とりわけ古戦場の史跡保存からもうかがい知ることができる。2世紀以上にわたって先住民と白人との武力衝突が数え切れないほど繰り返されたにもかかわらず、対先住民戦争の古戦場で国の史跡に指定されていたのは、長らくわずか1カ所であった。独立戦争や南北戦争中の主だった戦跡がすべて国の史跡に指定されているのとは対照的である。しかもその1カ所、カスター古戦場は、一方的な歴史観を体現していた。

この古戦場は、対先住民戦争末期の1876年のリトルビッグホーンの戦いの舞台で、現在のモンタナ州南東部に位置する。実際にはこの戦いは、先住民の完全武力制圧を目前にした合衆

インディアンメモリアル（国立公園局の HP より）

国陸軍にとって予期せぬ敗北であったが、この地は戦闘直後から合衆国の聖地と化していった。それは、この戦闘でジョージ・アームストロング・カスターという著名な軍人を合衆国側が失ったからであった。

カスターの非業の死を悼む国民感情は、カスターは最後の一人になって敵に囲まれても勇敢に戦ったとする「ラスト・スタンド」の神話をすぐさま流布させる事態に発展した。このモチーフはその後の西部劇映画にも再三登場することとなり、カスターは西部開拓の尊い犠牲として表象され、彼が戦死したモンタナの荒野は、カスター古戦場という名称で内務省国立公園局が管轄するナショナル・モニュメントとなった。ここは、西部版のパールハーバーのような聖地となったのである。

しかし、この「史跡」は大きな問題点を含んでいた。第一に、国立公園局が管理していた古戦場は通常地名がそのまま名称となっていて中立的な歴史観に配慮しているのに対し、ここでは個人名、しかも敗軍の将の名が冠せられており、白人側の追悼施設としての意味合いが露骨であった。第二に、カスターが戦闘の混乱の中でどのように戦死したのかは、部隊が全滅し、先住民側の証言もあいまいなことから、実際には不明であるにもかかわらず、不確かなラスト・スタンド神話にあたかもお墨付きを与えるかのように、彼の名を冠する形でこの地は国家の公式の史跡に祭りあげられていた。この戦いは、家族とテリトリーを侵略から守ろうとしながらも敗色濃厚だった先住民側が最後に一矢を報いたものであったが、この史跡にはそのような性格付けはなされてこなかったのである。

先住民征服の急先鋒を国家の英雄に祭りあげるという一方的な歴史観を体現し、不確かな神話を公式の歴史にすり替えようとするこの史跡に対する先住民たちの抗議は、1960年代以降、レッド・パワーの台頭とともに強まっていった。ついに1991年、連邦議会はカスターの名を削り、ここをリトルビッグホンーン古戦場と改称するとともに、戦いのもう一方の当事者である先住民を祀る記念碑の建設を決定した。記念碑は2003年に完成し、ここにカスター古戦場は、先住民と白人との間のかつての不幸な対立の歴史に思いをはせ、白人中心主義的な歴史観を戒める記憶装置へと生まれ変わったのであった。

カスター古戦場の事例は、アメリカで先住民の立場がいかに軽視されてきたかを物語ると同時に、そこに確実に変化の兆しが訪れつつあることを示している。実際、カスター古戦場の名称変更以降、ワシタ（オクラホマ州）とサンドクリーク（コロラド州）の二つの対先住民戦争の古戦場が新たに国の史跡の仲間入りを果たした。実際にはこれらの「戦い」は、戦う意思のなかった先住民を合衆国側が奇襲攻撃し、女性や子どもを含む非戦闘員を多数虐殺した事件であり、現に後者は「サンドクリークの虐殺国定史跡」が正式名称となった。白人側にとっては不都合な過去であっても、国民が忘れてはならない西部史上の汚点として、その教訓を後世に伝えていこうとする時代がようやく本格的に幕を開けたのである。

こうした傾向は、先住民以外の他のマイノリティをめぐる国の史跡保存にも広がりを見せている。カスター古戦場の名称変更の翌年には、第二次世界大戦中の日系人の強制収容所の一つであったカリフォルニア州のマンザナールが連邦議会によって国の史跡に加えられた。この強制収容では、アメリカの市民権をもつ日系二世の人たちまでもが問答無用で財産を没収されて、僻地の収容所に強制連行された。戦時とはいえ法治国家ではあってはならないはずのこの人権侵害は、第二次世界大戦の勝利に水をさす出来事として長らくアメリカでは陰に追いやられた存在だった。また、アフリカ系アメリカ人による公民権運動をめぐっては、公立学校での人種隔離を違憲と認定した1954年の連邦最高裁判決（ブラウン対教育委員会判決）の舞台となった、カンザス州、トピーカの人種隔離の行われていた公立小学校の建物が、同じく国立公園局傘下の国の史跡に指定された。

カスター古戦場の名称変更を重要な契機として、一方的な歴史観を戒め、国家にとって恥ずべき過去や負の遺産であっても、それらを直視し、史跡保存を通してその教訓を後世に伝えようとする動きはアメリカで着実に強まってきている。史跡化への国民の理解をどう促進し、必要な資金をいかに確保するかなど課題はまだ山積しているが、非ワスプ多数派時代が忍び寄るアメリカが、未来に相応しい価値観の構築に向けて扉を開こうとしている様子がそこにはうかがえる。

先住民問題は、自由と平等と民主主義を掲げるアメリカにとっての最大の自己矛盾といっても過言ではない。しかし、カスター古戦場の事例は、先住民の声に真摯に耳を傾け、歴史の恥部を直視することが、先住民問題の解決のみならず、アメリカにおけるマイノリティ迫害の歴史にけじめをつけ、自国の将来への羅針盤を手にするための重要な一歩になり得ることを示している。

アメリカの先住民問題、それは、合衆国民が理想と現実の落差を再認識し、多様な背景をもつ人びとが一つ屋根の下で暮らしていくことの意味を問い続けるために、絶えず立ち返るべき原点というべき存在である。その行方は、アメリカの今後を占い、この国のデモクラシーの強度を測るバロメーターとしての意味をもっている。

（鈴木　透）

【参考文献】

鈴木　透「生まれ変わる古戦場――カスター神話の解体と先住インディアンの記憶の復権」近藤光雄他『記憶を紡ぐアメリカ――分裂の危機を越えて』慶應義塾大学出版会　２００５年

III

文化と宗教

37

創世神話

★ペンも紙も必要としない、生きた教材★

世界中の多くの地域社会に創世神話が存在するように、アメリカ先住民社会にも創世神話は存在する。創世神話とは自分たちの「はじまり」のお話であり、先住民社会においては、部族それぞれに固有の「はじまりのお話」が存在する。

元来、アメリカ先住民社会は、大切なことを後世へと伝えていく手段として文字を用いることをしない。文字文化をもたない彼らは、代わりに日々自分たちが発する言葉を用いて「大切だ」と考えることを繰り返し語り、それを語り継いでいくことで伝統文化を後世へと伝えてきた。今も昔も変わらず、先住民のなかに話術の巧みな人が多いのもうなずける。そうした「お話の上手な」彼らのなかに綿々と受け継がれてきた語りの文化の根幹をなすものが、先住民社会における創世神話の存在なのである。

部族の数だけ「はじまりのお話」が存在するのはもちろんのこと、それぞれの部族のなかで、誰が誰に対して、どのようなシーンで語るかによってさまざまなバージョンが存在するのが創世神話である。それぞれに語りは違っても、伝えたいメッセージはみな同じであり、それはまず第一に、自分たちとは何者であり、なぜ、どのようにして「この地」に存在するようになったのかということである。北東部に住むイロコイ族が、自分たちの祖先は空から地上へと舞い降りたと語れば、南西部に住むプエブロ族やナヴァホ族は、祖先は地中深くから段階を経て地表へと姿を現したと語る。平原に住むカイオワ族は、最初の男性と女性は中が空洞の丸太を通ってこの世に誕生したと語り始める。こうした語りから、彼らの土地に対する愛着がどれほど強いものであるのかを私たちは感じ取り、また我々部族の歴史は「この地」から始まったのであり、ベーリング海峡をわたりアジアからやって来た移民などでは決してなく、この地で生まれこの地で生を全うしていく土着の民なのだという強いメッセージを彼らの創世神話から受け取ることができるのである。

さて、どの部族においても、最初の男性と女性が誕生すると部族の生活の基盤を築くのはこの2人に任される。チェロキーの創世神話を例にとると、現在はその多くがオクラホマ州に移り住んだが、もともとは南東部に暮らし、男性がシカ狩り、女性が畑を耕してそれぞれの役割を果たし男女が相互に補完し合っていた。春の植えつけから秋の収穫まで畑仕事にいそしむ女性たち、一方、秋になり狩りのシーズンが到来すると、シカを追って3、4カ月、一斉に家を空けるのが男性の役割というのがチェロキーの暮らしであった。

チェロキーの最初の男性カナチ（「幸運な狩人」の意）と最初の女性セールー（「とうもろこし」の意）には息子が1人いるのだが、その息子の兄と名乗るワイルド・ボーイを含めた4人で物語は展開する。幼い子どもらにひもじい思いをさせたことなど一度もないカナチは狩りの名手であったが、それを不思議に思ったワイルド・ボーイが「お父さんの後をついていってみよう」と弟をけしかける。父は、森に入っていくと洞窟をふさいでいた岩をひょいと持ちあげ、飛び出してきたシカを仕留めるやすぐに岩を元に戻し、何食わぬ顔で家に戻って来る。父の秘密を知ったワイルド・ボーイは、自分たちにもできると岩を動かしたまではよかったのだが、矢を向ける間もなく次から次へとみるみるうちにシカが洞窟の中から飛び出し、ついにはすべて取り逃がしてしまう。必要な時に必要な場所へ行けばすんでいたことを、この一件の後、チェロキーの男性たちは狩りのために長期間家を空けなければならなくなったのだという「注釈」がつくのであるが、事の顚末を知ったカナチにお灸をすえられた2人はここで「悪さ」をやめない。次のターゲットはセールーである。

とうもろこしと豆を調理し、いつもおいしい食事を息子たちにつくってくれるのがセールーである。2人が大失態をしでかした日もそれは同じであった。しかし「一体全体お母さんはどこから調達してくるの」とワイルド・ボーイはまた疑問に思うのである。大きなかごを手に小屋の中へと入っていくセールーの後に続いた2人が目にしたものは、お腹をなでるととうもろこしの粒がぽろぽろとこぼれ落ち、わきの下をさすると今度は豆がぱらぱらと落ちてくる母の姿だった。「魔女だ。殺してしまえ」とワイルド・ボーイはセールーを殺してしまうのだが、その前に彼女は「家の前の土地をきれいにしたら私の体をひきずって7回円を描きなさい。夜もずっと起きて様子を見てね。そうしたら朝にはたくさんのとうもろこしが生えてくるから」と言い残し息絶えるのである。2人の息子は母の最期の言葉を守れたのだろうか。2人はほんの少しの土地しかきれいに均《なら》さなかったし、7回でなく2回しか円を描かなかった。だから、とうもろこしはどこにでも育つものではなくなり、栽培も簡単なものではなくなった。実際、主食であるとうもろこしを栽培するのに、チェロキーの女性たちは多くの時間と労力をかけざるをえなくなった。

このように、創世神話には、自分たちの部族の「はじまり」だけでなく「その後」も語られる。今、自分たちのなかに存在し、また起こっているすべてのことに対する疑問を解こうと思うと、この「はじまりのお話」に必ずや行きつくということになる。

創世神話の特徴をもう一つ挙げるなら数字の「4」である。先住民社会に共通の聖なる数字で頻繁に登場する。東西南北の四つの方角を象徴的に表すこの数字は「『4』日目」「『4』日後」「『4』年目」「『4』回目」と例に事欠かない。南西部に住むピマ族には、世界を創造した魔術師が仲間をつくろうと「3度目」ならず「『4』度目の正直」でやっと成功するお話がある。というのも、粘土で人間の形をこしらえた魔術師が、かまどを用意し薪《まき》集めに外へと出ると、自分と同じような姿をした動物の仲間がほしかったコヨーテが細工をして、人間の形を動物に変えてしまうのである。かまどから出てきたのはもちろん人間などではなく犬であった。魔術師は今一度人間をつくることにした。今度はコヨーテが邪魔をしないようにちゃんと見張って男女のペアをかまどに入れた。「そろそろいいんじゃありませんか」とコヨーテが言うのにまかせて出してみるとまだ生焼けだった。次こそはと魔術師は人形をかまどから出そうとするのだが「さっきは早すぎたんでしょう」と言うコヨーテの助言に従いもう少し待ってみると今度は焼きすぎだった。どっちもここでは使えない。「『4』度目の正直」とばかりに魔術師は今一度、今度はコヨーテの言うことに耳を貸さず、自分がよいと思ったタイミングでかまどから出してみた。「こうしてできたのが私たちのご先祖様なのだ」ということである。

長い間語り継がれてきた先住民の創世神話を「たわいないおしゃべり」や「かわいらしいお話」と

して一言で片づけたくはない。先住民にとって、創世神話とは彼らの部族の歴史そのものであり、その部族の歴史と歴史のなかで培われてきた生きる知恵を、先住民の子どもたちは、紙もペンも必要とせずに、大人たちの語りを通して学んできたのである。ファンタジーでロマンチック、奇想天外で荒唐無稽ともきこえる彼らの語りのなかにはたくさんの真実がつまっている。

（石井泉美）

［参考文献］
ポール・G・ゾルブロッド著、金関寿夫・迫村裕子訳『アメリカ・インディアンの神話――ナバホの創世物語』大修館書店　１９８９年
リチャード・アードス、アルフォンソ・オルティス著、松浦俊輔ほか訳『アメリカ先住民の神話伝説』上・下　青土社　１９９７年

38

聖地とその保護

★伝統的世界観の保護とその再生★

先住民の伝統的世界観においては往古来今、四方上下、およそすべてのものはつながりあい、その連関に聖性が宿る。よって先住民にとって「聖地」は多層、多様な意味をもち、祖先とのつながりが深く感じられる墓所や戦場地跡等も「セイクレッドグラウンド」と呼ばれる。こうした先住民聖地の特徴を念頭に置きつつ、本章では特に部族の口承伝統や創世神話が関わる地、巡礼ルート、ヴィジョン・クエストや断食が行われる地、伝統的植物採取地等、先住民の人びとが儀式や祈りを通してすべての創造物やその源とつながりを深め、独自の世界観や精神性を継承してきた地を念頭に置いて話を進める。

先住民聖地のなかには岩絵等の遺跡を含むものもあるが、基本的には山や湖、滝といった地形や岩石等の天然の造形とその地に関わる動植物、光や風、雷等の天候が織りなす全体性が地所を「聖地」たらしめている。先住民聖地には所縁《ゆかり》の深い部族の神話や物語が存在する。例えばサウスダコタ州のブラックヒルズは、ラコタの創世神話において偉大な魂ワカンタンカが生み出したマカ（大地）の心臓として登場する。先住民の人びとは部族由来の聖地で儀式や断食を行い、祈りを捧げることで伝統的精神世界を再生、継承してきた。

先住民にとって宗教的儀式は特定の地所と深く結びついており、故に聖地保護は部族独自の信仰・文化の継承に関わる死活問題である。しかしこれまで多くの先住民聖地が建設、開発、観光事業によって損なわれてきた。ブラックヒルズは１８７４年、カスター遠征隊によって金が発見されると合衆国に強制収用され、現在ではマウントラシュモア国定記念物を中心とする観光事業によって場の聖性が脅かされている。ダム建設が相次いだ20世紀前半から半ばにかけてはコロラド川、テネシー川、ミズーリ川等で大規模なダム建設が行われ、これによって多くの先住民聖地が水没した。コロラド川のグレンキャニオンダム建設では、２０００あまりのナヴァホ聖地が失われたといわれている。

先住民はこれまでアメリカ政府に対して聖地返還を求めてきたが、その要求のほとんどが実を結んでこなかった。例外的な成功例として挙げられるのがブルーレイク返還である。ニューメキシコ州のブルーレイクはタオス・プエブロ族にとって最も神聖な地であるが、１９０６年に連邦政府によって収用され、農務省森林局の管理下に置かれた。１９２０年代から部族はブルーレイクの返還を訴え続けていたが、１９７０年、先住民自決政策を推進するニクソン政権下において、ブルーレイクを含む４万８０００エーカー（１９４平方キロメートル）の地所が返還された。

ブルーレイク返還は他部族の聖地回復に影響を与えたものの、その影響は限定的だった。１９８０年代にはナヴァホやチェロキー等の部族が、開発による聖地破壊は宗教の自由な活動を阻害するものであるという主張を展開したが、土地開発がもたらす公共利益を優先させる司法判断によって訴えは棄却された。特に１９８８年最高裁リング事件判決は「アメリカ・インディアン信教自由法」を「政

ワイオミング州ビックホーンマウンテンのメディスンウィール

策的声明」に過ぎないとみなし、先住民の聖地へのアクセスや、儀式、伝統行事を通じての礼拝の自由を保障する連邦政府の強制力を否定した。この司法判断に対しては先住民のみならず法学者、宗教の自由を擁護する市民団体から厳しい批判が寄せられた。

１９９０年代に入ると先住民聖地の保護に、政府が政策や管理計画をもって対応するケースが増加した。こうした政府介入に対しては、政教分離を保障する国教樹立禁止条項に反するという訴えが、観光事業や建設事業に関わる個人や団体から起きた。儀式の行われる時期のロッククライミングの自主規制を盛り込んだワイオミング州デビルスタワー国定記念物の観光管理計画や、観光最盛期と閑散期の収容人数を定めたユタ州レインボーブリッジ国定記念物の総合管理計画に対する、観光事業者の反発がこれにあたる。こうした訴えに対して明確な司法判断を示したのが、２００４年シヴィッシュ事件判決であった。

シヴィッシュ事件判決は文化的、歴史的理由にもとづいて先住民関連遺跡が保護に値すると判断される場合、政府当局は国教禁止条項に抵触することなく、先住民聖地を保護することができると明示した。係争地となったアリゾナ州中東部ウードラフビュートはホピ、ズニ、ナヴァホの聖地であるが、シヴィッシュ事件ではこの地での資源開発への政府介入の是非が問われた。第9巡回区控訴裁判所は、国教禁止条項は政府に宗教的地所の歴史的価値を無視することまで要求するものではないと判示し、先住民側の勝訴となった。一連の係争に先立つ1990年頃、ウードラフビュートはすでに国家史跡登録の認定資格を受けるにふさわしい地所であることが判明しており、このことは地所の文化的、歴史的重要性を訴えた先住民側に有利に働いた。

先住民部族が文化的、歴史的重要性に訴えて聖地保護を図る背景には、景観美を優先する環境保護が先住民と地所との歴史的関わりを考慮しないことも関係している。現に合衆国最初の国立公園となったイエローストーンをはじめ、ヨセミテやグレイシャーなどでは、国立公園設立のために先住民が当該地所から排除された経緯がある。聖地保護には開発阻止だけでなく、部族が儀式を通して伝統的世界観を継承していけるような状態を維持していくことが求められる。今日、石炭や石油などの資源開発によって引き続き先住民聖地は破壊の脅威に晒《さら》されており、また観光事業によってプライバシーが確保された静謐《せいひつ》な環境での儀式執行が阻害される状況も続いている。こうしたなか、聖地ブルーレイク奪還に成功したタオス・プエブロ族は、場の保全は部族の文化的、精神的健全の維持に必要不可欠であるとし、部族以外の者のブルーレイクへの立ち入りを禁止する方策を採っている。

一方、紀元前から先住民の居住が確認され、ヤヴァパイ族やアパッチ族も由来をもつアリゾナ州セドナは、今日「パワースポット」として知られ、年間400万人ともいわれる観光客が訪れる一大観光地となっている。ベルロック、カセドラルロック、エアポートメサといった巨大な赤い砂岩がそそり立つ地は、地所のもつ力を体験しようする精神世界に興味をもつ人びとやハイカーの巡礼地となっている。しかしセドナのような先住民関連地所が観光地としてもてはやされる一方、ウラン採掘や核廃棄物の貯蔵による深刻な環境汚染の問題に直面している先住民居住地域もあり、環境正義の観点から問題提起されている。

先住民にとって母なる大地はすべからく神聖である。こうした先住民の伝統的世界観は今日、エコロジーやスピリチュアリティといった文脈において再生されている。多くの示唆を与える先住民の英知に触れるとき、彼らが祈りや儀式を通して地所と取り結んできた関わりの歴史や、あらゆる方策を講じて地所を護ってきた尽力に対して、十分な敬意が払われてしかるべきであろう。（川浦佐知子）

［参考文献］

阿部珠理『聖なる木の下へ――アメリカインディアンの魂を求めて』角川ソフィア文庫　2014年
藤田尚則『アメリカ・インディアン法研究（Ⅰ）インディアン政策史』北樹出版　2012年
Gulliford, Andrew, *Sacred Objects and Sacred Places: Preserving Tribal Traditions*, Boulder, CO: University Press of Colorado, 2000.
Swan, James A., *Sacred Places: How the Living Earth Seeks Our Friendship*, Santa Fe, NM: Bear & Company, Inc., 1990.

39

ヴィジョン・クエスト、スウェットロッジ、サンダンス

★汎インディアン化する儀式★

アメリカ先住民は、ヴィジョンを大変重要視する。ヴィジョンに現れるものは、何らかの啓示だと考えるからだ。かつての戦士社会で戦いの前夜に夢見が悪いと、それはヴィジョンと受けとめられて、戦士は戦闘には赴かなかったほどだ。自分の人生の進路や、そこにおける使命を教えてくれるヴィジョンが、先住民文化にあっては、なくてはならないものだ。ヴィジョンが、睡眠中の夢のなか、白昼夢、昏睡などの無意識状態に現れなかったら、人は自らそれを求めて魂の旅に出る。それを儀式化したものが、多くの部族で行われるヴィジョン・クエスト——ヴィジョンを求める旅である。ラコタ・スー族では、それはハンブレチヤと呼ばれる。

ハンブレチヤは、サンダンスとならぶ象徴的な儀式で、サンダンス同様4日間飲まず食わずで、ひたすらヴィジョンを求めて、聖なる場所へこもるというものだ。ハンブレチヤの意味が、「ヴィジョンを求めて泣く」ということからも、その性格が知れるだろう。飢えと乾きの、肉体的な極限状態をワカンタンカに捧げ、助力を乞うのは、サンダンスと共通している。

日常会話では、ハンブレチヤは、「丘の上に行く」とよく表

スウェットロッジ

現される。聖なる祈りの場所は、メディスンマンが指定する、人里離れた山奥が多い。素っ裸の行者が携えてゆくのは、バッファローの毛皮（今では毛布で代用されることが多い）、パイプとガラガラだけである。ガラガラは祈りの歌を歌う時鳴らされるし、パイプは祈りを捧げるとき、なくてはならない動く祭壇である。

飢えや渇きも辛いが、最大の敵は、孤独感である。不気味な夜の山中で、行者はコヨーテの鳴き声を間近に聞き、自分が人生で避け続けてきた物事や人物と対面する。

ヴィジョンの内容は、メディスンマン（第40章参照）にしか語られない秘密であるが、動物が目前までやって来て話しかけ、その人のメディスンを教えてくれたり、亡くなった近親者が現れて、生前の時間にトリップすることもある。実際彼らから、その時貫ったものを持ち帰る行者もいる。経験者によれば、いずれの場面も、非常にリアルで、とても夢や幻影とは思えないという。

時として、ヴィジョンは人の望まない啓示を与え、新たな人生の責務を人に与える。人は、ヴィジョンを選ぶことはできない。ヴィジョンが人を選ぶことを、先住民は受け入れている。

スウェットロッジは、平原インディアンの間で広く行われていた浄化の儀式だ。ラコタ語でイニピと呼ばれるが、それはイニカガピを短縮したもので、「生気を回復するために」という意味である。この儀式はあらゆる儀式に先立ち、もっとも頻繁に行われるものだ。少し信仰心の篤い家なら、この儀式用の円形テントが常設してあるほど、一般的なものだ。

イニピは、通常10人ほどが入れる半円形のテントをつくり、真ん中に穴を掘っておく。その穴のなかに、充分に焼かれた7つの石が運び込まれる。7はラコタの聖数で、東西南北の方角と天地、それらすべてを結ぶ宇宙の輪を象徴しているといわれる。石は、原初の存在イアンになぞらえられる。入り口が塞がれ、中は暗黒の世界になるが、その闇は恐怖と結びつけられるのではなく、我々がかつていた、母の子宮内だとされる。

焼けた石の上で、よいスピリットを招来するスィート・グラスが焚かれ、ロッジの中には、甘い香りが充満する。ロッジを仕切るメディスンマンが、ワカンタンカに祈りを捧げると、熱した石に水が注がれる。蒸気が激しく立ちのぼり、ロッジ内の温度がさらに上がる。参加者がそれぞれの祈りを捧げる間、汗がそれこそ滝のように流れ落ちる。水が豊富でない内陸の地にあって、汗が浄化の働きをしてきたことが実感できる。終わった時の清浄感は譬《たと》えられない。心身のケガレが洗い流され、ふたたび力を注ぎ込める、白布の状態になっている。

サンダンスは、平原インディアン最大の儀式であるが、長い間「蛮習」と見なされて、合衆国に禁じられていた。イニピで更地に戻ったような心身で、4日間飲まず食わずで、日の出から日没まで、太陽を目にして踊り続ける。中心に、聖なるハコヤナギの木を立て、参加者が踊る円形のグラウンドは、聖なる祭場として他と区別される。セージの葉で結界され、四つの方角に敬意を示す色旗の立てられたその場所は、参加者以外入ることも、入り口を横切ることもできない。ワカンタンカを迎え、そこで一体となるための清浄空間となるからだ。

サンダンスは究極の肉体の供犠である。聖なるハコヤナギをめぐりながら、その木を依り代にやってくるワカンタンカに、参加者はピアシングを捧げる。両胸にさした串（ペグ）の両端を、ハコヤナギから垂らされた紐に結わえて、全身を後ろに思いきり引き、胸の肉を裂くのだ。この時ほとばしる血に、イアンがこの世の創造のために流した血への思いを重ね、感謝を捧げる。同時に他の被創造物同様、己も造化のほんの一部であり、他の存在と合一して、ふたたび生き直すことを誓うのだと、長老は説明する。自分を利するためでなく、調和のために、真摯に

サンダンスの聖なる木

痛みを捧げるものに、ワカンタンカは、新たな力を付与するといわれる。この儀式が、再生の儀式と呼ばれる由縁である。

スウェットロッジとサンダンスは、浄化と再生という宗教儀式に普遍のサイクルを内包する。また静と動という対照的な性格をもつ。母の子宮で安らかに癒される平安と、自らを差し出すドラマチックな供犠の苦痛、それら両極にあるものが対となって、経験する者の世界を刷新する。

両儀式は、元来平原インディアンの伝統儀式であったが、1960年代以降の先住民文化復興のプロセスで、他部族の間にも急速に浸透するようになった。ラコタ・スー族やシャイアン族、クロー族の保留地にゆくと、毎夏20を超えるサンダンスが開催されている。そこでは、同化が進みかつての部族伝統を失ったウィスコンシンのメノミニー族やヴァージニアのパマンキー族、東部モホーク族など、全米からの部族の集まりを観察できる。それらの人びとが部族に帰ってから、メディスンマンを招致して自分たちのサンダンスを始めるなど、サンダンスの部族を越えた広がりは目覚ましい。

他部族へ広まって定着したサンダンスの一つに、ナヴァホ族保留地で行われるビッグ・マウンテンのサンダンスがある。ラコタのメディスンマン、クロードックが毎夏出向いて司祭を務めるが、未だに収監されているアメリカン・インディアン・ムーヴメントの活動家レナード・ペルティエの解放など、政治的アジェンダを祈念する脱部族的な特徴をもつ。著書が広く読まれているメディスンマンが主催するサンダンスには、日本やドイツなど海外からの参加者もいる。クロードックのサンダンスで、筆者は10人を下らない日本人ダンサーと出会った。クロードックを日本に招待して、スウェットロッジを行った人もいる。

このような光景は、50年前にはおそらく想像すらできなかっただろう。両儀式の祈りの凝集性と求心性が人を引きつけると思われるが、両儀式の脱部族的、かつ国境を越えた広がりを示すものだろう。

（阿部珠理）

［参考文献］

阿部珠理「ラコタ・コスモロジーと精神世界の現在」綾部恒雄編『講座　世界の先住民族――ファースト・ピープルズの現在』明石書店　2007年

阿部珠理「ヴィジョンを求めて泣く」河東仁編『夢と幻視の宗教史　下巻』（宗教史学論叢18）リトン社　2014年

Walker, J.R., *Lakota Belief and Rituals*, Lincoln and London: University of Nebraska Press, 1980.

40

メディスンマン

★精神文化の伝承者★

アメリカ先住民社会全般にわたって、汎神論的世界観が広く受け入れられている。そこでは、超自然的な力が存在し、生きとし生けるもの、あるいは西欧社会で無生物だと考えられている石や山や川にもスピリットが宿っている。それぞれの部族でその呼び名は異なるが、一様に聖なるエネルギーとして、大いに敬意を払われている。

ラコタ族のワカンタンカ、オマハ族のワコンダ、イロコイ族のオレンダ、アルゴンキン系部族のマニトーやオキ、クロー族のマヒペ、ナヴァホ族のディンギン、ハイダ族のサガーナなどがそれだ。また少数の部族では、それらの聖なるエネルギーを統括する頂上的な存在が認知されている。アルゴンキン系の「大いなるスピリット」、クリーク族の「生命の主」などがそれだ。

ワカンタンカやワコンダは、英語では「メディスン」と表現されることがある。それらの力が、共通に癒しの力をもっているためだろう。この特別のメディスンを大いなるものから付与された者が、メディスンマンである。メディスンマンは、各部族に存在するシャーマン的存在であるが、祈祷師、医師、聖職者、予言者の性格すべてを兼ね備えた存在ということになるだろう。最近では、伝統の継承者、コミュニティのカウンセラーの役割をも担う。だがメディスンマンであることの絶対条件は、癒しの力をもっているということだ。病気や怪我を癒すことから、精神の癒しまで、その力のないものは、まずメディスンマンとは呼ばれない。

メディスンマンが、世襲であることは極めて少ない。なぜならば、メディスンマンになる契機は、通常ヴィジョンを通しての啓示によるし、癒しの技法は学習するものではなく、大いなる存在やスピリットとの交信で得るものであるからだ。私がインタビューした何人かのメディスンマンも、幼いときや長じる過程で、不意に白昼夢のなかで、あるいは重病で生死の境を彷徨《さまよ》ったとき、特別なヴィジョンにうたれたといっている。

歴史的には農耕社会より狩猟社会の方が、メディスンマンの存在が大きく、また彼が行う儀式や役割も多様な傾向にあった。おそらく狩猟という生業の不確実性が、メディスンマンへの依存を大きくしたものと考えられる。そして、役割に応じてメディスンマンのカテゴリーが分岐した。ラコタ・スー族を例に取れば、カヴァー・タームとしてのウィチャシャ・ワカン（聖なる人）のほか、主に薬草の知識、あるいは啓示によって得た薬草を使って病者を癒すペジュータ・ウィチャシャ（薬草の人）、心因性の病の治癒を得意とする「ワピ

祈るメディスンマン　ブラック・エルク

現代のメディスンマン　スタンレー・レッドバード・ジュニア

ヤ」や、治癒のみならず、行方不明者や、紛失物の所在を明らかにすることを得意とする「ユイピ」がいる。ウィチャシャ・ワカン、ペジュータ・ウィチャシャ、ワピヤ、ユイピのいずれも、それなりのヴィジョンを得て、認定された者のみが、その役割を担う。ただし伝統の継承者として宗教儀式を取り仕切り、病を治癒するメディスンと、精神的指導者にふさわしい智恵をもつ者のみが、ウィチャシャ・ワカンと呼ばれ、ことに尊敬を集める。

1883年に先住民の伝統儀式の多くが禁止されて以降、彼らは活躍の場を失いつつあった。また同化圧力が強くかかった時期には、非科学的なまじない師のようなレッテルを貼られたが、彼らが目に見えて復活してきた時期が2回ある。一度目は第二次世界大戦期、二度目がレッド・パワーの文化復興期である。

第二次世界大戦時、アメリカ先住民は、マイノリティ・グループ中、もっとも出兵率の高い集団であった。このため保留地では、戦士を見送った家族が無事の帰還を祈るため、メディスンマンを訪れた。ラコタ保留地の老人の証言によれば、毎週末、決まってどこかで儀式が行われていたという。

メディスンマンが注目された第二の時期は、1960年代からの文化復興期で、現在まで繋がる。レッド・パワーは、先住民に対する過去の不公正と不公平の是正と復権という政治目標を掲げたが、同時に民族としてのアイデンティティの回復、その基盤となる伝統文化の復興を目指した。伝統文化の保持者であるメディスンマンが、従来の部族運営の伝統であった、「政りごと」と「祭りごと」の一致する表舞台に戻ってきたのである。

アメリカ社会ではこの時期、西海岸を中心に、ヒッピーに代表されるようなカウンター・カルチャーのうねりがあり、新たな精神文化を求めるニュー・エイジ・ムーヴメントの機運が高まっていく。若者たちは、近代物質主義と競争社会で病んだ魂の救済を求めていたし、環境破壊の深刻さも認識されたこの時期、病んだ地球の救済もまた必要であった。癒しの師であるメディスンマンが、彼らの心を捉えたのは自然の流れであったろう。この頃から、白人社会から保留地を訪れる人の数が増えてくる。ことにサンダンスが行われる夏など、この動きが顕著になった。

それは現在でも続いている。部族の行事であるサンダンスへの非部族民の参加は増え、白人の参加者の方が多いものさえある。サンダンスの参加者は、儀式を取り仕切るメディスンマンが決定するのが普通である。このため外部の求めに応じて保留地を出て、白人社会で儀式を行い、報酬を得るメディスンマンも登場してきた。

メディスンマンであることには通常、癒しに報酬を求めないこと、部族語を話すこと、部族の人びとの間に住んでいること、部族の人のために生きることが求められる。しかし、メディスンマンが非部族民にも注目されるようになると、報酬を求め、伝統を遵守しないメディスンマンが目立つようになり、彼らに対する批判が、部族社会で大きくなっている。彼らが部族の伝統を私物化し、伝統を切り売りしているというのである。

メディスンマンの能力は、個人が努力によって獲得したものではなく、大いなるものから授けられた力である。それは癒しと世界の調和のために使われるべきもので、自分のためだけに使ったり独占することは、あってはならないと部族社会では考えられている。

メディスンマンの癒しは、人を救う行為として、もちろん敬意が払われる。しかし彼は基本的には、スピリットの声を伝える媒介者に過ぎないのであり、本来地位や権力をもつものではない。彼らも他の多くの人同様、保留地の粗末な家に住んでいる。生活のため、他の仕事を兼務している場合も多い。

変わらず部族にあり、部族民のために生きる、そういうメディスンマンは、部族社会に根づき、先住民思想のスポークスマン、伝統文化の継承者としてますます重要性を増している。民族文化復興に努める部族社会では、ことあるごとに公的な場にメディスンマンを招き、伝統教育の普及に努めている。部族大学でのメディスンマンの授業などはその好例といえる。

（阿部珠理）

［参考文献］

阿部珠理『聖なる木の下へ――アメリカ・インディアンの魂を求めて』角川ソフィア文庫　２０１４年
ジョン・G・ナイハルト著、宮下嶺夫訳、阿部珠理監訳『ブラック・エルクは語る』めるくまーる　２００１年
Lewis, Thomas H., *The Medicine Men: Oglala Sioux Ceremony and Healing*, University of Nebraska Press, 1990.

41

スネークダンス

★荘厳な降雨儀礼の歴史記述と現在★

アメリカ先住民の儀礼のなかで歴史的にも知名度が高く、奇異で、荘厳でいて、人びとを惹きつけてやまないものの一つが、スネークダンスと呼ばれる神聖な宗教儀礼だろう。

歴史上はじめてスネークダンスが記述されたのは1884年で、記録を残したのは米国陸軍大佐のジョン・グレゴリー・バーク（1846〜96年）だった。その後、のちに米国民族学局の局長となる民族学者ジェシー・ウォルター・フューケス（1850〜1930年）が、1891年にアリゾナ州北東部のホピ保留地でスネークダンスの研究を開始した。フューケスはその後6年間かけて、当時ホピ保留地に存在した七つの村落のなかの5村（ワルピ、シパウロヴィ、ムサングノヴィ、ソンゴーパヴィ、オライヴィ）で実施されていたスネークダンスを観察し、それぞれの村落の特徴の詳細を2冊の民族誌にまとめた。最初に刊行されたのが『*Tusayan Snake Ceremonies*』で、民族学局の年次報告書16号（1897年）である。そして同誌19号として『*Tusayan Flute and Snake Ceremonies*』と題した民族誌が1900年に出版された。フューケスの詳細な記述は、1906年にこの儀礼を撮影した写真家のエドワード・カーティスにも被写体選出や構図構成といった面で影響を与えたと思われる。

スネークダンスとは、人間が動物のヘビの動きを真似て踊るダンスではない。その社会文化的な意味についてフュークスは、「主要作物であるトウモロコシへの崇拝と、その生長に欠かせない降雨を願う祈り」とまとめている(Fewkes 1897:306、307)。そして、農作物の生長という面では太陽信仰も含まれていて、ホピの中で神話的存在であるヘビ族を対象とした祖先祭祀も兼ねているという(同307)。

このことについてもう少し詳しくみていこう。バーク大佐が第一メサ(mesaはスペイン語起源の英単語で、周囲が急斜面で頂上が平らな地形を指す)のワルピ村落でこの儀礼を観察した100年後の1984年8月に、第二メサのソンゴーパヴィ村落でこの儀礼を実際に観た日本人がいた。信州大学名誉教授の北沢方邦と青木やよひ夫妻である。その時の様子は北沢の1992年の著書『蛇と太陽とコロンブス』と、青木の1993年の著書『ホピ 精霊たちの台地』に日記風に記されている。北沢によるスネークダンスの概要は的を射ている。

「仮面を付けない非カチナの儀礼のなかで、もっとも重要な地位を占めるスネーク・ダンス(蛇とカモシカの儀礼)は、隔年に対儀礼として行われるフルート・セレモニーと同様に、直接には夏の終わりに必要な雨乞いの儀礼である。だがより奥深い象徴論は次のことを示している。すなわち、カモシカと蛇という二つの動物象徴は、《天の水》と《地の水》の対称を表し、両者の均衡と調和が世界の豊穣と平和の保障となる」(北沢1992:244)。

第41章

スネークダンス

グランドキャニオンの物見の塔（Watch Tower）の内部は、ホピの画家フレッド・カボーティが描いた蛇クランの移住神話の壁画で有名である。中央の円柱状ケースにはスネークダンスの祭壇のレプリカが納められているが、2015年には布で覆われ一般公開は制限されていた（2015年7月31日）

ここでいう《天の水》とは冬に降る雪のことで、雪を象徴する動物のカモシカと、夏の雷雨とそれによって蛇行する《地の水》に象徴されるヘビが、均衡の取れた季節の水資源を神々に祈る儀礼なのだ（北沢1996『ホピの聖地へ』：121）。

筆者自身はこの儀礼を目にしたことはないが、スネークダンスの社会文化的な意味について若干の補足をしておきたい。本書の第47章（「カチーナとカチーナ人形」）でも記したように、先住民ホピはトウモロコシやカボチャを育てる農耕民である。しかし彼らの居住地の年間降雨量は300ミリに満たない。乾燥地に暮らす農耕民ホピの日常生活の中心的関心は、トウモロコシなどの農作物の育成と降雨降雪祈願のためのさまざまな儀礼の執行にあるといっても過言ではない。その意味で8月後半に隔年で開催されるスネークダンスも降雨を祈願する重要な儀礼の一つなのである。冬至から夏至までの期間には、精霊や祖霊や雨の化身であるカチーナなどが登場する仮面儀礼が数多く執り行われる。一方で夏至から冬至の期間には、宗教結社の儀礼や、女性を含めた仮面を付けない人間が演じる祝祭性の高いソーシャルダンスが複数行われる。この分類にのっとっていえば、スネークダンスはトウモロコシ崇拝を担当するカモシカ結社と、雨乞いを担当するヘビ結社という二つの宗教結社に属する人間（男性成員）が執行する宗教儀礼ということになる。

フューケスの記述に従い儀礼の構成についても補足をしておこう。スネークダンスは、儀礼開始のアナウンスがなされる日から16日間続く。実際の儀礼が行われるのは8日目から16日目までの9日間である。これら9日間にはそれぞれ名前が付けられている。8日目から14日目まではカモシカ結社の司祭とヘビ結社の司祭が非公開で行う。北沢と青木が観たのは最後の2日間だけであった。つまり15日目のカモシカの踊りと、16日目の早朝に行われる長距離走、ヘビ洗浄と呼ばれる儀式、そして村落の広場でヘビ結社の司祭がガラガラヘビなどを口にくわえて踊る儀礼である。

ツーティキヴェ（*Tsuikive*）と呼ばれる16日目の村落の広場での儀礼では、大量の生きたヘビが放たれる。１８８６年の第二メサのムサングノヴィ村落で行われたときには60匹以上の蛇が用意され、その約半数の30匹が猛毒のガラガラヘビだったそうだ（Fewkes １９００：９７６）。北沢と青木が観た１９８４年は60から１００匹だったらしい（青木１９９３：１８１）。ヘビ司祭がヘビを口にくわえる場面が、16日間続く一連の儀礼のクライマックスであり、ホピだけではなく多くの人びとを惹きつけてきた。１９１３年８月21日、ワルピ村落でのスネークダンスにはセオドア・ルーズベルト第26代米国大統領が訪れている。ドイツの美術史家アビ・ヴァールブルク（1866〜1929年）も、1895年から96年にかけて米国南西部を旅した。彼はスネークダンスを直接目にしなかったが、フューケスの著述を参照しながら1923年4月21日のスイスのクロイツリンゲンのベルヴュー病院で「北米プエブロ＝インディアン地域で見たさまざまなイメージ」と題した講演を行った（ヴァールブルク（三島憲一訳）2008『蛇儀礼』）。シュールレアリストのアンドレ・ブルトンも1945年8月にムサングノヴィ村落を訪れ、21日のカモシカの踊りと22日のヘビの踊りを観察した（鈴木雅雄2000「『ギブ・ミー・ユア・ブック』――ブルトンとホピ・インディアンの出会いに関する覚書」鈴木雅雄・真島一郎編『文化解体の想像力――シュルレアリスムと人類学的思考の近代』）。

スネークダンスは2016年現在でも開催されている。19世紀末には第一メサのワルピ村落と第三メサのオライヴィ村落での儀礼が盛大だったが、今日ではそれらの村落では開催されず、第二メサの村落でのみ維持されている。保留地外から多くの観光客を集客するポテンシャルをもちながらも、カチーナ儀礼同様一切観光化はされていない。北沢と青木が観た1984年前後からは、道路を封鎖したりバリケードを築いたりして、非ホピ、非先住民の儀礼の場への立ち入りを禁じることもある。開催日も、開催場所も、時間も公開されることはない。ブルトンはスネークダンスの最中にメモをとって、それをホピの警邏《けいら》に没収された。スネークダンスはあくまでも宗教儀礼であって、エンターテイメントではないのだ。第二メサの村落で現在でも維持されているのは、こうした認識が盤石なためだろう。

（伊藤敦規）

42

トーテムポール

★北西海岸先住民文化の象徴★

北アメリカ大陸アラスカ南東部から米国オレゴン州にかけての北西海岸沿岸を訪れると、至る所で動物の意匠が彫刻された巨大な木柱を目にする。それらはイエローシダー（アラスカスギ）製で、トーテムポールもしくはポールと呼ばれている。それらを製作した人びとは、トリンギットやハイダ、ツィムシアン、クワクワカワクゥ（旧称クワキウトル族）、沿岸セイリッシュ、ヌーチャーヌヒ（旧称ヌートカ族）、マカーなどさまざまな先住民族の人びとである。彼らは、北西海岸先住民と総称されている。

トーテムポールは北西海岸地域の先住民文化を象徴するモノの一つである。本章では、北西海岸地域の自然環境と社会について概略したうえで、トーテムポール製作の歴史について紹介する。

北西海岸地域は温暖多雨であるため、沿岸に沿ってイエローシダーやレッドシダー、マツ、トウヒ、ツガなどの針葉樹林が繁茂している。また、毎年、大量のサケ類が河川を遡上し、近海にはアザラシ類、ラッコ、鯨類、トド、オヒョウ、キャンドルフィッシュ、タラ、ニシンなどが生息している。海岸ではハ

第42章
トーテムポール

現代のトーテムポール、2006年3月米国アラスカ州シトカにて

マグリやムラサキガイなどが生息している。また、内陸にはシカやヘラジカ、ヤギなどもいる。このような豊かな森林資源や水産資源などに恵まれた地域の人びとは、18世紀に欧米人と接触する以前から狩猟漁撈民でありながら定住生活を営み、首長と貴族、平民、奴隷からなる階層社会を形成していたことが知られている。また、安定した経済基盤をもとに、宗教儀礼が非常に複雑化し、近隣の社会との間で交易も行われていた。

北西海岸地域の人びとは、トーテムポールを製作する人びととして有名である。トーテムポールには、伝統的家屋の内部にある家柱、その家屋の入り口を構成する入口柱、祖先の偉業や家族の歴史を記憶にとどめるために建てる記念柱、死者の墓として建てる墓標柱や墓棺柱などがある。また、家や墓から離れたところに独立柱を建てることもあった。それぞれのトーテムポールは、それを製作した家族の所有物であり、先祖の歴史や故人の偉業にまつわる話が付随しており、家族史の記憶装置として機能した。なお、一度、建てられたトーテムポールは朽ち果てるまでそのままに放置された。

1本のトーテムポールには、その頂上部や中央部、下部に2個から4個の紋章が彫り込まれている。紋章はそれをつくった家族の祖先だといい伝えられている動物を表したものである。その紋章にはワタリガラスやワシ、クマ、ビーバー、シャチ、サケなど実在する動物からサンダーバードのような神話上の動物が描かれている。紋章は、写実的ではないため、我々が描かれた動物を同定するのは難しい。しかし、紋章の特徴に注目すれば、それが何かを知ることができる。たとえば、独特の鶏冠をもっていればサンダーバード、2本の大きな前歯があればビーバー、背びれがあればシャチである。このようなトーテムポールを同地域の先住民は現在でも作り続けている。

トーテムポールの起源は不明のままであるが、その巨大化については興味深い歴史的事実が分かっている。ロシアから派遣されたベーリング隊が1741年にシトカ周辺を探検したとき、小さな家屋の外壁部分に彫刻が施されていたことを記録しているが、トーテムポールらしきものについては一切、言及していない。その後、メキシコから北西海岸をシトカ周辺まで北上した二つのスペイン船隊もトーテムポールらしきものを目にしていなかった。しかし、1778年にイギリス海軍のクック隊が第三次航海でバンクーバー島西岸の先住民の村を訪れたとき、家屋の中に彫刻が施された家柱があることを記録に残している。さらに、1792年にスウェーデン船籍の交易船舶グスタフ三世号に乗船した水夫がクイーンシャーロット諸島のランギャラ島で入口柱をスケッチしている。

これらの記録から、欧米人と接触する以前からトーテムポールが存在していたことは明らかであ

第42章
トーテムポール

るが、1800年代の巨大なトーテムポールが林立していた風景は、1700年代半ばには見られなかったことが分かる。ではなぜ、北西海岸先住民は1800年前後から巨大なトーテムポールをつくるようになったのか。

トーテムポールの巨大化には、この地域で一時的に栄えた毛皮交易が深く関与していた。1778年にクック隊の船員がバンクーバー島西岸の先住民からラッコの毛皮を手に入れたが、この毛皮が立ち寄った中国の広東地方で驚くほどの高値で売れることが分かった。このことを知ったイギリスや米国をはじめとする毛皮交易船が北西海岸地域を訪れるようになり、ラッコの毛皮を獲得しようと競い合った。この結果、北西海岸先住民は、ラッコの毛皮と引き替えに、斧やナイフなどの鉄製品や、釣針や槍先、のみ、ちょうな、短剣の刃部などの道具をつくる素材となる鉄、紋章入り銅板をつくる素材となる銅、青色ビーズなどを手に入れた。その後、毛布や衣類、鉄砲、たらいや薬缶などさまざまな欧米製物資が交易品として同地域に流入してきた。この交易は、先住民側にも、欧米人側にも多大な利益を生み出した。北西海岸先住民は、この毛皮交易によって手に入れた富や道具を利用して、以前よりもはるかに盛大な財の贈与を伴うポトラッチ儀礼を実施し、より巨大なトーテムポールやカヌー、家屋を製作するようになった。

しかし、彼らを支配していたカナダ人や米国人はこのポトラッチの激化を経済的な浪費と考え、問題視し、カナダでは1884年から1951年まで、米国では19世紀後半から1934年までその儀礼を禁止した。このポトラッチの禁止は、同儀礼に関連するトーテムポールや仮面の製作や舞踊など先住民文化の継続に深刻な打撃を与えた。このため、トーテムポールの製作は一時期、途絶えることになった。

しかし、北アメリカにおいて権利回復を目的とした先住民運動が始まった1950年代以降、徐々にトーテムポールの製作は復活した。現在では、各地の先住民が観光資源としてトーテムポールを利用しているし、北西海岸先住民の工芸家が、特定の故人を記念するためやアート作品として大小さまざまなトーテムポールを製作するようになった。また、先住民族の存在を示す民族のシンボルとして地元の学校や先住民団体のために、製作することもある。現代のトーテムポールは、北西海岸先住民の人びとにとって、観光資源や経済資源、政治資源であるといえるだろう。

（岸上伸啓）

［参考文献］
D・キュー、P・E・ゴッダード著、菊池徹夫・益子待也訳『北西海岸インディアンの美術と文化』六興出版　1990年
細井忠俊『トーテムポールの世界——北アメリカ北西沿岸先住民の彫刻柱と社会』彩流社　2015年

43

ポトラッチ／ギブ・アウェイ

★寛容さの具現化★

北アメリカ先住民社会では、他者への「寛容さ」は美徳の一つであり、ときとして自分の持ち物を与え尽くすことさえもあった。一方、欧米の資本主義社会では、「倹約」が美徳の一つであり、個々人が努力して節約し、蓄財を行ってきた。社会の価値観について両者には大きな違いが見られる。

多くの北アメリカ先住民社会では、ギブ・アウェイ儀礼が行われていた。これは、新しい地位を得たことを公的に示すときや他の人びとに感謝の意を表すときに行われる儀礼であった。現在でも命名式や高校・大学の卒業時、兵役を終えたときなどに、当事者やその家族が関係者を招待し、贈り物をし、ダンスや食事をともにすることが多い。プレゼントの品として、かつては馬やテントなどが贈られていたが、現在ではキルトやビーズ製の工芸品、毛布、衣類、現金、家財道具であることが多い。

このギブ・アウェイは、民族によって違いが見られたが、その代表な事例の一つが、北アメリカ北西海岸地域の先住民が行ってきたポトラッチである。北西海岸先住民とは、北アメリカのアラスカ南東部から現在の米国オレゴン州にかけての海岸地域に居住する諸民族の総称である。具体的にはトリンギット

現代のポトラッチの様子（2006年8月カナダBC州クイーンシャーロット諸島マセットにて）

やハイダ、ツィムシアアン、クワクワカワクゥ（旧称クワキウトル族）、沿岸セイリッシュ、ヌーチャーヌヒ（旧称ヌートカ族）、マカーなどに属する人びとをさす。

北アメリカ北西海岸地域は、温暖多雨でシダーなどの森林資源とサケなどの水産資源が豊富であり、住民は狩猟漁撈民でありながら経済的に安定した生活を送ることができた。このため、定住生活を営み、首長と貴族、平民、奴隷からなる階層社会を形成し、複雑な宗教儀礼や洗練された木製品を生み出した。従って、北アメリカ大陸の先住民社会のなかでも特異な地域である。

ポトラッチは、北西海岸先住民社会のもっとも特徴的な文化要素として、研究者らの注目を浴びてきた。ポトラッチという言葉は、18世紀から19世紀にかけて北西海岸地域で使用されたチヌーク・ジャーゴンと呼ばれる交易用リンガ・フランカ（通商語）に由来しており、「贈る」や「贈り物」を意味する。

現在では同地域で行われてきた贈与・饗宴儀礼の名称として定着している。

ポトラッチとは、子どもの誕生や命名式、成人式、結婚式、地位の継承式、葬式、死者の追悼式などの特別な機会に、近隣地域から多数の人びとを招待して行う特別な儀礼である。主催者は、招待客に大量の食物や財を提供するとともに、主催者の家族集団に伝わる歌や踊り、神話、家族の歴史、仮面、紋章入り銅板を披露する。この儀礼の特徴は、主催者側が招待客に大量の食事や贈り物を提供し、圧倒することによって主催者側の社会的地位と威信を招待客に承認させることである。招かれた側は、自分たちの社会的地位や威信を保つためやさらに上位になるために、主催者側を招き返し、より大きな饗宴を開催し、より多くの贈り物をしなければならなかった。

このポトラッチは、19世紀末から増加し、巨大化し、さらに競争的になった。この様子を目にした支配者であった米加両国政府の役人やキリスト教の宣教師たちは、その儀礼は先住民が蓄財した富を一瞬にして破壊してしまう欧米社会の道徳に反する野蛮な活動であると考えた。このため、カナダ政府は１８８４年から１９５１年まで、米国政府は19世紀末から１９３４年までポトラッチを禁止した。この禁止は北西海岸先住民社会の文化の伝承に打撃であった。ポトラッチは、トーテムポールの建立や仮面やガラガラ、木箱などの儀礼具の制作、特定の家族集団に伝わる歌や踊りの伝承と深く関わっていたため、ポトラッチの禁止は、先住民文化の破壊を意味していた。

ここで19世紀のポトラッチの増加と肥大化について、補足しておきたい。本来のポトラッチは、地元の産物であるキャンドルフィッシュと呼ばれる魚やアザラシの脂油、アザラシ肉、サケ、丸木舟などを贈り物とした儀礼であった。ところが、ラッコの毛皮交易がこの地域の状況を大きく変えてしまった。欧米人はラッコの毛皮が清朝中国の市場において高値で取り引きできると知ると、18世紀末から英国や米国の毛皮交易船が北西海岸地域に殺到し、争ってラッコの毛皮を入手しようとした。北西海岸先住民はラッコ皮の供給者として交易に参加し、その見返りに大量の欧米製品を手に入れた。そして彼らは、それらの物財を利用して、より盛大なポトラッチを実施するようになった。

ラッコ資源が過剰捕獲によって激減した19世紀前半には、同地域で商業サケ漁業やサケ缶詰工場での賃労働から現金収入を得ることができた先住民の人びとは引き続き、ポトラッチを開催し続けた。これには、もう一つの要因があった。交易や賃金労働のために欧米人との接触が盛んになると、天然痘やはしかなどが流行し、多数の人が死んだ。その結果、社会内の重要な地位に空席が出来たため、経済力を得た貴族層や平民層の人びとが首長の座を獲得しようとした。すでに述べたように社会内の序列は、いかに盛大なポトラッチを開催したかによって参加した人びとが承認する。このため、19世紀前半にはポトラッチは増加し、肥大化し、かつ競争的になったのであった。いい方を変えれば、北西海岸地域のポトラッチは、欧米社会との毛皮交易や接触、賃金労働への参加によって大きく変容したといえる。また、政府によって禁止された後も、役人や警官、宣教師がやって来ることができないへんぴな場所において冬季に隠れてほそぼそと実施されていた。

ポトラッチは、一度、衰退したものの、1950年代以降、米国やカナダで先住民運動が盛んになるにつれて、復活し、さまざまな機会に開催されるようになった。ただし、復活したポトラッチ儀礼からは、競合的・競覇的な側面が抜け落ち、饗宴が中心となり、結婚式や死者の追悼などの機会に実施されている。私が2006年夏に参加したクイーンシャーロット諸島において開催されたポトラッチは、主催者の祖父を追悼し、記念するためのものであった。午前中から午後にかけて多数の村人が参加してトーテムポールを建立した後、夕方から村の体育館で村人や近隣の人びとを招待してポトラッチが開催された。饗宴の後には命名式も行われ、ハイダ名をもらった子どもや若者は家紋の入ったマントを着て、衆人環視のなかで踊りを披露していた。最後に、主催者は招待客ひとりひとりにプレゼントを渡した。また、観光客に見せることを目的として実施されることもある。

（岸上伸啓）

［参考文献］

D・キュー、P・E・ゴッダード著、菊池徹夫・益子待也訳『北西海岸インディアンの美術と文化』六興出版　1990年

44

ネイティブ・アメリカン・チャーチ

★新興宗教からアメリカ先住民の宗教へ★

週末になると、日没から翌朝まで歌と祈りを繰り返すペヨーテミーティングが、アメリカ先住民によって行われる。これは、ネイティブ・アメリカン・チャーチという団体の宗教的な集まりである。

ネイティブ・アメリカン・チャーチとは、アメリカ、カナダ、メキシコの先住民宗教団体で、アメリカにはおおよそ30万人の会員が存在するといわれている。ペヨーテミーティングには、連邦承認のインディアン部族員であれば誰でも参加することができる。そのため、実際には、会員数以上の人びとがペヨーテミーティングに参加している。また、ペヨーテミーティングで歌われる曲を収録したバーデル・プリモウ（Verdell Primeaux）とジョニー・マイク（Johnny Mike）の音楽アルバム「*Bless the People: Harmonized Peyote Song*」が、２００２年のグラミー賞ベスト・ネイティブ・アメリカン・ミュージック・アルバムに輝いた。

ネイティブ・アメリカン・チャーチのペヨーテミーティングは、ティピィと呼ばれる円錐型のテントのなかで行われる。ティピィの中には、土で盛られた祭壇が設けられ、テントの中

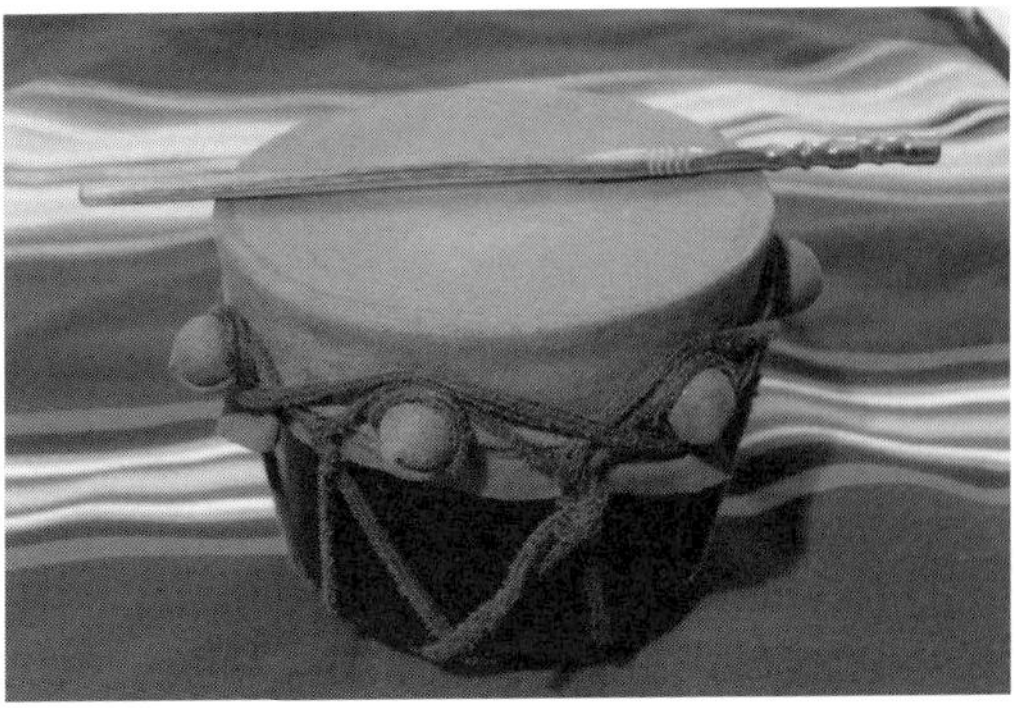
ペヨーテミーティングで用いられるウォータードラム

央では木が燃やされる。ミーティングの参加者は、その火と祭壇を囲んで車座になって座り、一晩中、ウォータードラムに合わせた歌や、祈りを繰り返しながら、その合間に数度ペヨーテを食べる。主な目的は、ペヨーテがもつ特別な力によって、人びとが抱える苦悩を克服することである。アルコール依存の克服は、しばしばミーティングの目的として挙げられるものの一つである。その他、誕生日や子どもの進学といった人生の節目に行われることもあるなど、さまざまな理由でペヨーテミーティングが開かれる。

ペヨーテとは、メキシコ北・中部の砂漠地帯とアメリカの南西部の一部に自生するサボテンである。薬学上では、メスカリンなどのアルカロイドを含むとされる植物で、視覚性幻覚をはじめ、多くの身体的反応を引きおこすとされている。

身体に作用を及ぼす植物と人類の歴史は古い。ペヨーテも、生息地域では古くから食べられている。テキサスの洞窟に残されたペヨーテは、放射性年代測定の結果、５７００年前のものであることがわかった。また、メキシコのコアウイラ州の洞窟で見つかったペヨーテは、８１０年から１０７０年の間のものであった。

ペヨーテは、長らく生息域付近の先住民の間で食べられていた。それが、20世紀になると、広くアメリカ先住民の間に普及するようになった。契機となったのは、リパン・アパッチが、リオ・グランデ流域のペヨーテ自生地域から、19世紀の半ばに、現在のオクラホマ州に存在していたインディアン準州へと移住してきたことである。リパン・アパッチは、現在のペヨーテミーティングによく似たセレモニーを行っていたグループである。リパン・アパッチの移住以後、オクラホマのカイオワやカイオワ・アパッチ、コマンチの間に知られるようになっていった。そして、1870年代以降、オクラホマのインディアン保留地から、急激な社会変化を経験した先住民の間に、ペヨーテミーティングは広がっていく。

この時期、ペヨーテミーティングの普及に大きな役割を果たしたのが、コマンチの政治リーダーであったクワナ・パーカーである。彼は、ペヨーテを食べることで牛に刺された腹の傷が治ったことから、ペヨーテミーティングの熱心な実践者となった。その後、ティピィのなかに三日月型の祭壇をつくることで知られるミーティングを始めた。そして、ハーフムーンウェイと呼ばれるミーティングをコマンチのほか、カドー、デラウェア、オト、パウニー、ポンカス、南シャイアン、北アラパホの人びとに広めていった。

カドーのジョン・ウィルソンは、ペヨーテミーティングにキリスト教の要素を加えた、ビッグムーンウェイと呼ばれるペヨーテミーティングを創始した。ビッグムーンウェイでは、馬蹄型の祭壇がつくられる。また、ティピィの東西、南北に走る十字線などのキリスト教のシンボルや聖書から引用した祈祷がミーティングに取り入れられた。のちに、ウィネバゴのジョン・レイブとアルバート・ヘンズリーらによって、聖書を用いた説教などのキリスト教的要素がさらに取り入れられ、クロスファイヤーと呼ばれるようになる。

ネイティブ・アメリカン・チャーチという先住民宗教団体が結成されたのは、20世紀になってからである。1918年に、オクラホマでペヨーテミーティングを行っていた先住民グループによって、ネイティブ・アメリカン・チャーチという名の宗教団体が法人として初めて登記された。以後、他州でも、ネイティブ・アメリカン・チャーチの法人化が続く。1954年にカナダでネイティブ・アメリカン・チャーチが結成されると、オクラホマの団体は、1955年に北米ネイティブ・アメリカン・チャーチへと名称を変更し、全国規模の大会などを主催するようになる。

しかし、ネイティブ・アメリカン・チャーチは、一枚岩の宗教団体ではない。北米ネイティブ・アメリカン・チャーチに属さず、独自にペヨーテミーティングを行うグループは数多く存在する。例えば、ナヴァホのグループは、1966年にネイティブ・アメリカン・チャーチ・オブ・ナヴァホランドとして法人化されたが、北米ネイティブ・アメリカン・チャーチには属していない。このグループは、2000年に、名称を「Azee' Bee Nahaghá of Diné Nation」（アゼー・ベー・ナーガ・オブ・ディネ・ネーション、ナヴァホ語で「ナヴァホのペヨーテ儀礼」の意味）に変更している。

ネイティブ・アメリカン・チャーチの結成・法人化の背景には、ペヨーテの規制がある。宣教師らは、ペヨーテをキリスト教の敵であるとして、入植当初からその使用を禁じていた。アメリカ先住民らが、ペヨーテミーティングを行うようになると、ペヨーテは法的規制の対象になる。カイオワ・コマンチの保留地では、1888年に、ペヨーテの使用が禁止された。また、ペヨーテの使用・所持・売買を禁止する法令が、オクラホマ準州において1899年に制定された。以後、ペヨーテは州法によって規制されていく。そのため、ペヨーテミーティングの参加者は、次々と逮捕された。

こうした規制への対応として、ネイティブ・アメリカン・チャーチは結成された。そして、ペヨーテミーティングを行うだけでなく、ペヨーテは麻薬として規制されるべきなのか、宗教実践の一部として認められるべきなのか、多くの科学者や法律家を巻き込んで議論を展開するようになる。

その結果、ペヨーテは、法による保護の対象となっていく。1965年に、ペヨーテが連邦規制物質リストに加えられた際に、ネイティブ・アメリカン・チャーチの会員によるペヨーテ使用が認められた。さらに、1994年に修正された「アメリカ・インディアン信教自由法」では、「連邦承認のインディアン部族員」による「インディアン宗教」のためのペヨーテ使用が認められている。

しかし、連邦に承認されていないアメリカ先住民や、連邦承認インディアン部族のメンバーと結婚した非アメリカ先住民のペヨーテ使用の合法化の是非など、課題は残る。

（渡辺浩平）

［参考文献］

内田綾子『アメリカ先住民の現代史』名古屋大学出版会　2008年（ペヨーテ規制の歴史が詳しい）

Aberle, David, *Peyote Religion among the Navajo*, Chicago: Aldine Publishers, 1996.（ナヴァホにおいてペヨーテがなぜ、どのように広まったかを、ナヴァホの文化的背景から探る著作）

Stewart, Omer Call, *Peyote Religion*, Oklahoma: University of Oklahoma Press, 1987.（ペヨーテ宗教の歴史を包括したネイティブ・アメリカン・チャーチ研究の代表的著作）

45

パウワウ

★文化継承と商業化★

今日、パウワウはアメリカ先住民の間で最も人気のある文化行事であり、現代アメリカ先住民の文化再生を象徴する行事の一つである。パウワウの中心は円形の会場中央にあるアリーナで披露される太鼓を主体とした歌とその歌に合わせた踊りで、その踊りは戦闘の踊りから派生して現在のスタイルになった。北米のさまざまな部族が催してきた行事であるが、現在のパウワウは平原部族の伝統から強く影響を受けている。パウワウという言葉はナラガンセット・アルゴンキンの言葉で祈祷師や呪術師を意味するpauauに由来する。ヨーロッパ人がこの言葉を祈祷師が治癒を行う集まりも含めて使うようになったといわれる。その後、さらに文化的・社会的集まりをも意味するようになった。

伝統的なパウワウには、コロンブス以前の時代にまで遡る長い歴史があるが、現代的な様式のパウワウ、特に多部族が参加するパウワウや踊りや歌のコンテストを行うパウワウは第二次世界大戦期以降に広まった。伝統的なパウワウは地元の部族が組織し、ダンサーやシンガーを周辺のコミュニティから招いて開催する地域性の高い行事であった。一方、コンテスト・パウワウは１８００年代中葉に強制移住によってさまざまな部族が集まったオクラホマで始まったといわれている。その後、さまざまな部族出身者が集う現代的パウワウは、第二次世界大戦期以降全国に広まっていくが、特に都市部の先住民コミュニティに浸透していった背景には、１９６０〜70年代のレッド・パワー運動があった。レッド・パワーの活動を通じて都市部の先住民と保留地の先住民が交流する機会が多くなり、部族社会の伝統を知らずに育った都市先住民たちは、初めて自らの部族の伝統や文化に触れ、先住民としての誇りを強くしていったのだ。そのアイデンティティの表現の場の一つとなったのが、パウワウであった。

2014年コロラド州ジェファソン郡プリンセス（撮影：筆者友人）

では、パウワウの構成は、いったいどういったものなのだろうか。パウワウは半日で終わるものもあれば、数日間続くものもあるが、どのパウワウでもそのプログラムはグランド・エントリーから始まる。グランド・エントリーはダンサーやドラム・グループなどの参加者全員が登場する、いわばパウワウの開会式である。参加者はダンスのカテゴリー別に続々と登場するが、その先頭には必ず先住民の現役・退役軍人の姿がある。これは先住民社会の戦士に対する伝統的な尊敬の念を象徴すると同時に、現在アメリカ軍の兵士として祖国を守っている先住民の軍人に対し敬意を示す場でもある。

パウワウで披露される踊りにはダンサーの性別、年齢によって種類があり、そのカテゴリーごとにコンテストも行われる。年齢では年長者、成人、青年、幼児の部に分かれ、それぞれに男女のカテゴリーが設定されている。男子の部には通常トラディショナル・ダンス、グラス・ダンス、ファンシー・ダンスなどがあり、女子の部にはトラディショナル・ダンス、ファンシー・ショール・ダンス、ジングル・ダンスなどが含まれる。それぞれの踊りは振り付け、衣装、歌の種類が異なる。参加するダンサー、シンガー、ドラム・グループは観客のために踊り、歌うというよりも、先住民の伝統を参加者や観客と共有し、再認識し、表現している。

ファンシー・ショール・ダンス　ニューメキシコ州アルバカーキ　ギャザリング・オブ・ネーションにて（2015年4月24日）

また、パウワウは文化行事という役割だけでなく、家族、親戚、友人が年に一度集う交流の場としての役割も担っている。普段は保留地と都市部で離れて暮らしている家族や友人が、パウワウの会場で久々に再会する場面は、パウワウの会場でよく見られる光景である。また、「パウワウ・サーキット」という言葉があり、これは特に春から夏にかけて毎週のように全米のどこかでパウワウが開催されると、そのパウワウを追うような形で次々と参加する人びとも多いためである。なかには、パウワウ主催者に招待された場合に得られ

グランド・エントリー　ニューメキシコ州アルバカーキ　ギャザリング・オブ・ネーションにて（2015年4月24日）

る出場料やコンテストの賞金を主な収入源として生活するダンサーもいる。
　現在、北米で年間300以上のパウワウが開催されているが、そのなかで最も大規模なパウワウは、ニューメキシコ州アルバカーキで毎年開催されるギャザリング・オブ・ネーションズである。このパウワウは1984年に初めて開催され、その後着実に参加者を増やし、2015年には北米500部族出身の3000人以上のダンサーが参加、観客者と合わせ参加者数は約8万人と推定されている。踊りと歌が披露されるアリーナの周りを取り囲むように露店が並び、インディアン工芸品マーケットと呼ばれる特設テントと合わせて800以上の芸術家や工芸家、業者が先住民のアート作品や土産物を販売する。また、北米の先住民女性たちで競われるミス・インディアン・ワールド・コンペティションも同時開催され、候補者たちはそれぞれ

第45章

パウワウ

グランド・エントリー　コロラド州デンバー　デンバー・マーチ・パウワウ（2015年3月20日）

の部族の衣装を身にまとい、部族の伝統的な踊りなどを披露するのもこのパウワウの特色である。ほかにもデンバーのマーチ・パウワウなど、参加者が数万人規模のメガ・パウワウと呼ばれるパウワウも増えてきている。

パウワウが現代のアメリカ先住民にとって重要な文化行事となり、一般にも知られるようになる一方で、その問題点を指摘する声もあがってきている。一つはパウワウがアメリカ先住民の一大イベントとして一般の人びとに広く知られるようになったため、非先住民の間でアメリカ先住民のステレオタイプ化を招いているのではないかという意見である。パウワウの踊り、歌、衣装などは主に平原部族の伝統を受け継いでいるため、南西部のプエブロやカリフォルニアのランチェリアなどの伝統文化とは全く異なる。しかしながら、パウワウがアメリカ社会で広く知られるようになるにつれ、先住民といえばワシの羽、バックスキン、ビーズをあしらった衣装というような偏ったイメージに直結してしまうという状況がある。また、先住民もパウワウに参加するためには、自らの出身部族とは異なる伝統について学ぶ必要性が出てくるため、自分自身の部族文化に疎くなってしまうことも懸念されている。

さらに、パウワウの商業化を問題視する意見もある。文化行事であったはずのパウワウが高額な参加費、入場料、出店料を課し、また招待するダンサーやドラム・グループには出場料を支払うことが常態化してきている。さらに、もともとパウワウを行っていなかった東部やカリフォルニア州の部族が運営するインディアン・カジノでパウワウが開催され、高額な賞金が提供されるケースも増えている。この状況を商業化が行き過ぎて、文化行事としての意味が薄れていると批判する声もある。現代のパウワウはアメリカ先住民に文化継承と社交の場を提供すると同時に、ステレオタイプ化や商業化といった現代的な問題を露呈する場ともなっているのである。

（大野あずさ）

［参考文献］
阿部珠理『アメリカ先住民——民族再生にむけて』角川学芸出版　２００５年
菊池東太『パウワウ——アメリカン・インディアンの世界』新潮社　１９９９年
Ellis, Clyde, *A Dancing People: Powwow Culture on the Southern Plains*, Lawrence, KS: University Press of Kansas, 2003.

46

ナヴァホの砂絵

★儀式と砂絵の役割★

アメリカ合衆国南西部のナヴァホ保留地に滞在中、砂絵を描く機会があった。4日間、儀式の手伝いをずっとしていた私は、砂絵を描く手伝いをすることになったのだ。砂絵は、ナヴァホの儀式で用いられる神聖なものであるため、まさか私が描くことになるとは思いもしなかった。

儀式が行われるホーガンと呼ばれる建物は、土の上に建てられている。ホーガンの土の床の上に、儀式を執り仕切るメディスンマンに指示された図柄を、染色された砂で描いていく。30分ほどかけ、ようやく完成に近づいた頃、ホーガンのなかで、小さな竜巻が起こった。そして、その竜巻は、ホーガンの中央の砂絵が描かれた場所に近づいてきて、私が描いた砂絵を消していった。

せっかくの苦労が台無しになってしまったと思いつつ、あらためて、砂絵を描き始めた。二度目の絵は、前回の絵よりもちょっとは上手く描けるようになっていた。そして、完成に近づいたころ、再び小さな竜巻が起こり、私が描いた砂絵だけを消して、どこかに去っていった。

その場にいた人たちは、この出来事に対し、「精霊が日本人に描かれることを拒んだ」とか、「儀式を受けて名前をもらっていないからだ」「台風に冒されているからだ（風が人を病にすることがある）」などと語った。解釈はさまざまであったものの、砂絵が神聖なものであることを、人びとが再確認する出来事となった。本章では、ナヴァホの儀式で用いられる砂絵を紹介する。

米国先住民ナヴァホとは、言語的には、アサバスカ語群のアパッチ語派に属すると定義される。行政的には4分1のナヴァホの血を受け継ぐことを証明する血統証明書（Certificate Degree of Indian Blood）を有する人びとを指す。人口は28万6731人、そのうちの17万3667人が、ナヴァホ保留地に居住している（2010年国勢調査）。ナヴァホ保留地は、アリゾナ州北東部、ユタ州南東部、コロラド州南端部、ニューメキシコ州北西部にまたがり、面積は約7万1000平方キロである。

ナヴァホの儀式は、「ホッジョー」の回復のために行われる。ホッジョーとは、他者や家畜、精霊といった「あらゆる存在（ホッ）」との「調和（ジョー）」を意味する言葉である。このホッジョーが乱れることは、ナヴァホの人びとの病いの原因になるとされる。

儀式において、人びとの病いを治すのは、精霊の役割である。あらゆる精霊は「死を免れる」存在であるといわれる。病いを治す精霊の能力は、その性質に由来する。一方で、人間にとって危険な精霊と接触したりすることは、病いの原因の一つである。例えば、熊や蛇にかまれること、雷に打たれた木に触れることは、危険な精霊と接触することである。ナヴァホの儀式では、あらゆる病いや死を免れる精霊の性質・能力を病人に与えるよう、儀式を通じて精霊に働きかける。

ナヴァホの儀式体系は非常に複雑である。そのうち、主要な儀式群は、ブレッシングウェイ

第46章
ナヴァホの砂絵

（Blessingway）、エネミーウェイ（Enemyway）、チャントウェイ（Chantway）がある。ブレッシングウェイ儀式は、精霊の加護を求めるために行われるものである。エネミーウェイは、霊によって引き起こされる厄災を祓《はら》うために行われる。チャントウェイは三つの儀式群から構成される。それは、病を治すために行われるホーリーウェイ（Holyway）、厄災を祓うイービルウェイ（Evilway）、身体の負傷を治すライフウェイ（Lifeway）である。これらの儀式には、さらに下位分類があり、なかには現在では行われなくなった儀式もある。

砂絵は、ほとんどのホーリーウェイとイービルウェイで用いられ、病いの治癒に重要な役割を果たす。砂絵を描く目的は、精霊を呼び出すためである。儀式の間、患者は、精霊のいる場所である砂絵の上に座り、砂絵＝精霊の治癒力と同一化する。それが、患者の病いを治すのである。

砂絵に描かれるのは、ナヴァホの神話に登場する英雄や英雄が出会った精霊、病いの原因となる要素（雷や蛇など）などで、それぞれ、執り行われる儀式にふさわしいモチーフが描かれる。

砂絵で描かれる精霊は、それぞれ性別をもっている。男性の精霊は、丸い頭を持ち、女性は、四角い頭をもつ。また、精霊の手、足、胴体に雷が描かれる場合、男性にはジグザクの雷、女性にはまっすぐの雷が描かれる。

また、性別は、色によっても示される、基本的には、男性には黒と黄色が用いられ、女性には青と白が用いられる。ただし、儀式によっては、異なる色が用いられることもある。例えば、シューティングウェイ（Shootingway）とビューティーウェイ（Beautyway）と呼ばれる儀式では、男性に黒と青が用いられ、女性に白と黄色が用いられる。

砂絵に用いられる色は、それぞれ意味をもっている。白は、夜明けと東を表している。青は、日中の青空と南を表している。黄色は、夕日と西を表し、黒は、夜と北を表す。四方に対応する色は、ナヴァホの人びとにとって非常に重要な色である。その他、赤、ピンク、灰色などが用いられる。これらの色のついた砂自体も力をもっていて、砂絵を描いた後、手に砂が残っていると、それが病いを引き起こすといわれる。

砂絵は、外部からは、美術作品や土産物としてみられることもある。しかし、砂絵の重要さは、見た目の美しさではなく、患者の病いを治すところにある。そして、儀式では、患者が砂絵の上に座っている間、メディスンマンが祈祷の歌を歌い、薬草を塗りながら患者の身体をマッサージする。それが終わると、砂絵は直ちに消され、砂絵に用いられた砂は、布にくるまれ、敷地から離れた茂みなどに放置される。砂絵は、儀式の間だけ描かれるものであり、その間だけ、精霊によって美と力が与えられる。

（渡辺浩平）

［参考文献］

猪熊博行『風の民――ナバホ・インディアンの世界』社会評論社　２００３年

フランク・J・ニューカム、グラディス・A・レイチャード著、鈴木幸子訳『ネイティブ・アメリカン　ナバホ「射弓の歌」の砂絵』美術出版社　１９９８年

Griffin-Pierce, Trudy, *Earth is my mother, sky is my father: space, time, and astronomy in Navajo sandpainting*, University of New Mexico Press, 1992.

Wyman, Leland C., *Southwest Indian drypainting*, University of New Mexico, 1983.

47

カチーナとカチーナ人形

★乾燥地に降雨をもたらす超自然的存在★

母系出自集団を形成している米国南西部のプエブロ諸民族は、伝統的にトウモロコシや豆類やカボチャなどを育て、農耕に関する複雑な神話・儀礼を発展させ継承してきた。例えばアリゾナ州北東部に保留地を有するホピの男性は、母方のクラン（神話上の関係で結ばれた親族集団）成員が所有する土地で農作物を栽培し、冬至から夏至までの一年間の約半分をさまざまな儀礼の執行と準備に費やす。彼らの規範的生活様式は、主要農作物であるトウモロコシの生長に欠かせない年間の太陽の動きと宇宙観、そして乾燥した大地に恵みの雨をもたらす雨雲と雨や雨雲の化身とされるカチーナ（*katsina*）への信仰と密接に関連している。

カチーナとは、人間と創造主の中間的存在であり、祖先（死者）の霊魂や自然界の多様な事象を体現する超自然的存在のことである。ホピでは、カチーナは冬至から夏至にかけて、人びとが生活する村落一帯や乾燥した大地に恵みの雨をもたらすためにやってくると信じられている。一方で雨雲の姿で村にやってこない期間は、ホピ保留地から南西へ約150キロ離れたフラッグスタッフ市の聖地サンフランシスコ連峰や、13あるホピ

儀礼でもらったカチーナ人形は女児の所有物となる。主に家屋の壁に掛けて保管する

の村落近郊の各所に点在する泉の周辺などの聖地に滞在するとされる。カチーナの来訪は、村落の広場や地下の礼拝所などで執行される儀礼時に、特定の宗教結社に加入した男性成員が仮面を被って再現される。つまり仮面儀礼である。ただし人間が仮面を被ってカチーナに扮していることは、特にカチーナ結社に未入会の子どもたちには秘密とされる。カチーナ、天空神や豊穣神などの特定の神々、人間とカチーナの中間的存在であるマッドヘッドや道化などの種類や役割は多岐にわたり、近年では現れなくなったものを含めると３００種以上が知られている。

それらをかたどった木彫人形は、ホピ語では「人形」を意味するティフ（*tihu*）と称される。例えばズニではコッコというようにプエブロ諸民族では各々の言語によって呼称が異なるものの、総称としては一般名詞化している英語のカチーナ人形（kachina doll）が用いられる（より正確には「カチーナなどを象《かたど》った木彫人形」もしくは「木彫人形」となる）。

カチーナなどを象った木彫人形の制作者は、文化的規範に沿うと男性ということになっている。その材料はコットンウッド（ヒロハハコヤナギ）の根が用いられることが多い。木の根を手刀で削り、天然顔料やアクリル絵の具で彩色し、羽根や動物の毛皮などで装飾する。工程は、分業制ではなくすべて一人で行われる。完成した人形は、村落で開催される儀礼時に、カチーナ（に扮した男性）によってイニシエーションを経る前の女児に手渡しで捧げられる。受け取った女児は、それを家屋にもち帰り壁に吊したり、赤子をあやす玩具として用いる。その後、カチーナの役割や儀礼に登場する時期などを母方オジや父から学ぶのである。

ただし、木彫人形は、儀礼時の贈答品だけではなく、商品として制作されることもある。カチーナ信仰をもたないナヴァホがつくったものや廉価な輸入品も市場に混在しているが、基本的にカチーナ人形はアート作品として制作されることが多いため高額な値が付いて流通している。その場合には、一般的に完成品の底面には作家の氏名、カチーナの名前、所属するクランのシンボルなどが記される。対照的に、女児への贈答品用のものは、個人名を有さず言葉を語ることのないカチーナが制作したと信じられているため、実際の作業を行った「人物」の氏名などが記されることはない。

商品的価値を伴って流通する木彫人形の歴史は、150年ほど前から現在まで続いている。ホピ製のものについて限定すれば、歴史上初めて木彫人形を現金で購入したのは1869年から1872年の間で、その人物は米国人地理学者のジョン・ウェスリー・パウエル（1834〜1902年）とされている。パウエルは後に米国内務省民族学局長を務めた人物で、雑誌『ナショナル・ジオグラフィック』の創刊者でもある。購入時の木彫人形1体の価格は25セントで、当時のホピにとって貴重な食料であった小麦粉25パウンド（11・25キロ）と同価だった。その後、主に19世紀初頭から半ばにかけて、米国やヨーロッパの民族学博物館がホピ製などの木彫人形の収集を開始した。

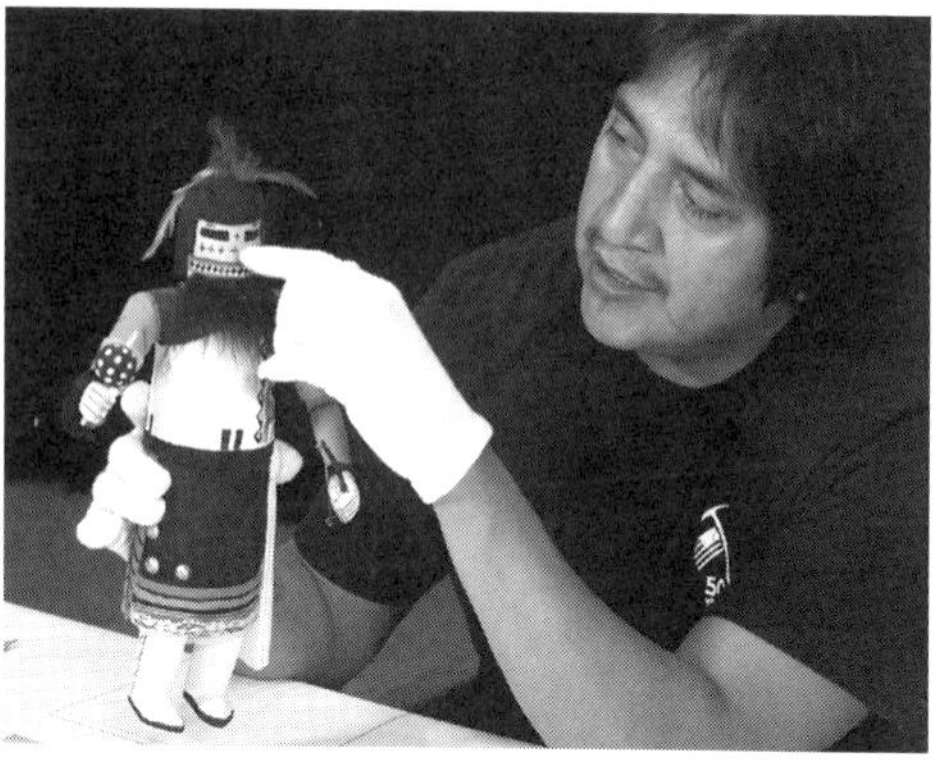

2015年4月に国立民族学博物館で行ったホピの彫刻家によるカチーナ人形資料熟覧の様子

収集者は必ずしも博物館だけではなく、個人コレクターも数多く存在する。なかでも有名なのは、ジョージア・オキーフ（1887〜1986年）、アンドレ・ブルトン（1896〜1966年）、マルセル・デュシャン（1887〜1968年）、マックス・エルンスト（1891〜1976年）、アンディ・ウォーホル（1928〜87年）、ホルスト・アンテス（1936年〜）といった、20世紀の欧米のアートシーンをにぎわせた、抽象画家、シュールレアリスト、ダダイスト、ポップアート作家、キュビストたちであった。神奈川県立近代美術館長の水沢勉によれば、ブルトンは1920年代後半には収集を開始しており、アンテスは600点を超える木彫人形コレクションの1体目を1961年にパリの画廊で購入した。また、日本人の著名な個人収集家には、人間国宝で染色工芸家の芹沢銈介（1895〜1984年）、洋画家で新制作協会（発足時の名称は新制作派協会）の創設者の一人の猪熊弦一郎（1902〜93年）、漫画家で妖怪研究家の水木しげる（1922〜2015年）、中央大学法学部と警察大学名誉教授で刑事訴訟法を専門とした渥美東洋（1935〜2014年）などがいる。

日本では大阪府吹田市の国立民族学博物館、愛知県犬山市の野外民族博物館リトルワールド、広島県福山市の松永はきもの資料館（旧日本郷土玩具博物館）、奈良県天理市の天理大学附属天理参考館などが「カチーナなどを象った木彫人形」を所蔵している。それらは実際に村落での儀礼に登場する際に身に着ける衣装、手にもつもの、ペイントの色、名前などに、地域や村落によって異なることもある。そのため、博物館が所蔵する人形資料の個体名、役割、登場する儀礼、衣装などについて、ホピの宗教指導者や人形制作者に直接コメントを残してもらう調査研究が近年行われている。

（伊藤敦規）

【参考文献】

伊藤敦規「民族誌資料の制作者名遡及調査——『ホピ製』木彫人形資料を事例として」『国立民族学博物館研究報告』37（4） 2013年
北沢方邦『ホピの聖地へ——知られざる「インディアンの国」』東京書籍 1996年

48

伝統工芸

★創られた伝統としてのホピの銀細工★

北米大陸にはさまざまな独自の文化が栄えてきた。ドイツ人の民族学者で言語学者でもあったヴィルヘルム・シュミットは、共通する言語や物質文化といった特性に基づき、民族集団の分類を試みた。これにより北米大陸は、極北文化圏、亜極北文化圏、北西海岸文化圏、高原文化圏、大平原文化圏、大盆地文化圏、カリフォルニア文化圏、南西部文化圏、南東部文化圏、北東部（東部森林）という10の文化圏に分類された。

文化圏設定の指標として、言語や生業に加え物質文化が注目された。例えば極北文化圏のイヌイットは、雪原に照り返すまばゆい太陽光のなかで狩猟対象の獣を発見できるよう、雪眼鏡という道具を生み出した。動物の骨を加工して細いスリットを入れ、眼鏡のようにかけ、視界に入る光量を減少させたのだ。このように生活環境に合わせて、その土地で手に入る素材を用いて、生活用具を作って利用してきたのであった。

カリフォルニア文化圏のカリフォルニア・インディアンがつくる籠細工、大平原文化圏のスーなどがつくるビーズ細工やヤマアラシの針を加工した装身具なども、その土地で採れる素材を利用したり、交流する他の民族集団から材料を得たりして独特の文化を発展させていった。本章ではこうしたものを総称として伝統工芸と呼ぶ。伝統工芸は現在でも制作され続け、民族集団としてのアイデンティティ形成に一役買う場合もある。例えば南西部文化圏のズニの籠細工は数十年前に制作技術が絶えたのだが、博物館が保存する資料を先住民自身が熟覧して素材や工法を調べ、伝統再興を試みている。

しかし同時に、いわゆる伝統工芸とされるものの多くが、過去数百年にわたって制作され続けてきたわけではなく、ヨーロッパ系植民者やその子孫を含む別の民族集団との交流によって創出された、比較的短い期間に培われた「伝統」である可能性も指摘されている。例えば極北文化圏に暮らすイヌイットの版画は世界的に有名である。しかしそれは20世紀半ばにカナダ政府職員が日本で学んだ版画の素材、技術、工法をイヌイットに普及させ、彼らの創造力と販売促進戦略とが相まってアートとして成立し、地元コミュニティやアート市場に受容された、新たな伝統なのである。伝統工芸をいわゆる太古の昔から制作され続けてきた文化と見なすことは、その民族集団に対する本質主義的な理解に陥りやすい。すなわち、ある民族集団が不変の歴史のなかで他文化の影響なしに存続してきたとか、伝統が途絶えたためその民族集団は今はもう存在しなくなった、といった誤解である。そのため本章では、不変の象徴として語られることの多い伝統工芸が、実はこの百年程度の間に創出され展開してきたものでもあることを、南西部文化圏のホピの銀細工を事例として紹介する。

ホピの現在の人口は約1万1000人で、その多くがアリゾナ州北東部の保留地に暮らしている。文化人類学では、天水耕作、宗教や神話、言語、社会組織、そして伝統工芸（籠細工、土器、木彫人形、絵画、銀細工など）の研究で知られている。南西部文化圏にはホピの他にもナヴァホやズニのように、

ホピの銀細工。重ね合わせ技法は連邦政府の働きかけで 1930 年代に北アリゾナ博物館が考案した

銀やトルコ石を素材として銀細工を制作する民族集団がいる。ただし、今日ではホピに特徴的な表現形態が発達していて、それは「ホピ様式」と呼ばれる。ホピ様式はデザインと技術の組み合わせで、デザインは親族集団のシンボルや神話に登場する動植物や自然現象が好んで用いられる。技術は重ね合わせ技法と呼ばれる。デザインを起こした銀板を糸鋸で切り抜き、もう一枚の銀板に貼り合わせるのだ。

米国南西部先住民は日常および儀礼時の装身具として銀細工を着用する。鉄道開通をはじめ20世紀初頭の観光開発化の過程で、白人観光業者が観光商品としての価値を見出し、土産物として流通させた歴史が知られている。１９６０年代後半以降は、銀幕スターやヒッピー等がファッションや傾倒する自然志向思想を表現するために着用したことで、メディアを通じて世界中に広まった。

冒頭で述べたように、一般的に民族集団が制作する伝統工芸は、その来歴が伝統的であると捉えられがちである。ところがホピの銀細工はそうとはいえない。その理由は第一に、素材や技術や意匠といった物質的側面に関連する。そもそも当地では銀が産出されず、冶金技術の伝播は19世紀末だった。重ね合わせ技法は１９３０年代から40年代にアメリカ政府のインディアン政策、特に社会経済開発政策の一環として創出されたのだ。当時まだ近隣の民族集団の制作技法を踏襲していたホピの銀細工は、ホピ製か否かを容易に判断する基準がなく、そのため「一民族一特産品」の創出を試みる国家政策の格好の対象となった。第二に、ホピの間での普及の足跡である。第二次世界大戦中は物資不足で頓挫していた重ね合わせ技法の普及活動を、ホピの復員軍人職業訓練学校が担うことになった。デザイン指導を担当したホピの画家が、遺跡から出土した土器の意匠や文様をホピの宗教観にのっとって解釈し、銀細工のデザインに応用していった。このように、ホピ様式を構成する技法もデザインも、近隣の他の民族集団の様式との差異を強調する商品化を前提として、歴史上のある時期に人為的に創りだされたものなのである。

その後、商品としての需要増加とホピ間での技術普及に伴い産業は成熟していく。1970年代には芸術性も高まった。第49章と第62章でも紹介されているチャールズ・ロロマなどは、抽象的な作品を手がけたり、抽象的な題号を付すアーティストであった。彼の銀細工作品は、国賓への贈答品に選ばれることもあった。つまり、もはや単なる土産物やファッション要素だけでなく、国家を代表する作品としても認められたのだ。

こうした状況が相まって、市場ではホピ様式＝ホピ製＝手作業＝高品質＝希少＝高額といった認識が広まっていく。僻地に暮らすホピの人びとにとって、村落で儀礼を司り、農作業に勤しみながら、村落に買い付けにやって来るバイヤーから生活に必要な現金を得ることができる環境は喜ばしいことであった。だが一方で、高額ながらも需要が高く供給量の少ないこと、さらに消費者の間でのホピ様式の認識が高まったことで、ホピ様式を流用する模倣品や生産者を偽る偽装品が市場に流入していく

立教大学で真贋解説するトニー・エリアッチョ・ジュニア（2007年）

ことになった。

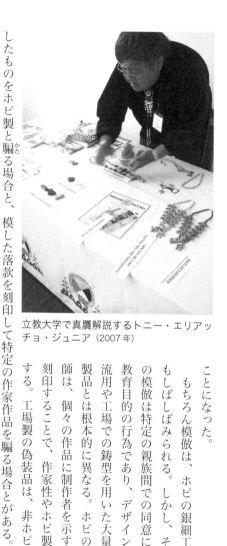

もちろん模倣は、ホピの銀細工師間でもしばしばみられる。しかし、その場合の模倣は特定の親族間での同意に基づく教育目的の行為であり、デザインの無断流用や工場での鋳型を用いた大量コピー製品とは根本的に異なる。ホピの銀細工師は、個々の作品に制作者を示す落款を刻印することで、作家性やホピ製を保証する。工場製の偽装品は、非ホピが製造したものをホピ製と騙《かた》る場合と、模した落款を刻印して特定の作家作品を騙る場合とがある。なお、米国先住民製を騙る偽装品販売者を取り締まり、偽装品を市場から駆逐する目的で、１９９０年には連邦法「インディアン美術工芸法」が制定された。しかしながらこれまで大規模な取り締まりは行われておらず、零細の先住民アーティストの生活を改善するまでには至っていない。

ホピの銀細工産業史の初期は、土器の意匠を銀細工に応用させようとしたように、過去とのつながりとしての伝統性をホピの指導者が生徒にトップダウン的に普及させた点が特徴だった。近年では、模倣品・偽装品の流通という状況に対して、独自の様式を自分たちが育んだ知的財産とみなし、その流用に対して権利の侵害を主張することもある。現在のホピの銀細工師たちは、独特なデザインと技術からなるホピ様式が非伝統的であり、過去に人為的に創られたことを理解している。そのうえで、その後の数十年の間にプレゼンスを増していった自分たちの新たな文化として戦略的かつボトムアップ的に自らホピ性の主張を行っているのである。

（伊藤敦規）

［参考文献］
伊藤敦規「ホピの銀細工と知的財産問題」山﨑幸治・伊藤敦規編『世界のなかのアイヌ・アート』北海道大学アイヌ・先住民研究センター　２０１２年
伊藤敦規「ホピ・ジュエリーの歴史的発展過程とホピによる現在の意味付け」綾部恒雄編『失われる文化・失われるアイデンティティ』（講座世界の先住民族　ファースト・ピープルズの現在第10巻）明石書店　２００７年

49

アメリカン・インディアン・アーツ研究所

★「創造は我々の伝統である」★

ニューメキシコ州サンタフェ市のダウンタウンから5キロほど南下したところに、140エーカー（56万6560平方メートル、東京ドーム12個分）を超えるアメリカン・インディアン・アーツ研究所（The Institute of American Indian Arts, 以下IAIA）のキャンパスが広がる。1962年に設立されたIAIAは、アメリカ・インディアンとアラスカ先住民のアート教育を専門とする全米唯一の教育機関であり、現代先住民アートの最前線にある。部族大学で、行政が認可を与え、公的資金が投入される特別認可校であり、先住民アートに重点を置いたリサーチやトレーニングの国家的拠点でもある。高等教育や生涯学習、援助活動を通して、先住民アートと文化における創造性、およびリーダーシップの向上をめざしている。若手アーティストを育成して、部族芸術にとどまらない「個人芸術」を生み出すことで、先住民社会の伝統芸術を刷新してきた。「創造は我々の伝統である」とIAIAはうたう。現在は外国人学生も受け入れている。1992年、IAIAの付属機関として、アドビ（日干しレンガ）建築の「現代先住民アーツ美術館」がサンタフェ市の中心にオープンした。美術館は、学生作品の収蔵に始まり、7500

点にのぼる国内先住民アーティストの作品を所蔵し展示している。

こうした卓越した特色をもつＩＡＩＡであるが、今日まで順調に発展してきたわけではない。ＩＡＩＡのアート教育が、現代アートを核とするアーティストの育成にあったため、普通教育を望む先住民社会との軋轢《あつれき》や確執を引き起こしたからである。ここで、南西部地域の先住民アート教育について少し振り返ってみよう。

ニューメキシコの雄大な風景や先住民文化は、白人アーティストを早くから魅了し、１９１０年代にタオス・アート・コロニー、１９２０年代にサンタフェ・アーツ・クラブが誕生していた。しかし、南西部の学校教育においてアート教育が緒につくのは、１８９０年にサンタフェに設立された公立のインディアン実業学校が、１９３０年に名称をサンタフェ・インディアン学校（以下、サンタフェ校）と変更したときからである。サンタフェ校にはプエブロ、ナヴァホ、ヒカリヤおよびメスカレロ・アパッチ、ユート、ピマ、パパゴなど諸部族の子どもたちが寄宿していたが、同校は先住民文化を禁止した日課を廃し、初めて文化の多様性を認める教育方針を打ち出した。基礎教育に加え、部族の伝統美術工芸を教える新カリキュラムを取り入れたが、その背景には、１９２８年に刊行されたインディアンの実情を調査した「メリアム報告書」や、ジョン・コリアを中心とした１９３０年代の「インディアン・ニューディール」による先住民政策の改革などがあった。

サンタフェ校は、１９３２年にドロシー・ダンの指導で絵画制作の「スタジオ」を立ち上げ、同校は国内外に知られる伝統的インディアン画制作のモデル校になった。コロラド大学のエリカ・ドスは、インディアン画について、平板な輪郭線、立体感や陰影のない配色、ほとんど遠近法を用いない画法

カセドラル通りに面した現代先住民アーツ美術館

アート作品のような IAIA キャンパス

IAIA のエントランス・ホールの作品

が特徴であり、キヴァ（屋内の祭祀場）の壁画や土器の抽象的な文様、幾何学的なビーズ細工やリズミカルな編籠のパターンなどに連なるインディアンの美的伝統が満ちていると評した。同校が注目を集めると、先住民アートや文化を支援するサンタフェ在住の白人画家、作家、人類学者、教育者、社会改革者、観光客、商人などがインディアン画の展示会や即売会に押し寄せた。しかし第二次世界大戦がその熱気を中断し、インディアン画への興味は衰えていった。戦争中に落ち込んだサンタフェ校の入学者数は、１９５０年代に入っても回復せず、同校の閉鎖が決定された。サンタフェ近郊の先住民社会は、70年にわたり子どもたちの基礎教育を担ってきた学校を失ったのである。サンタフェ校の生徒、卒業生、教師、先住民らの抗議を圧《お》して、政府は現代アート専門学校の設立に舵を切り、１９６2年10月1日、サンタフェ校のキャンパスにＩＡＩＡが誕生した。

　ＩＡＩＡの初年度には、国内25州88部族から15～22歳までの３５０人が入学し、校長にインディアン教育の専門家ジョージ・ボイス、アート・ディレクターにチェロキー出身でシカゴ芸術大学に学んだロイド・キヴァ・ニューが就任した。ＩＡＩＡの教育課程には、高校課程（アート、工芸、舞台芸術は選択科目）と、高校卒業後の2年課程（アート、実務、大学受験の3コース）があり、ＩＡＩＡが特色とするアートコースには、絵画、彫刻、音楽、演劇、クリエイティヴ・ライティング、ファッションとテキスタイル・デザイン、陶芸、ジュエリー、グラフィック・アート、商業アートなどが用意された。

　美術史家ビル・アンセスによれば、ＩＡＩＡのアート教育は、自己表現と個人主義を重視するもので、ステレオタイプのスタジオ・スタイルを越えて現代性と市場性に取り組むことが必須であり、将来のインディアン・アートは、新しいメディアと新しい技術や方法で制作されて、新しい形になるというニューの信念に貫かれていた。IAIAの教師には、ジュエリー作家のチャールズ・ロロマ（ホピ族）、画家で彫刻家のアラン・ハウザー（チリカワ・アパッチ族）、画家のフリッツ・スカルダー（ルイセーニョ族）、陶芸家のオテリー・ロロマ、美術工芸のジム・マグラスなど、気鋭の革新的アーティストが雇用されている。1960～70年代に、スカルダーやその生徒のT・Cキャノン（カドー／カイオワ族）、ジョージ・モリス（オブジエ族）、レオン・ポーク・スミス（チェロキー族）、オスカー・ハウ（ヤンクトン・スー族）、ホー・ヘレラ（コチティ族）、などが、アーティストとして活躍し始め、具象的な人物画から抽象画まで手法は多岐にわたった。ドスによれば、スカルダーやT・Cキャノンは、民族的でステレオタイプなアートと考えられていた伝統的インディアン画を、モダニズムの手法で変形して発展させたのだという。1960年代半ばには、「アート」をカリキュラムの中心に据えた試みを、最初に成功させたIAIAに国内外の注目が注がれた。

1967年、ニューがIAIAの校長に就任したが、ベトナム戦争が影を落とし、1970年代後半には、内務省による学校予算の削減やカリキュラム縮小などによって、IAIAへの入学者が減少する。1979年9月、IAIAの存続を問う公聴会が開かれた。プエブロ・インディアンの出席者は、普通教育を行うサンタフェ校の復活を要求してIAIAの移転を求め、また、プエブロ社会では個人より共同体の価値観がより重要であるとして、その慣習と対立するIAIAのアート教育を強く批判した。公聴会の証言では、押しなべてIAIAのアート教育のユニークさと他部族との交流に存続価値を認める意見が多かったが、とりわけ、若手のIAIA卒業生は全員が存続を強く望んだ。それは若い世代がIAIAのアート教育から自己表現を学んで、部族それぞれの伝統を認めつつ、部族を越えて、新しいアート・スタイルを白人社会と共有していく体験から生まれた証言であった。こうしたＩＡＩＡ卒業の若い世代の行動が、１９８０年代に始まるプエブロ・アート革新につながる前触れとなったのである。

２０１２年に、ＩＡＩＡは創立50周年を祝ったが、現代アメリカ先住民のアーティスト、詩人、作家、ミュージシャン、文化的リーダーの多くがＩＡＩＡの卒業生である。さらに２０１３年、ＩＡＩＡは修士をめざす大学院プログラムのクリエイティヴ・ライティングを開講した。創造を伝統として、ＩＡＩＡは、先住民若手アーティストを現代アートの最前線へ送り続けている。

（飯山千枝子）

［参考文献］

Flahive, Ryan S. ed., *Celebrating Difference: Fifty Years of Contemporary Native Arts at IAIA, 1962-2012*, Santa Fe: Sunstone Press, 2012.

50

サンタフェ・インディアン・マーケット

★インディアン文化のアリーナ★

サンタフェ・インディアン・マーケットは、合衆国南西部ニューメキシコ州の州都サンタフェ市で、毎年8月の第3土・日に開かれるアート・マーケットである。NPOのインディアン・アーツ南西部協会（The Southwestern Association for Indian Arts, SWAIA）が主催し、南西部を中心としたアメリカ先住民の美術品とその製作者が一堂に会する。協会の公式ウェブサイトによれば、協会の任務は、芸術的卓越性を鼓舞して先住民アートを世界に送り出すことにあり、インディアン・マーケットはそのための重要なイベントと位置付けられている。

2014年のマーケットでは、サンタフェ市の中心にあるプラザ（広場）と周りの道路に、ブース（屋台店）が700あまり並び、連邦政府によって認証された220を超える部族から、1000人にのぼる先住民アーティストが作品を展示し自ら販売した。マーケットは業者や仲買人を排して出展者と買い手が作品を直接売買するシステムで、その利点から、州内だけでなくアメリカ国内外のギャラリーや博物館の関係者、コレクター、観光客など15万人に及ぶ人びとがつめかける。長年インディアン・マーケットに携わってきたブルース・バーンスタインによ

プラザ沿いのマーケットの賑わい（© The Santa Fe New Mexican）

れば、アーティストはマーケットの2日間で年間収入の40％から100％の収入を得るという。2015年でマーケットは94回目を迎えた。

マーケットの開催時間は、公式には土曜日午前7時から午後5時、日曜日午前8時から午後5時までだが、熱心な購買客は土曜日の明け方からお目当てのアーティストのブース付近で待機する。事前にインディアン・マーケットのガイド・ブックが出版され、出展するアーティストの名前、部族名、ブースの場所とブース・ナンバー、作品のカテゴリーなどを知ることができるので、バイヤーは目指すアーティストの作品をいち早く入手したいのである。特に、マーケット前日に行われるカテゴリー別の審査で受賞した作品は、受賞メダルのリボンがかけられてブースに展示され、受賞後、そのアーティストの作品の価格は跳ねあがる。また、有名な陶芸家の家系から新人が出展したときも、その将来性を見込んで、作品がすべて買い占められることもある。筆者の知り合いのアーティストも、日曜の朝にはブースにおらず、それは土曜のうちにすべて作品を売り上げたからであった。

マーケットでは、ジュエリー、やきもの、彫刻、織物、衣服、絵画、木彫り（カチナ人形）、ビーズ細工、編籠、革製品、太鼓、弓矢、ナイフなど、伝統的なものから現代的意匠のものまで、先住民文化を表出する文字通り数千点の作品が販売される。気温30度近くの快晴のサンタフェで、すべてを見てまわるのは不可能に近い。自分の興味のあるものに絞っても、２０１４年を例にすれば、ジュエリーの出展者は３１４人、やきものは２７７人で、この人数とほぼ同数のブースがそれぞれの作品を競っているわけである。ジュエリーは買ってすぐ身につけられるので非常に人気が高く、プエブロ・インディアンのズニやホピの象嵌細工のリングやブレスレット、ナヴァホの重厚な銀細工飾りのベルトや繊細な銀製イヤリング、トルコ石や珊瑚をふんだんに使った1万ドルを超えるネックレスまで、観光客の老若男女すべてに高い集客力をもっている。やきものは二極化し、一つは30センチ以上の壺でマーケットの賞獲得をめざしてコレクターの目を引くもの、もう一つは観光客向けの10〜20センチ前後のものである。全体的にオーソドックスなものが多いが、ストーリーテラーの人形やアコマの繊細に絵付けされ、彩色された15センチほどの鉢や種壺、動物のミニチュア、素焼きのペンダント・トップなど、多様な作品ぞろいで観光客を惹きつける。やきもので一番高額だったのは、サンタクララ・プエブロ出身の著名な現代作家・ロクサーヌ・スウェンツルの30センチほどの彫刻的壺で、1万4０００ドルであった。また、ラコタ、アラパホ、チェロキーなどの先住民の若手が、薄い方眼紙に色鉛筆や水彩で伝統衣装の先住民を平面的に描いた絵を販売している。この絵画は、19世紀後半、ラコタ族など大草原諸部族で始まった「レッジャー・アート（Ledger art）」――白人の交易商人などから入手した出納簿の用紙に描いた絵――に由来している。150人ほどの出展者であったが、足を止めるアメリカ人も多く、これから若手の画家がさらに増えそうな気配である。

サンタフェ・インディアン・マーケットは、出展された先住民美術の質の高さで知られているが、その理由は協会が高い基準を保持しているからで、出展者は、正統なインディアンの工芸美術を管理するための「ニューメキシコ美術工芸販売条例」や、芸術家登録を要する「インディアン美術工芸条例」に従うだけでなく、カテゴリーごとの協会の基準を満たさなければならない。例えばやきものの基準を記すと、許可されるものは、高品質の自然材料を使用して生産されたインディアン部族による手づくりの品であり、表示つきで許可されるものは、窯による焼成、二度焼き、市販の材料（粘土、釉薬、混和材）、および石、貝、金属の使用である。型抜きのもの、商業やきものは許可されない。こうした厳しい基準をクリアした作品は、その品質や真正さを協会が保証している。

マーケットの歴史に触れておくと、創出はサンタフェを中心にプエブロ・インディアンの文化復興運動や南西部観光の開発が起きていた1922年にさかのぼる。当時のニューメキシコ博物館館長エドガー・ヒューエットは、途絶えていた「サンタフェの祝祭」を1919年に復活させ、その一部として、第1回「インディアン・フェア」を1922年に開催した。観光をバネに衰退したインディアン文化を復活させ、同時に工芸品の販売で先住民の経済的支援を図ることが目的であった。インディアン・フェアは1926年までニューメキシコ博物館が主催したが、1927年に南西部インディアン・フェア独立委員会が博物館を引き継ぎ、インディアン問題ニューメキシコ協会の傘下として開催された。

1932年から35年までフェアは開催されなかったが、1936年に協会はプエブロ土器製作の持続的な経済支援をめざして、屋外でのインディアン・マーケットを本格的に開催し始める。1939年まで7、8月の8週間、土曜マーケットとしてプエブロ美術展示会を屋外の総督邸の玄関脇で開催し、インディアンのつくり手が自作のものを直接販売する近代マーケットの形を整えていった。土曜マーケットの終了後、フェスタ・インディアン・マーケットが年に一度土日に屋外で開催されるようになる。1959年、協会はインディアン問題南西部協会と改称し、活動をインディアン・マーケットにしぼるとともに、インディアン文化の保存がマーケットの主要な目的となった。1993年に、協会の主たる仕事をより正確に反映させるとの理由から、現在の名称に変更し、今日に至っている。

マーケットは、その初めからサンタフェを中心とした南西部観光と強い関係にあり、サンタフェがインディアン・アートの抜きんでたセンターになっていくのは、南西部地域の先住民文化や手工芸品を重要なアトラクションとして利用した観光産業の著しい成功によるものである。アメリカ先住民、スペイン、アングロの三つの文化や歴史が500年以上にわたり融合してきたサンタフェは、古い建造物や美術・博物館の多さでも観光客の関心を呼ぶ。インディアン・マーケットにとって、これほどふさわしい舞台装置はない。部族からの新たな参入者や国内外のビジターが増え、多様で高品質な美術品が競って売買されるサンタフェ・インディアン・マーケットは、先住民の活力にあふれた文化アリーナとなっている。

（飯山千枝子）

［参考文献］
加藤　薫『ニューメキシコ——第四世界の多元文化』新評論　１９９８年
徳井いつ子『スピリットの器——プエブロ・インディアンの大地から』地湧社　１９９２年
Bernstein, Bruce, *Santa Fe Indian Market: A History of Native Arts and the Marketplace*, Santa Fe: Museum of New Mexico Press, 2012.

51

ホビイスト、ヒッピー、ワナビー

★「インディアン」になる意味★

本章でとりあげる「(インディアン) ホビイスト ([Indian] hobbyist)」――「アメリカン・インディアニスト (American Indianist)」ともよばれる――と、「ヒッピー (Hippie)」を構成するのは基本的に先住民ではなく、いずれもヨーロッパ人、ないしはヨーロッパ系アメリカ人、すなわち白人である。

ホビイストが体現する「インディアン・ホビイズム (hobbyism)」とは、先住民、とりわけ白人からみた典型的なステレオタイプである「平原部族」の文化について豊富な知識をもち、そのライフスタイルや思想に深く傾倒し、それらを模倣し実践する趣味をさす。週末や夏季の休暇にはキャンプやパウワウ（第45章参照）を自分たちで開催し、頭に羽根飾りをつけるなど先住民のいでたちで歌い踊るだけでなく、なかには先住民の民芸品を収集するコレクターや研究者になる者や、先住民の政治的権利獲得活動に協力する者もあらわれた。

このような趣味は17世紀のヨーロッパにはじまり、19世紀後半には西欧、東欧、ロシア全域に普及した。ライプニッツの秋の祝祭のパレードに、先住民の服を纏ったホビイストたちが登場することは恒例行事になっていたほどである。1910年にはドレスデンで最初のホビイスト同好会「クラブ・マニトゥ（Club Manitou）」（マニトゥとは先住民アルゴンキン語族の「グレート・スピリット」を指すことばである）も結成された。19世紀後半から20世紀初頭にかけて、世界的に有名なドイツの冒険作家カール・マイ（Karl May）が、アメリカ西部の先住民の世界を描いた一連のベストセラーを著したことも影響し、ホビイストはドイツでさらに多く生まれることになった。現在でも、ドイツのホビイスト・クラブの会員数は数万人に達するといわれている。ホビイストたちの真摯でありながら一見行き過ぎにも見える「インディアン」への愛好は、次に述べる1970年代以降の「ヒッピー」ないしは一部の「ワナビー」と重なる部分がある。

先住民の扮装、踊りやサイン・ランゲージを実践するインディアン・ホビイスト的趣味をもち、会社経営の引退後にはそれらを学校や博物館で教えたいと話すイギリス人（© Caters News Agency）

「ヒッピー」は、1960年代のアメリカ合衆国で、都市郊外の白人中産階級家庭に典型的にみられる資本主義的価値観や社会制度に反発する、カウンター・カルチャーの担い手たる白人の若者たちのなかから生まれた。ヒッピーたちはその対極に、自然の中で大地とともに、簡素ではあるが精神性に富む理想的生活を送る先住民――しかしそれはあくまでも白人からみたステレオタイプではあったが――を見出した。若者たちは先住民を模倣して髪を伸ばし、裸足などのラフな格好をし、なかには「平原部族」の住居ティピーで生活しはじめる者もいた。そしてヒッピーたちは、196

0年代初頭から70年代にかけてのアメリカ先住民の権利回復／要求運動であるレッド・パワー・ムーブメントにも共感を抱き、左翼や先住民に同情的な他の白人たちとともに、積極的に運動に身を投じた。

先住民の側も、自分たちに共感と好意を抱き闘争に加わったヒッピーたちを受け入れた。そこには、白人の若者らが先住民の権利擁護を訴えることで、世間の耳目を集めることができるとの計算もあった。また中流以上の家庭で高等教育を受けた若者が多いヒッピーの中には多くの弁護士がおり、このことは先住民の主張を広く白人主流社会に訴え権利回復を求める法廷闘争を容易にし、最終的に首都ワシントンの連邦政府を動かし得るとみなされた。

しかし70年代から80年代になると、スピリチュアリティを重視し現実の物質世界に批判を加える「ニューエイジ」運動が盛んになり、ヒッピーの多くは先住民との政治的共闘から離れ、ホビイストのように先住民の精神世界を信奉し、当の先住民以上に「伝統的」生活様式や儀式の実践に埋没する者が増えていく。このような者たちは、次に述べる「ワナビー」の一部にも組み込まれていくことになる。

第19章でも述べたように、「ワナビー」とは「（先住民への）なりたがり」をさす。同じように「自己規定インディアン」でありながら、一定の条件を満たすことができず先住民集団から成員として認めてもらえない「アウタラック（運のない奴）」とともに、「新インディアン（New Indians）」「エスニック切り替え者（Ethnic Switchers）」「エスニック詐称者（Ethnic Fraud）」「再生インディアン（Born-again Indians）」等と偽物扱いされ、誹《そし》られることが多い。

第51章
ホビイスト、ヒッピー、ワナビー

ワナビーのなかには、血統上の可能性が皆無であるにもかかわらず先住民でありたいと望み、そう自称する者——大概は白人——も多い。ワナビーは、大きくは以下の二種類の存在に分けられると考えられる。①ホビイストやヒッピーのように憧憬（ロマンチシズム）、愛着によって先住民たることを望む者と、②大学の入学審査・奨学金、政府機関への就職上の先住民優遇措置（アファーマティブ・アクション）、合衆国政府による先住民を対象とした各種補助金、特権、免除、あるいは大学研究者、作家、アーティスト、俳優としての活動するうえでの「権威」等、先住民であることによって得られる社会的地位、金銭、名声という利益を求める者である。第57章でもふれるが、真偽は不明ながらも先住民の血統を主張するハリウッド・スターのケビン・コスナー（Kevin Costner、チェロキー族）、アンジェリーナ・ジョリー（Angelina Jolie、イロコイ Iroquois 族）、ジョニー・デップ（Johnny Depp、チェロキー族およびクリーク族）らは、後者に相当するだろう。

昨今の合衆国でさまざまな人によってしばしば口にされる「自分のひいおばあさんはチェロキーの王女（Cherokee Princess Grandmother）だった」という発言は、確たる証拠もなく自分が先住民とつながりをもっていることを誇るためにもち出される。ここでわかるのは、現代の一部のアメリカ人にとって「先住民」であることは、「黒人」であることとは正反対に、人種差別の対象となった過去から今や利益や誇りをもたらす時代へと変わりつつあるのかもしれない。

非先住民（白人）がその大部をしめるホビイストやヒッピーと異なり、ワナビーと呼ばれる人びとの場合深刻なのは、②の範疇に多数の本物の「先住民」が含まれている可能性を否定できないことである。その人物はアウタラックと同じく先住民のアイデンティティをもち、実際に先住民の血統を有し、家族史などで自身が先住民であることを確信し、本人が先住民社会への帰属を望んでいるのかもしれない。しかし、十分な「血の割合」を証明する史料がないため先住民集団成員と認められず、ワナビーと蔑視されている可能性がある。また、混血によって先住民血統をもち、歴史的、社会的、文化的にアイデンティティを共有しながら、先住民社会から否定され、成員となることを拒まれている「黒人解放民」も、このなかに含まれるかもしれない。

しかし「正会員インディアン」にとってのワナビーは、アウタラックと同様に「先住民」ではない。それとは反対に、混血によって外見はヨーロッパ系アメリカ人（つまり白人）のようにみえようと、先住民社会との日常的な関係性が希薄であろうと、一定の「血の割合」が証明できさえすれば先住民集団成員として認められる。またこれに加えて、婚姻や養子縁組によって、「先住民」になることのできる者（その多くは白人）もいる。

「先住民（インディアン）」とは誰なのかについては、このように多種多様な定義がある。そこにはロマンチシズムや利益を求めて「先住民」たることを望む者がいる一方、正当な帰属と権利を求め「先住民」たらんとする者もいる。ホビイスト、ヒッピー、ワナビーという存在は、「先住民／インディアン」たることを巡る複雑な感情や事情を、我々に如実に示している。

（岩崎佳孝）

［参考文献］

Smith, Sherry L., *Hippies, Indians, & the Fight for Red Power*, Oxford: Oxford University Press, 2012.

Taylor, Colin, "The Indian Hobbyist Movement in Europe." In *History of Indian-white Relations*, vol. 4 of *Handbook of North American Indians*, edited by Wilcomb Washburn. Washington: Smithsonian Institution, 1988.

52

アメリカ先住民の文学

★文化の創造的な継承★

現代のアメリカ先住民の作家N・スコット・ママディ（カイオワ族）は、ノーベル文学賞の発表時期になると、ほかの著名なアメリカ作家とならんで受賞予想に名前があがる。南西部の保留地内外での初等・中等教育を経て、ニューメキシコ大学で学士号を、スタンフォード大学で修士号と博士号を取得した俊英である。第二次世界大戦後のアメリカにおける混血先住民青年の疎外感や口承伝統の意義をモダニズム的な手法で描いた小説『夜明けの家』（1968年）によってピューリッツァー賞に輝き、その後も詩、小説、随筆、戯曲などの多岐にわたる執筆活動によって「ネイティヴ・アメリカン・ルネサンス」の牽引役をはたし、スタンフォード大学やアリゾナ大学などで教授を務め、2007年にナショナル・ヘリティッジ・フェロウシップ（日本の文化勲章に相当）を受けた。その華々しい足跡を顧みれば、ノーベル文学賞もありえないことではない。

先住民初のピューリッツァー賞は、同時代に先住民の人権回復を目指した「レッド・パワー」の活性化ともあいまって、新しい先住民文学の呼び水となった。『ネイティヴ・アメリカン・ルネサンス』（1983年）の著者ケネス・リンカンにならえば、それは「西洋の文学形式に翻訳する形で口承伝統を書記言語へと再生した」文学である。そもそも口承伝統とは先住民の部族社会で実演されていた言語文化（祈祷や聖歌、神話や物語）だが、先住民は口伝によってその継承を行っていたので記録には残らなかった。しかしヨーロッパ移民の流入や定住にともなう先住民の駆逐や抑圧の歴史のなかで、伝統的な部族社会が崩壊して口承文化が消滅するという危惧が生じると、口承伝統を記録に留めようとする動きが広がっていった。19世紀の半ば以降、白人の民族学者や民俗研究者がこぞって口承伝統を調査・収集し、20世紀には欧米の文学者が「インディアンの詩歌や物語」として紹介し、近代的な教育を受けた先住民も自分が属する部族の口承伝統を記録に残した。このように部族社会から離れたところに保存された口承伝統は、部族社会における本来の効能が捨象されているのだが、ママディのような現代の先住民作家による口承伝統の再利用は、その効能を同時代の社会に蘇らせようとするふるまいだと考えられる。

ママディに続いて1970年代には、寡作ながら堅実なリアリズムとシュールなユーモアで魅了するジェイムズ・ウェルチ（ブラックフィート族）、野心的な文学実践で闘争するマルチジャンルの作家レズリー・シルコウ（ラグーナ族）、俳句と部族の歌を融合させた詩やトリックスター的な散文で異彩を放つジェラルド・ヴィゼナー（オジブウェ族）、南西部の環境と先住民の歴史を鋭くえぐる詩人サイモン・オティーズ（アコマ族）などが登場し、1980年代には、部族を越えて人間と環境の関係を掘りさげる小説家詩人リンダ・ホーガン（チカソー族）、複雑精妙な連作物語で先住民の真相に迫るルイーズ・アードリック（オジブウェ族）、ユーモラスな魔術的リアリズムが真骨頂のトマス・キング（チェロキー族）などが加わり、1990年代には、風刺と感傷の混じった挑発的な作風で注目を集める小説家詩人シャーマン・アレクシー（スポケーン／コーダレーン族）、先住民文学の審美性を批判的に探究する気鋭の作家デヴィッド・トロイヤー（オジブウェ族）などが名を連ねている。彼らは先住民としての経験と大学や大学院での修練を元手に、先住民にまつわる紋切型や偏見を是正し、歴史認識の不正確さを批判し、場所や環境との関係の再考を促し、先住民の文化の継承と変容を映しながら、等身大の先住民の声や姿を創造的に紡ぎだす。

ママディ以後の先住民文学が隆盛を極めるにつれて、先住民文学の研究も成熟を迎えるが、同時にママディ以前の先住民文学にも関心が寄せられ、それまで等閑視されていた作家の再評価が行われることになった。先住民自身が書き残した最初期の文学は、宣教師になった先住民による説教や自伝である。たとえば長老派の宣教師となったサムソン・オッカム（モヒガン族）は、1772年の処刑説教において、先住民らしい雄弁術と大覚醒時代の説教を融合させたようなスタイルでアルコール乱用に異議を唱え、自尊心の涵養を説いた。ほかには19世紀にメソディスト派の宣教師となったウィリアム・エイペス（ピーコット族）やジョージ・コプウェイ（オジブウェ族）などが知られており、特に回想録と部族史と口承伝統を混合させ、白人文明やキリスト教徒に対する懐疑や批判を織りこむ自伝の形式は後の先住民にも受け継がれた。たとえば19世紀末以降の同化政策の成功例として知られるスー族のチャールズ・イーストマン、ジトカラ＝シャ（英語名＝ガートルード・ボニン）、ルーサー・スタンディング・ベアの自伝的な著作にもその傾向が見られる。

先住民の同化が進み、近代的な生活様式や教育が先住民に浸透するにつれて、英語で小説や詩や戯曲を書く先住民が増えていった。ジョン・ロリン・リッジ（チェロキー族）がメキシコの伝説の義賊を素材に書いた娯楽小説『ホアキン・ムリエタの人生と冒険』（1854年）を嚆矢として、アリス・キャラハン（マスコーギ族）は女性初の小説『森の子供ワイネマ』（1891年）を残し、ポーリーン・ジョンソン（モホーク族）は最初の詩集『白いワムパム』（1895年）の好評を受けて詩や短編を書きつぎ、モーニング・ダヴ（オカナガン族）は、先住民に同情的な白人作家の監修の元で、混血カウガールを主人公とするウェスタン小説『混血児コジェウィア』（1927年）を執筆し、フランツ・ボアズの元で文化人類学を学んだエラ・デロリア（ヤンクトン・スー族）は、口承伝統の調査・収集に携わりながら小説『ウォーターリリー』（1988年、死後出版）で昔のスー族の生活を描いた。ミュージカル『オクラホマ！』の原作者リン・リグズ（チェロキー族）は、故郷を舞台にした前衛的な戯曲『チェロキーの夜』（1936年）で文化変容の問題に照射し、ダーシー・マクニクル（クリー／フラットヘッド族）の小説『包囲された人びと』（1936年）とジョン・ジョゼフ・マシューズ（オセージ族）の小説『日没』（1934年）は、混血青年の自己探求を軸にして部族社会の弱体化と近代化への抵抗を示した。ママディと同世代で、1950年代に詩人としてデビューしたモーリス・ケニー（モホーク族）は、口承伝統の儀式的な要素を取り入れながら、場所とのつながりや自然との一体感の探求を続け、非先住民にも影響を与えた。

最後に確認しておきたいのは、本稿で言及した先住民作家はいずれも「征服者の言語」（英語）で書いているということである。先住民作家は特定の部族との関係をもっているが、必ずしも部族語の使い手ではない。特に20世紀以降に生まれた作家の多くは、部族民と先住民とアメリカ人との狭間に身をおきながら、母語の英語で作品を書いている。しかし「ルネサンス」以降、少なからぬ作家が部族語を意識的に使用している。なかでも英語と部族語のバイリンガル作家——たとえば英語にメスクワキ語を交ぜた詩を書く現代作家レイ・ヤング・ベア——は、高度な言語意識を武器に、複数の視点や多様な声で作品の輪郭を曖昧にし、主流言語（英語）の安定を脅かし、紋切型とはまるで違う先住民の姿を浮かびあがらせる。1970年代以降の先住民政策の転換を背景に自治が進展する先住民社会では、1990年の先住民言語法の後ろ盾を得て、部族語の教育が実施されている。先住民社会において部族語の継承への関心が深まりつつある現在、先住民作家が部族語といかに創造的な関係を切り結ぶのかにも大いに注目したい。

（余田真也）

［参考文献］
西村頼男・喜納育江編『ネイティヴ・アメリカンの文学——先住民文化の変容』ミネルヴァ書房　2002年
余田真也『アメリカ・インディアン・文学地図——赤と白と黒の遠近法』彩流社　2012年

53

ベルダーシュ

★「例外」を認める大らかな社会の象徴★

ベルダーシュとは、男性でも女性でもない「第三の性」として位置付けられ、アメリカ先住民の部族社会に存在を許された人びとのことである。生物学的には男性、または女性であるが、身につけるものから発する言葉や声音、立ち居振る舞い、果たすべき役割にいたるまで、生物学上の性とは反対の、もう一方の性のそれを模倣し、日々の生活もそのように過ごす。ベルダーシュは男女ともにおり、文献上その存在が確認されているのは、アメリカ西海岸からミシシッピ川流域と五大湖周辺までの広大な地域と東部フロリダ半島に、113の部族を数える。女性のベルダーシュに限定すると、確認されている部族は30にとどまり、その分布も大平原以西に限られる。つまり、ベルダーシュとは、先住民社会のどの部族においてもその存在が認められているわけではない。また、女性として生まれ男性のように振る舞うベルダーシュよりも、男性として生まれ女性のように振る舞うベルダーシュの方が一般的であった。

先住民社会における、男性でもなければ女性でもないベルダーシュの存在は、一体どのように捉えたらよいのであろうか。まず、彼らは「女々しい」や「男女《おとこおんな》」といった、からかいや嘲り、侮蔑の対象としてみなされたわけではなかった。異端視され、社会の片隅で細々と暮らさなければならない人びとでもなかった。ベルダーシュとは、先住民社会において、畏敬、あるいは部族によっては畏怖の念を抱く対象とされた人びとであったのである。しかしながら同時に、先住民社会とは、男女のあり方を性別による役割分業を明確化することで規定している社会でもある。ベルダーシュという、男性でも女性でもない、どっちつかずの存在がなぜ先住民部族たちの間で許されたのかを、「二分法」と「相互補完性」という先住民社会に共通の概念を基に考えてみたい。

　先住民たちは、この世界には「私たち」と「私たちでないもの」の二つが存在し、それぞれ違った役割を与えられ、その役割を果たすことで世の中はまわるのだとする二分法の考えをもっている。加えて、「私たち」と「私たちでないもの」の間にあるのは優劣ではなく、あくまで違いであり、この違いがあるからこそ、果たすべき役割も違い、また自分が何者であるのかを互いに確認し合えるという、相互に補完する関係性が出来上がっていると考えていた。

ズニ族のベルダーシュ　ウェイワ（1849〜96年　スミソニアン博物館蔵）（阿部珠理著『アメリカ先住民　民族再生に向けて』角川学芸出版、2005年より）

　先住民のこうした物事の捉え方は、男女という二つの違った性別に対しても適用された。男女は生まれながらにして違うものだという二分法の考えに基づき、だからこそ、男女それぞれが、その性にあったジェンダー・ロールを果たすことで互いを助け合うべきであり、相互扶助の関係が出来上がったときにバランスのとれた「完全」な社会がつくりあげられるのだと先住民たちは考えた。したがって、男女それぞれに「ふさわしい」と考えられるジェンダー・ロールを果たすのが先住民社会の男女のあり方であったのである。

先住民社会の求める「相互補完性」が男女に期待した「あるべき姿」とは、農耕定住社会においても狩猟採集社会においても、男性の役割はまず狩りであり、一方女性は農耕定住型であれば畑を耕すこと、狩猟採集型であれば男性が仕留めた獲物の加工をすることが第一の役割となった。先住民社会がそれぞれの性にふさわしいと考えた役割はこの他にもあり、男性は狩りに加えて政《まつりごと》、戦《いくさ》、外交、またこれらの行事が滞りなく遂行されることを願って執り行う儀式といった役割を、女性は農耕、または獲物の加工に加えて、この世に生を受けたものを慈しみ育て、家を切り盛りするという役割を担った。社会の中で規定された役割を果たすことは、先住民社会の男性にとっても女性にとっても、部族全体が生きていくために必要なことであり、また自身のアイデンティティを確立するためにも必要な行為であった。

このように男女の役割が明確に規定され、その行為がアイデンティティの形成にもつながるのであれば、男女の境界線を越えるベルダーシュの存在は一切許されないように思えるが、実際は違った。生物学上の役割として期待されたジェンダー・ロールを果たさずとも許されたのは、他の人にはない能力、特に超自然的な力が彼らには備わっていると考えられたためであった。

ベルダーシュの存在が確認されている部族社会においては、幼児期に本人が示した興味関心、または啓示体験のいずれかがベルダーシュの誕生を決定づけたと考えられている。子どもが生物学上の性とは別の性が果たすべきジェンダー・ロールに興味を示した場合、その子がベルダーシュとして過ごしていけるようサポートするのが大人たちの役目であった。子どもの意思確認のため、テストを行う部族もあったという。例えばノーザン・パイユート族では、候補となる少年を一枚の大きな紙、または乾いた草の上に座らせ、弓と矢を一方に、もう一方には女性が手工芸品をつくるときに必要となる道具を置き、座っている場に火を放って少年が逃げるときにとっさに手にしたものが彼の運命を決めると考えた。南西部に住むパパゴ族においても、「藪テスト」なる実施が必須であり、場合によってはそのテストは何度も繰り返された。藪の中に入れられた少年は、放たれた火から逃れるときに弓矢とかごをつくる材料のどちらを手にするか、何度も試されたという。危険極まりない状況に幼い子を置き二者択一を迫るこの方法は、最初のテストで手にしたものと2回目以降のテストで手にしたものが違っていても構わない、つまりはベルダーシュにはならないという選択をしてもよいということを表していた。

こうした形で社会的認知を与える部族は少数派であり、より多くの社会においては、思春期に神から啓示を得ることがベルダーシュになる必須条件と考えられていた。神からのお告げが夢の中に現れると、ベルダーシュとして暮らしていかなければならなかった。本人の意思に関係なくという意味では強制的ではあるが、実際は、自ら啓示を得ようと精霊のもとへと赴くヴィジョン・クエストを行う子どもたちが多かったのも事実である。つまり、啓示体験においても、ベルダーシュとなる道を自ら選択していった者が存在したということである。

見た目からも振る舞いからも、瞬時に判別が可能なベルダーシュの存在を許していたのが先住民社会であるのならば、男女という性別の間に引かれた境界線は、明確でありながらも決して絶対的ではなく、固定的でもなかったことが明らかになる。「男女がそれぞれに果たすべき役割とは何なのか」という社会通念が広く浸透していながらも、ごく限られた者たちにはその境界線を越えることを許し、例外を認めるという大らかさが先住民社会の大きな特長であり、その大らかさを体現したのがベルダーシュたちの存在であったのである。

（石井泉美）

［参考文献］
阿部珠理「北米先住民・セックス／ジェンダー／第三の性」綾部恒雄編『失われる文化・失われるアイデンティティ』（講座　世界の先住民族　ファースト・ピープルズの現在10）明石書店　２００７年
石井泉美「ジェンダーの視点から考察するAmerican Indianの社会」『言語文化』第９巻第２号　２００６年
牧田満知子「文化としての両性具有――北米インディアン（zuni/crow）における両儀的性役割の考察」『アメリカ研究』第31号　１９９７年
Callender, Charles and Lee M. Kochems, "The North American Berdache," *Current Anthropology* 24 no. 4 (August-October, 1983).
Lang, Sabine, *Men as Women, Women as Men: Changing Gender in Native American Cultures.* Translated by John L. Vantine, Austin: University of Texas Press, 1998.

54

トリックスター

★聖者か世紀の大ペテン師か★

北アメリカ先住民の神話や昔話には、人間に太陽や火をもたらした動物や人物が出てくる。それらは人間社会に時に恩恵をもたらす文化的英雄である一方、時には人間をだまし、からかい、世の中をめちゃくちゃにし、大失敗をするだめで有害な存在でもある。そのような存在を米国の文化人類学者であり民俗学者であるポール・ラディン（Paul Radin）は、トリックスターと呼んだ。北アメリカ先住民の神話や昔話に登場する典型的なトリックスターは、コヨーテやウサギ、ワタリガラスといった動物である。

ここでは、北アメリカ北西海岸先住民のワタリガラスの話と大平原地域のラコタのコヨーテの話について紹介しよう。北西海岸先住民は北アメリカ大陸アラスカ南東部から米国オレゴン州あたりまでの海岸地域に住む先住民で、サケ漁をおもな生業としていた。一方、米国中西部の大草原地帯のラコタはバッファロー狩猟をおもな生業としていた。

北アメリカ北西海岸先住民の神話や昔話ではワタリガラスは、民族集団によって多少の差異はあるが、太陽や人間をこの世にもたらした創造神であった。ワタリガラスが人びとに光をもた

空を飛ぶワタリガラス、2006年3月米国アラスカ州ジュノーにて

らしたという神話を紹介しよう。

昔、太陽はある首長のもつ木箱に閉じ込められていたため、世のなかは真っ暗であった。ワタリガラスは、その木箱の中の光を見たくてしかたなかった。ワタリガラスは、首長から木箱を盗むために、いつも川に飲み水を汲みに来る彼の娘に近づいた。川の水に浮かぶ小さな葉っぱに変身し、娘がその水を飲むときに体内に入り込み、その娘の息子として生まれ出た。首長はその孫を目に入れても痛くないほどかわいがっていた。孫は、太陽が入った木箱が欲しいと毎日毎日泣きわめき続けた。根気負けしたその首長は孫にその木箱を渡したところ、孫はワタリガラスの姿に戻り、その木箱を持ち去ってしまった。そして木箱を開けると、この世に太陽が出現し、人間に光をもたらした、という。

一方、ワタリガラスは人間や動物にいたずらをし、困らせる悪者であり、ドジな存在でもあった。民族学者J・スワントンが採集したトリンギットの神話は次の通りである。

アラスカのシトカのはずれで、ワタリガラスはカヌーを揺さぶりたくさんの波を立たせた。それ以来、そこでは海がいつも荒れるようになった。次にワタリガラスは、アオサギが飲み込んでいるニシンを奪おうと考え、アオサギとカモメをけんかさせた。そして彼らからニシンを盗み取るのに成功した。しかし、彼らは仕返しに、ワタリガラスが寝ている間に胃袋をもぎとってしまった。ワタリガラスはなんとか胃袋を取り返したが、それ以来、彼の胃袋は大きく汚いものになってしまった、という。

ラコタには、火を人間にもたらした文化的英雄としてのコヨーテの話や白人の商人をだましたずるがしこいコヨーテの話などが伝わっている。

ラコタの人びとに火を教えたのはコヨーテだった。大昔には春と夏しかなかったが、徐々に寒さが増し、冬が出現するようになった。動物も夜は毛皮を身にまとって寒さをしのぐようになった。コヨーテは寒い冬に人間が多数死ぬのではないかと大変に心配した。その時、コヨーテは太陽の火のかけらを宝物としてもっている3人の神のことを思い出し、彼らから火を盗み出すことを思いついた。コヨーテは神の住む山に行き、彼らの目を盗んでやっとのことで火を手に入れた。そして火をもって山から逃げたが、3人の神は火を取り返そうとコヨーテを執拗に追いかけため、コヨーテは逃げ出すのに精一杯で、火をリスに託した。リスはその火をカエルに託し、人間に渡そうとした。そして最後に木がその火を飲み込んでしまった。3人の神はなんとか木から火を取り出そうとしたが、失敗し、山に帰っていった。頭のよいコヨーテは、木から火を取り出すためには、木の枝をこすりあわせればよいことを人間に教えた。このため人間は寒い冬がやって来ても心配する必要がなくなった。この話では、コヨーテはラコタの人びとに火をもたらした英雄であるといえる。

次にコヨーテのずる賢さを伝えるラコタの話を紹介しよう。途方もなく商売上手の白人の商人がいた。商売ではだれも彼に勝つことはできなかった。ある時、ある人がその商人に「お前を簡単にだまし、金を巻き上げることができる人がいる」というと、商人は「そんなことはあり得ない」「私は長い間交易所を経営し、この辺り一帯のすべてのインディアンをだましてもうけてきた」と答えた。「そうであっても、ココーテはお前を打ち負かすことができる」というと、「ココーテが俺様をだますことができるかどうか試してみようじゃないか。ココーテはどこにいる」と聞いた。男は「そこにいるずるがしこそうなやつだ」といった。商売人はココーテのところに行き、「俺様をだましてみないか」といった。ココーテは「あなたの頼みを聞いてあげたいが、だまし薬がないとできません」と答えた。そこで商人は「だまし薬をもってこい」というと、ココーテは「私は何マイルも離れたところに住んでおり、交通の便は足しかありません。あなたの馬をかして頂けませんか」と懇願した。商人は「それなら貸してやる。家に帰り、それをとってこい」といった。そうするとココーテは「ああ、友よ。私は乗馬がうまくありません。あなたの馬は私をいやがっているし、私も馬を怖がっています。あなたの衣類を貸して下さい。そうすれば、馬は私のことをあなたと思うことでしょう」といった。商人は「よく分かった。私の衣類を着て、私の馬に乗って、薬をとってこい。私はそんな薬に負けやしない」といった。そこでココーテは商人の馬に乗り、彼の衣類を着たまま、彼のもとを去り、戻って来ることはなかった。そこには裸の商人が残されたままだった。この話は、インディアンを搾取する白人商人をも出し抜いたココーテのずる賢さを描き出している。

トリックスターは、ギリシャやアフリカなどの世界各地の神話や昔話にも見られるが、北アメリカ先住民の神話や昔話では美徳と悪徳、善と悪、創造と破壊、賢さと愚かさの二面性をあわせもつ動物や人物として登場することが多い。これら両義的な動物や人物は社会秩序を破壊する力をもつ一方、社会を活性化させたり、新たな制度ややり方を創造する糸口を与えたりもする。これらの話では、トリックスターを通じて人びとにさまざまな教訓を教える一方、人間とは善と悪というふたつの相反する面をあわせもつ存在であることを暗に示しているように思えてならない。

（岸上伸啓）

［参考文献］……………………………………………………………

C・バーランド著、松田幸雄訳『アメリカ・インディアン神話』青土社　１９９０年

ポール・ラディンほか著、皆河宗一ほか訳『トリックスター』晶文社　１９７４年

Ⅳ

人　物

Ⅳ

人物

55

イシ

★故郷の森から大都市サンフランシスコへ★

イシ（Ishi）と呼ばれる人物は、カリフォルニア州北部を居住地とする先住民族ヤヒの最後の一人だと伝えられている。彼は、1860年頃に生まれてから、オロヴィルという町に近い森で、他のヤヒの人びととともに静かに暮らしていた。しかしこの地域にも、次第に多くの入植者が到来した。森に住む先住民に、こっそりと食物や生活必需品を渡して支援する入植者がいた一方で、先住民を銃で襲撃し、彼らが見つけそうな場所に毒入りの食物を置く人びともいた。イシが1911年8月29日に保安官に捕らえられた時には、他のヤヒは一人残らずこの世を去っていた。当初刑務所に収監されたイシは、「オロヴィルの野生人」と評され、彼を一目見ようと多くの人びとが押し掛けた。

イシの処遇は、人類学者のアルフレッド・クローバーに託されることになった。イシは、後に彼の親友となる人類学者のトーマス・タルボット・ウォーターマンに付き添われて汽車に乗り、オロヴィルから200キロほど南にある大都市のサンフランシスコ市内に立地するカリフォルニア大学付属人類学博物館まで移動した。そして彼は、博物館の一角に居室を与えられた。ヤヒ文化では本名を他者に知らせないため、イシの本名は明らかになっていない。そのため、クローバーは、ヤヒ語に近い先住民言語であるヤナ語で人間を意味する「イシ」という名で彼を呼ぶことにした。

博物館には、カーニバルのようなイベントに「生きた野生人」であるイシを連れ出そうとする興行主や、イシの声をレコードに録音して販売したいと考える企業が訪れた。しかしクローバーは、イシを見世物とするような依頼を拒否した。イシは博物館において、クローバーにヤヒの文化の情報を、言語学者のエドワード・サピアにヤヒ語の情報を提供し、ヤヒ文化で利用される道具や工芸品を博物館のために製作した。道具や工芸品の製作過程は、時に観光客にも披露された。さらにイシは、博物館の清掃員としても働くようになった。イシは同僚の職員から節約術を学び、給与の一部は貯金にまわして、ヤヒ文化で美徳とされる慎ましやかな生活を送った。

イシ（右）と関係者

イシは博物館でさまざまな人びとと知り合った。当初イシは英語を話せなかったため、ヤヒ語と共通性をもつヤナ語に加え、英語も話すことができた先住民のサム・バトウィが通訳を務めた。しかしイシは、バトウィよりも、博物館に出入りする非先住民の研究者や職員とその家族、そして近所の人びとと、ヤヒ語と英語を用いて交流することを好んだ。イシは、サンフランシスコで出会った友人た

イシが住むことになったサンフランシスコの博物館

ちと弓矢で腕を競ったり、ハイキングに出かけて野草を採取したりした。また彼は、博物館に隣接する病院の入院患者を見舞い、ヤヒ語の歌で励ますこともあった。

博物館は、全米各地の先住民を研究協力者として迎えることがあった。その一人であった先住民族パパゴ（現在はトオノ・オータムと呼ばれている）のフアン・ドローレスは、滞在中にイシと親交を深めた。英語とスペイン語、そして複数の先住民言語を解したドローレスは、イシを博物館からサンフランシスコの市街地に連れ出し、港、レストラン、映画館といった見どころを案内した。

イシは、各種の乗り物はもちろん、電話や電灯、そしてドアノブや安全ピンといった日用品に至るまで、森での生活では見ることのなかったさまざまな物の仕組みや機能に興味を抱いた。一方で、彼はそれらすべてを称賛したわけではなかった。例えば、イシは水道やマッチの利便性に感銘を受けたものの、台所のコンロで急速に食物を加熱するよりも、焼石を鍋に入れてじっくりと熱するヤヒの調理法を好んだ。

第55章
イ　シ

イシをよく知る人びとは、彼がオロヴィルの森に帰りたいかどうか、たびたび尋ねた。するとイシは、「他のヤヒは皆死んでしまって、森には悪い精霊だけが住んでいるから、帰りたくない」と答えたという。たった一度だけ、イシは研究者とともにオロヴィルの森を探索したが、1週間の滞在を終えると博物館に戻ってきた。彼はいつしか、オロヴィルの森ではなく、サンフランシスコの博物館を自らの居場所だと考えるようになっていたのだ。

肺を患ったイシは、1916年3月25日に亡くなった。彼の遺灰が納められた壺は、サンフランシスコ市内の墓地に安置された。同時にイシの遺体は解剖され、資料として脳が摘出されたことは、長い間公にされなかった。出張先でイシの訃報を聞いたクローバーは、解剖に強く反対したとされるが、皮肉にもイシが友人と考えていた医師のサクストン・ポープが解剖を決行した。博物館に戻ったクローバーは、イシの脳をスミソニアン研究所のアレス・ハルドゥリチカに送ることを決めた。ハルドゥリチカは、脳の大きさと人間の「優劣」、および人種の関連性について調べるために、200を超える脳のサンプルを有していた。21世紀の現在には、人間の身体的特徴によって「優劣」を見極めようとする研究は見受けられないが、19世紀から20世紀前半にかけて、同様の研究は広く行われていた。ハルドゥリチカはイシの脳に関する記録を全く残していないため、彼が実際にイシの脳を用いて研究を行ったかどうかは定かでない。

時が経ち、1990年代に、カリフォルニアの先住民族マイドゥの活動家がイシの遺灰を故郷に戻す方法を模索しているなかで、イシの脳がまだワシントンD・Cのスミソニアン研究所に保管されていることを突きとめた。「アメリカ先住民墓地保護および返還法」に従えば、米国内の先住民の遺骨や遺物は、同じトライブの人びとに戻される。しかし、イシはヤヒの最後の1名であったため、言語や文化がヤヒに最も近いとされる二つのトライブが、イシの脳の返還先となった。２０００年に、イシの遺灰と脳は、先住民の人びとの手によってオロヴィルの森に戻された。その具体的な場所は、明らかにされていない。イシの生涯は、クローバーの妻でもあった人類学者のシオドーラ・クローバーによって本にまとめられ、日本語にも翻訳されている。

（水谷裕佳）

［参考文献］
青柳清孝『ネイティブ・アメリカンの世界――歴史を糧に未来を拓くアメリカ・インディアン』古今書院　２００６年
シオドーラ・クローバー著、中野好夫・中村妙子訳『イシ――二つの世界に生きたインディアンの物語』岩波書店　１９７７年
シオドーラ・クローバー著、行方昭夫訳『イシ――北米最後の野生インディアン』岩波書店　２００３年

56

ルイスとクラーク、カトリン、カーティス

★先住民文化の奥に分け入った先駆者たち★

白人と先住民との遭遇といえば戦いや交易のイメージを思い浮かべる人も多いだろう。しかし、未知の相手を知ろうとする深い交流が生まれたことも少なからずあった。ここで取り上げるルイスとクラーク、ジョージ・カトリン、エドワード・カーティスらは、探検、絵画、写真とそれぞれの分野で名を残し、いずれも先住民との深い交流によって新しい混淆文化を生み出した白人である。

19世紀初頭、まだ東部のみが領土であった米国はフランスからルイジアナ（ミシシッピ川からロッキー山脈までの広大な土地）を購入する。時の大統領トーマス・ジェファーソンは西部開拓に意欲的で、ミシシッピ川の支流ミズーリ川をロッキー山脈の源流までさかのぼれば、さほど遠くないところに太平洋へ注ぐコロンビア川などの源流があるはずだ、と考えた。この分水嶺を繋ぐルートを見つけられれば、中西部から河川で太平洋岸まで到達する航路を開拓できる。こうして大統領の命を受けた当時30歳のメリウェザー・ルイス（1774〜1809年）が34歳の旧友ウィリアム・クラーク（1770〜1838年）を誘い、ともに隊長となって探検隊を結成する。そして長期にわたる準備

と入念な訓練を経て、1804年5月14日、セントルイス近くの基地から雨のなかを出発する。一隻の大型キールボート（平底船）と二隻のピローグ（丸木船）に乗り込んだのは、総勢45名、ほとんどが20代の白人男性であった。

ルイスとクラークよる手書きの日誌には、丹念なイラストとともに各地の魚や動植物についての詳細な記録が残されているほか、マンダン族やフラットヘッド族、ネズ・パース族など、多くの先住民部族と遭遇したことについて記されている。探検隊にとって各地の先住民部族から食料や物資などの必要な援助が得られるかどうかは常に死活問題であった。熊などの危険動物や安全な経路についての情報も重要であった。唯一の黒人であったヨークが各地の部落で大人気だったことや、ブラックフット族と西部劇さながらの戦いを交えたことなども日誌は生き生きと伝えているが、とりわけ印象に残るのは、サカガウェア（第61章参照）ら通訳の助けを借りながらも、ルイスとクラークが、それぞれに言語も風習も異なる各地の族長らと長い時間をかけて意志の疎通を図ろうとしたその粘り強さ、忍耐強さである。二重三重の通訳や身振りに頼らざるをえない場合も多くあり、誤解やそれに続くトラブルも後を絶たなかったが、探検隊はそうした苦労を乗り越えて当初の目的を達成し、2年半後に帰還する。探検日誌は、先住民と白人の文字通りの最初の交流を伝える克明な記録でもある。

ジョージ・カトリン（1796～1872年）の描いた先住民の肖像画や西部の風景に目を奪われないものはいないだろう。鮮烈な色彩、印象的な装飾と衣装、そして力強い目線によって、人物をくっきりと浮かび上がらせる。狩猟や踊りの場面も、集落の日常的な風景も、絶妙な遠近感と躍動感あふれる筆致で描き出す。カトリンの赤は特に印象的である。

カトリンが描いたアイオワ族の踊り手たち（*George Catlin and His Indian Gallery* より）

作品と同等に目を引くのはカトリンの人生である。フィラデルフィアに生まれ、20代半ばで法律家から画家へと転向し、32歳頃にインディアン使節団の一行を初めて見て強い衝撃を受け、「消えゆく」先住民を自分の題材とすることを決意する。１８３０年代に入ると、夏はミズーリ川流域などの先住民の土地に出かけて絵を描き、冬になると自宅のアトリエに戻って作品に仕上げる。それを繰り返しながら約５００点を制作する（そのうちの約３００点が肖像画）。文章も多く残し、たとえばクロウ族の男は「美しく身体の形がよい紳士」であり「振る舞いの優雅さや威厳も際立っている」と書いている。

カトリンは描き溜めた絵画をもとに、入場料を取って各地を回る移動展覧会「インディアン・ギャラリー」の構想を実現させる。しかし、評価したのは米国よりもヨーロッパであった。１８４０年からカトリンは英国に渡りロンドンのエジプシャン・ホールで「インディアン・ギャラリー」を公開する。

アメリカ「大西部」の現実を生々しく伝えるとして王室も含め好評を博す。カトリンの名声を聞いて訪ねてきたオジブワ族やアイオワ族の踊りの一団を「インディアン・ギャラリー」の出し物に加えたこともある。英国のほかパリやブリュッセルもともに興行して回り、パリではジョルジュ・サンドを畏怖させ、ドラクロワを魅了し、ボードレールを陶酔させたという。一方で、無垢な先住民を私欲のためにヨーロッパまで連れてきたとカトリンは批判される。しかし実際には、踊り手の先住民たちを家族同然に大切にし、それぞれの一団の丁寧なイラストを描き、一人ひとりの名前を記している。欧州での8年間の興業の途中からカトリンは次々と不幸に見舞われる。しかし、19世紀半ばに絵画から展覧会、舞台、そして種々の著作まで総合的に先住民独自の姿を提示しようとしたカトリンからは、今後も多くの意味を読み取ることができるだろう。

「消えゆく」先住民の姿を写真でとらえようとしたのが、エドワード・S・カーティス（1868～1952年）である。ウィスコンシンに生まれ、19歳のときに一家でシアトルに移住し、父を早くに亡くした後、写真館を開く。写真のコンテストで賞を取り、30歳を過ぎた1900年頃から先住民の撮影をライフワークと決める。T・ルーズベルト大統領からの援助も取り付け、写真集『北米インディアン』全20巻の刊行を始める。幼い頃から撮影旅行に同行し長期のアウトドア生活をともにしていた娘の回想からは、不眠不休で仕事に没頭していたカーティスの様子がよくわかる。第1巻は絶賛されたものの、離婚や資金難などさまざまな困難に見舞われ、第20巻の発行までに23年を費やすことになる。

カーティスの写真は、ポートレートからランドスケープ、そして日常の光景まで多岐にわたる。安

写真右：アプショーの日常の姿
写真左：カーティスによるアプショーの肖像写真
（右左ともに Zamir より）

易な構図を取らない作品は、その場に居合わせたかのような臨場感と空間感を生み出し、音や匂いまでも想像させる。人物写真では被写体の視線に釘付けにされる。顔を一杯に入れたクローズアップでは、髪の毛やしわの1本1本までが語りかけてくる。ぶれてはじける笑顔もある。その一方で、カーティスの作品には一定の作為や演出が加えられていたことも明らかになっている。原板に写っていた時計や傘などの「文明」の痕跡がプリントにする段階で故意に消されていたり、作品のイメージに合うような衣装を着てポーズを取ってもらうのに謝礼を支払ってもいる。また、たとえばクロウ族のA・B・アプショーという人物の肖像写真（第4巻に収録）は、羽根飾りと伝統的な装飾品を身につけ、上半身裸の姿で写っているが、実際のアプショーは高等教育を受け、白人の妻を持ち、普段は短髪でスーツを着用する教師なのである。

こうしたカーティスの演出が、理想化された「消えゆく」インディアンのイメージを強化してきた側面はたしかにある。その図式は、あくまで先住民を受動的な被写体として前提することになるが、近年ではモデルとなった先住民たちの主体的な自己呈示という側面も着目されている。実際、カーティスの被写体たちの顔に受動的な印象はない。誰もが自信にあふれ、レンズに向かって揺らぐことなく自らを誇示している。写真のなかの先住民たちが何を見つめているのかを考えることは、いろいろな意味で興味深い。

ルイスとクラーク、カトリン、そしてカーティスらは、いずれも困難な旅を続け、詳細な記録と貴重な画像を残した。それらは間違いなく歴史上の偉業である。その一方で我々が同時に意識を向けるべきは、これらの探検家／芸術家と向かい合った先住民たちのまなざしである。彼らもまた文化の境界を越える仕事の内容と意味を理解し、自分たちにとっての新しい利益や体験を生む契機とした。こうした視線の交錯も記録や作品群から読み解く必要がある。

（長岡真吾）

［参考文献］
デイヴィッド・ホロウェイ著、池央耿訳『ルイスとクラーク』草思社　1977年
Catlin, George, Therese T. Heyman, George Gurney, and Brian W. Dippie, *George Catlin and His Indian Gallery*, Washington, D.C: Smithsonian American Art Museum, 2002.
Zamir, Shamoon, *The Gift of the Face: Portraiture and Time in Edward S. Curtis's The North American Indian*, Chapel Hill: University of North Carolina Press, 2014.

57

パフォーミング・アーティスト

★「インディアン」を演じる意味★

先住民の出自をもつ「パフォーミング・アーティスト（エンターティナー）」は数多いが、紙幅の関係もあるため、本章では世界的によく知られている人物を中心に、ごく簡単に紹介したい。名前の後の括弧内には名前の英語表記と生没年、血を引く部族名を記す。

合衆国のみならずヨーロッパでも名を知られた人物に、テ・アタ（・フィッシャー）（Te Ata [Fisher]、本名メアリー・フランシス・トンプソン [Mary Frances Thompson]、1895〜1995、チカソー族）がいる。テ・アタは「ストーリー・テラー（語り部）」として欧米を巡業し、先住民の物語を歌い踊った。英国女王エリザベス二世も彼女の公演を観たし、アメリカ合衆国大統領セオドア・ルーズベルトはテ・アタをホワイトハウスに招待した。奇しくも本章執筆中の2016年、彼女の生涯を描いた映画『テ・アタ』が合衆国で公開された。

同じく演劇の分野で世界的に有名な人物として、バレエのプリマドンナ、マリア・トールチーフ（Maria Tallchief、本名エリザベス・メアリー・トール・チーフ [Elizabeth Marie Tall Chief]、1925〜2013、オーセジ [Osage] 族）がいる。トールチーフは、アメリカにおける近代バレエの父として知られる振付師ジョージ・バランシン（George Balanchine）と出会い、バランシンの斬新なバレエ理論と彼女の優れた舞踏技術のコンビによって、アメリカに新しいバレエを誕生させた。バランシンが創設したニューヨーク・シティ・バレエの初代プリマドンナとして、トールチーフは世界各地でも公演を行った。彼女は、漫画『日出処の天子』で有名な山岸凉子による、トールチーフとバランシンを描いた『黒鳥――ブラック・スワン』（1994年）――世界的にヒットした映画『ブラック・スワン（*Black Swan*）』とは別物――という作品で、日本でも紹介されたことがある。

音楽の分野では、フルート奏者R・カルロス・ナカイ（R. Carlos Nakai, 1946年生、ナヴァホとユート[Ute]族）が、現在最も有名な人物の一人だろう。いまでは広く知られるようになった「インディアン・フルート」をジャンルとして確立させたのには、彼の功績が大きい。ナカイの人気は、2枚の

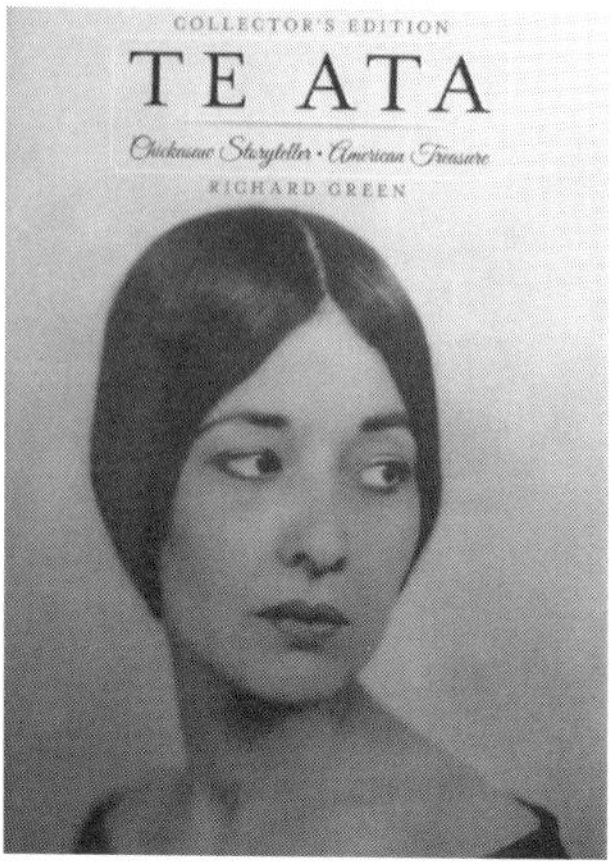

2002年に出版されたテ・アタの伝記『テ・アタ――チカソーのストーリーテラー、アメリカの至宝』の2015年改訂版

山岸凉子『黒鳥――ブラック・スワン』（白泉社文庫）

アルバムが先住民音楽家としてはじめてゴールド・レコード（50万枚売れた作品に贈られる）を受賞、グラミー賞に10枚のアルバムがノミネート、さらに２０１４年のアルバム『キャニオン・トリロジー（*Canyon Trilogy*）』がプラチナ・レコード（１００万枚以上売れた作品に贈られる）を受賞したことでも明らかである。

同じく数々の受賞歴をもつシンガーソングライターでありながら、先住民の権利回復運動活動家でもあるバフィー・セント・メリー（Buffy Saint-Marie, １９４１年生、クリー [Cree] 族）は、日本でも長くTV放映され、キャラクター商品でも有名な教育番組『セサミ・ストリート（*Sesame Street*）』に、１９７６年から81年の6年間出演した。また大ヒットしたリチャード・ギア主演の映画『愛と青春の旅立ち（*An Officer and a Gentleman*）』（１９８２年）の、ジョー・コッカーとジェニファー・ウォーンズのデュエットでアカデミー歌曲賞を獲得した同名主題歌（原題は"Up Where We Belong"）の作曲者3名の一人でもある。

ジョン・トゥルーデルの1999年のアルバム『ブルー・インディアンズ（*Blue Indians*）』

次にあげる3人、フロイド（・レッド・クロー）・ウェスターマン（Floyd [Red Crow] Westerman, １９３６〜２００７、シセトン・ワーペトン・ダコタ [Sisseton-Wahpeton Dakota] 族）、ラッセル・ミーンズ（Russel Means, １９

39〜2012、ラコタ[Lakota]族)、ジョン・トゥルーデル(John Trudell, 1946年生、サンティー・ダコタ[Santee Dakota]族)はいずれも、バフィー・セント・メリーと同じように政治運動家としての顔をもつ。しかも3人ともAIM(American Indian Movement)(第14章参照)の創設メンバーとして多くの重要な運動に参加し、レッド・パワー・ムーヴメントに深い関わりをもった。さらに俳優として(ウェスターマンとトゥルーデルについては政治的なメッセージを歌う音楽家としても)活躍した。

代表的な出演作として、ウェスターマンは『ダンス・ウィズ・ウルブス(*Dances with Wolves*)』(1990年)やTVシリーズ『Xファイル(*X-Files*)』(1995〜99年)のいくつかのエピソード、ミーンズは『ラスト・オブ・モヒカン(*The Last of the Mohicans*)』(1992年)やディズニーのアニメーション『ポカホンタス(*Pocahontas*)』(1995年:声の出演)がある。

トゥルーデルについては、ベトナム戦争に従軍後、AIMのスポークスマンとして1971年のアルカトラズ島占拠に参加し、FBIの危険人物リストに載った。自宅の謎の出火により幼子を含む妻子らを失い、セラピーとして始めたのが現在までの主たる活動基盤となった「スポークン・ワーズ(Spoken Words)」である。先住民の「伝統的」な詠唱(チャント)およびドラムに、ロックやブルースを融合させた伴奏にのせて、先住民をとりまく現代社会の諸問題を糾弾するメッセージ性の強い詩を読む独特の手法で、高い評価を得ている。

トゥルーデルが映画『サンダーハート』(第4章参照)で演じた指名手配中の先住民活動家は、いうまでもなくかつての彼自身のAIMでの顔を、『スモーク・シグナルズ(*Smoke Signals*)』(1998年)で演じた保留地内のニュースを饒舌に伝えるラジオ局DJは、スポークン・ワーズ・アーティストとしての彼を表象しているようにも思われる。

著名なハリウッド・スターの中にも、先住民の血統をもつと「自称」（第51章参照）している者がいる。ケビン・コスナー（チェロキー族）、アンジェリーナ・ジョリー（イロコイ族）、ジョニー・デップ（チェロキーとクリーク族）は、特に有名である。

このほか先住民俳優では、ウェスターマンも出た『ダンス・ウィズ・ウルブズ』やトゥルーデルの出た『サンダーハート』、さらに『ダイ・ハード３（*Die Hard with a Vengeance*）』（１９９５年）や『テ・アタ』（２０１６年）にも出演したグレアム・グリーン（Graham Green, １９５５年生、オネイダ[Oneida]族）や、トゥルーデルも出た『スモーク・シグナルズ』や、『父親たちの星条旗（*Flags of Our Fathers*）』（２００６年）などで知られる、新進気鋭のアダム・ビーチ（Adam Beach, １９７２年生、ドッグ・クリーク・ファースト・ネーション[Dog Creek First Nations]）も非常によく知られた存在である。

ウェス・ストゥーディの代表作のひとつ『ジェロニモ』

最後に取り上げたいのは、先住民の出自をもつ俳優の中で現在最も有名な人物の一人、ウェス・ストゥーディ（Wes Studi, １９４７年生、チェロキー族）である。ストゥーディはトゥルーデルと同じくベトナム戦争に従軍後、ウェスターマン、ミーンズ、トゥルーデルらと同様にＡＩＭに参加し、有名なウーンデッド・ニー占拠（１９７３年）に参加した。その後１９８８年に俳優としてデビュー後は、たくさんの作品で印象的な役柄を演じ続けている。面白いことに、『ダンス・ウィズ・ウルブス』ではウェスターマンやグリーンと、『ラスト・オブ・モヒカン』ではミーンズと敵対する凶悪な先住民を演じ、『ジェロニモ（*Geronimo: An American Legend*）』（１９９３年）で演じた歴史上名高い先住民指導者も含め、彼の存在を広く世に知らしめた。また興味深いことに、近年世界的に大ヒットしたＳＦ映画『アバター（*Avatar*）』（２００９年）でも、ストゥーディは地球人が侵略する惑星の「先住民」指導者を演じている。

筆者は以前ストゥーディに、先住民チェロキーの出自をもちながら、それ以外のさまざまな先住民を演じることをどう考えているのかについて、問う機会を得た。彼の答えは、先住民集団の多くが過去から現在に至るまで一つの体験を共有しているという思いが、さまざまな先住民の役柄を演じるうえで助けになっているとのことだった。しかし彼が同時に、自分がまさにチェロキーを演じた映画『オンリー・グッド・インディアン（*The Only Good Indian*）』（２００９年）こそ、自分にとって最も重要な作品とみなしているとも語ったことは、彼の先住民俳優としての意識を伺い知るうえで興味深い。

過去から現在に至る数々の先住民パフォーミング・アーティストたちは、その活躍の陰でアメリカ主流社会のヨーロッパ系アメリカ人（白人）からさまざまな差別的待遇、偏見にもさらされてきたであろうことはいうまでもない。これに対し先住民の出自をとりわけ強調することなく活躍した者もいれば、主流社会のステレオタイプを逆に利用して先住民についての理解を広めようとした者もいた。あるいは先住民の政治運動にも身を投じつつ、芸術活動を並行して行った者もいた。

つい最近（２０１５年４月）、脚本家兼コメディアン兼有名俳優のアダム・サンドラー、同じくコメディアン兼有名俳優のダン・エイクロイドが出演する映画『馬鹿げた六人』（題名は有名な西部劇『荒野の七人』のパロディー）の撮影現場で、脚本のなかに先住民女性や長老への侮辱や、先住民文化に対する誤解がみられるとして、俳優を含む先住民スタッフが撮影を拒否し、セットを去る事件が起きた。このように合衆国の先住民パフォーミング・アーティストの活躍する場には、今なお先住民が待遇改善を求め戦わなければならない差別的現実があることを、我々は心に留めておきたい。　（岩崎佳孝）

［参考文献］

Green, Michael, *Te Ata: Chickasaw Storyteller · American Treasure, Collector's Edition*. Ada, Oklahoma: Chickasaw Press, 2015.

Johansen, Bruce E., ed. *Native Americans Today: Biographical Dictionary*, Santa Barbara, California: Greenwood, 2012.

58

ジム・ソープの栄光の陰に

★先住民のスポーツ選手とアメリカのスポーツ文化★

　法的には平等でも、現実のアメリカ社会には人種差別の負の遺産がさまざまな不平等として刻み込まれている。社会の底辺に押しとどめられてきたマイノリティの人びとは、経済力にも教育を受ける機会にも恵まれず、社会的地位を向上させる機会に乏しいことが多い。それゆえ、マイノリティにとっては、軍への入隊やスポーツ・芸能活動が数少ない成功への階段となりやすい。なかでもスポーツは、才能さえあれば大学進学やプロ選手としての経済的成功への可能性を切り開いてくれる、夢の扉というべき貴重な存在である。こうした状況は、先住民にも当てはまるが、実際には、プロ、アマを問わず、スポーツ選手として成功した先住民は意外に少ない。その背景には、先住民が十分な教育環境・競技環境を得られないがゆえに、仮に運動の素質があってもそれを開花させる機会に恵まれていないという事情がある。現に、数少ない先住民の著名なスポーツ選手の物語は、不遇な環境に訪れた奇跡や偶然に彩られている。

　先住民のスポーツ選手として最も著名な人物は、ジム・ソープ（1887〜1953年）である。アイルランド系の父と先住民の母との間にオクラホマに生まれた彼は、先住民の子としての教育を受け、ペンシルベニア州、カーライルのカーライル・インディアン実業学校に進んだ。それまで学校教育にあまりなじめなかった彼の運命を変えたのは、黎明期の大学アメリカン・フットボールの著名な監督である、ポップ・ウォーナーとの出会いであった。折しもカーライル校のフットボールの監督に就任したウォーナーは、ソープの卓越した運動能力を見抜き、彼に陸上競技を勧める傍ら、フットボール・チームの中心選手としても起用した。１９１１年、ソープの活躍でカーライル校が当時の強豪校ハーバード大学に勝利すると、彼は一躍世間の注目を浴びるようになった（初期の大学フットボールのメッカは東部の名門大学であった）。そして、天賦の運動神経を買われたソープは、１９１２年のストックホルム五輪のアメリカ代表に選抜されて十種競技と近代五種に出場し、いずれも金メダルを獲得した。ソープ自身はこれらの競技に以前から親しんでいたわけではなかったが、十分な練習を積んでいないにもかかわらず、他の選手を圧倒してしまったのである。

ジム・ソープ（1915年頃）

　だがこの天才的アスリートのその後の運命は、決してバラ色ではなかった。五輪出場以前に報酬を得て競技に参加していた事実が発覚し、アマチュア規定に違反したとし

ラコタ族のビリー・ミルズ

て、彼は五輪の翌年には金メダルを剥奪されてしまった（死後再び彼の金メダルは回復されている）。彼は、大リーグやプロフットボールでもプレーするなど、スポーツ万能ぶりをその後も世間に印象付け、プロスポーツの集客にも貢献したが、それは彼自身の私生活の幸福や先住民の地位の向上には必ずしもつながらなかった。

それどころか、彼の名声は死後も利用されることになる。ペンシルベニア州のある自治体が、彼の名を冠した「ジム・ソープ」という名称に町の名前を変更し、彼の墓を誘致してメモリアルを建設したのである。実際にはソープは、この地には何ら縁もゆかりもなかったので、これは自治体側のいわば町おこしと話題づくりの色彩があった。彼の名を冠した地名の存在は、彼の名声の大きさと同時に先住民の尊厳がいかに軽視されてきたかをも暗示している。

その後ジム・ソープ以来となる五輪金メダリストに輝いたのは、ラコタ・スー族のビリー・ミルズ（１９３８年〜）であった。学生時代から陸上競技で頭角を現したミルズは、海兵隊に入隊し、１９６４年の東京オリンピックの1万メートルで金メダルを獲得した。彼は有力視されていなかったにもかかわらず、自己ベストを一気に50秒近く更新する快走を見せた。その後彼は、先住民の地位向上のための活動に尽力している。

ソープは十分な練習施設がなかったにもかかわらず天賦の才と指導者に恵まれ、ミルズは本番で奇跡的な幸運を手にすることができた。だが、逆にいえばこれらの事例は、プロスポーツにせよ、アマチュアスポーツにせよ、スポーツ選手として成功した先住民がいかに例外的存在であるのかということをも同時に物語っている。ただでさえ保留地内の教育環境が劣悪ななか、先住民の有望なスポーツ選手を発掘し、スポーツを通じて先住民の社会的地位の向上を図るような体制が確立されているわけではないのである。とりわけ整備が遅れているのは、女性アスリートの育成であろう。

1970年代に体育教育や運動部における男女差別の解消を目指す動きが本格化して以来、アメリカでは女性アスリートの活躍の場が増えているのは事実だが、その恩恵が先住民の女性たちに十分及んでいるとはいえない。現に、先住民女性の五輪出場は、2002年の冬季ソルトレイクシティ大会のアイスダンスに出場したネイオミ・ラング（1978年〜）を待たねばならなかった。

実際には、アメリカのスポーツは先住民から意外な恩恵を受けている。例えば、アメリカではプロスポーツにもなっているラクロスは、先住民の儀式から発展した競技である。

また、アメリカの大学やプロスポーツのチーム名には、先住民にちなんだものが散見される。セミノールズ、レッドスキンズ、チーフス、ブレーブスといった愛称や、先住民のマスコット、トマホーク（先住民の武器であるまさかり）の応援グッズへの転用やそれにちなんだ応援歌の存在などは、アメリカのスポーツ文化が先住民から少なからぬインスピレーションを受けていることを示している。だが、これらの事実は、スポーツにおける先住民と合衆国の関係が決して対等ではないことをも如実に物語っている。先住民の存在はしばしばスポーツ文化のなかで搾取され、その文化が冒瀆《ぼうとく》される一方、先住民自身はアメリカのスポーツの恩恵を十分には受けていないのである。

先住民のアスリートたちがアメリカのスポーツ文化のなかでいまだにマージナルな存在に甘んじている状況は、この不均衡な関係を体現しているのであり、ソープをはじめとする一部の例外的な成功者の物語は、むしろこの不自然な関係を逆説的に際立たせる存在でもあるといえよう。

（鈴木　透）

［参考文献］

King, C. Richard. ed., *Native Athletes in Sport and Society*, Lincoln:University of Nebraska Press 2005.

59

政治家・指導者

★アメリカ合衆国政府とわたりあう人びと★

アメリカ先住民社会における「政治家」や「指導者」と聞いてどのような人物像を思い浮かべるだろうか。アメリカ西部を舞台に合衆国軍に果敢に立ち向かい、武勇を残し華々しく散っていく戦士だけが先住民の指導者の姿ではない。戦場とは違う別の場をステージとして、自らの言葉を武器に合衆国政府の要人相手にわたりあい、一目置かれる存在となっていった人びとが大勢いたというのも事実である。

では、合衆国に一目置かれるような存在となっていく先住民指導者とは一体どのような人たちだろうか。「絶対的な権力」という概念自体が存在しない先住民社会において、「チーフ」や「族長」と称される人びとは、一極集中型の権力を盾に歴史に名を残してきたのではない。先住民社会の政《まつりごと》は権力分散型である。内政を担当する長老たち、外の世界との交渉を任される若者らに加え、話し合いの場に出席するすべての人の「合意」を経て結論は出される。合衆国と一戦交えるのか、それとも交渉を試みるのかは、皆で話し合い、納得がいくまで議論を重ねるなかで自ずと意見が集約されていった。議論の過程で合意内容を受け入れ難いと考える者は、たとえ議論の最中であっても退席することを許されていた。時に意見の相違に耳を傾け、寛大な心でどっしり構えていることのできる人物にこそ「指導者」としての称号が与えられる。これが先住民社会における政のあり方であり、合衆国政府の指導者たちをも感服させていったのである。

土地とは個人が所有し売買の対象となるもので、より高い生産性を見込める人こそが所有すべきだと考えるアメリカと、自分たちの住む地は部族皆の共有物であり、創世神話に語られる先祖代々の土地であると考える先住民たちとでは、当然土地が争いの火種となった。先祖伝来の土地を守るため、合衆国相手に敢然と立ち向かったリーダーを二人まずは紹介したい。一人目はショーニー族のテカムセ（1768?～1813年）である。広大な土地を有しながらも有効的に使っているとは言い難い先住民の土地を、アメリカ人入植者に開いてやるのが政府の役目だとする合衆国の動きにテカムセは待ったをかけた。先住民の権力分散型政治制度の弱点を突いて、部族の有力者を次々切り崩しにかかり土地を奪っていく合衆国のやり方を目の当たりにしたテカムセは、「今住んでいる土地を手放し合衆国に売る権利はどの部族にもない。この土地は先住民皆のものであるのだから」と訴え、部族同士、皆で団結して、今住む土地を守っていくことを提案した。五大湖からフロリダ半島までさまざまな部族を訪れ、先住民結集の必要性を説き、信奉者を増やしていったのである。1813年、合衆国軍相手にテムズ川の戦いで命を落とし、テカムセの「先住民団結」の夢ははかなくも消えたが、「汎インディアン」運動の概念を提唱した初めての人物として歴史に名を刻んでいる。

もう一人の偉大な人物はチェロキー族のジョン・ロス（1790～1866年）である。合衆国政府による先住民の土地収奪は必ずしも武力による短期決戦ではなかった。連邦政府の掲げる「文明化」

第59章
政治家・指導者

政策にのっとり、自らを「アメリカ化」し、ついにはチェロキー・ネーションの誕生を宣言することで先祖伝来の土地を守り抜こうとした人びとの先頭に立ったのが、プリンシパル・チーフのジョン・ロスであった。ワシントンに幾度となく足を運び、政府の要人たちとの折衝を重ね、数ある功績のなかでも特に着目すべきは、1832年の最高裁判決「ウースター対ジョージア州」であろう。「チェロキー・ネーションとは、固有の領土をもつ、合衆国とは一線を画した独自のコミュニティーである」としたこの判決は、先住民部族の統治権を認め、人びとを勇気づけるものとなった。

先住民社会や部族民を代表して合衆国の政策立案者たちとわたりあった人びとがいる一方、先住民政策の抜本的な改革を合衆国政府の内部から促そうと試みる人びともいた。セネカ族のイーライ・S・パーカー（1828～95年）は、先住民政策の実施機関である内務省インディアン局の局長の職に先住民で初めて就いた人物である。生まれ故郷のニューヨーク州で弁護士を志すが、アメリカ市民権をもっていないという理由から法曹界に加わることを拒まれる過去をもつ。その後、土木技師として運河建設に携わるなかでユリシーズ・S・グラントと出会う。このグラントこそ、南北戦争で北軍の総司令官として名を馳せ、後に第18代大統領となる人物である。パーカーは、南北戦争中、グラントの軍事秘書官を務め、南軍のリー将軍が署名する降伏文書の草案作成者として南北戦争の終結を見届けている。さらには、インディアン局の特使として戦後処理にも加わり、南軍に味方した先住民部族の武装解除に貢献した。そして、1869年グラント政権が誕生すると、インディアン局の局長に任命されるのである。就任初日から、ワシントンにやって来る先住民部族の陳情団との面会、保留地に派遣される役人の適任者を選定する作業などで多忙を極めた。不誠実な役人たちの首切りなどで敵も

エイダ・ディーア（提供：Wisconsin Historical Society）

多かったことから、残念なことに2年3カ月で局長の職を追われることとなる。

その後、先住民が再び局長に登用されるようになるまで1世紀ほどの時が必要となったが、1966年にオネイダ族のロバート・L・ベネットが局長に返り咲くと、現在までの局長はすべて、また職員も9割が先住民となっている。なかでも、唯一の女性局長としてエイダ・ディーア（1935年生まれ）が挙げられる。かつてメノミニー族の族長で、大学での教鞭歴もあり、またいったんは取り消されたメノミニーの連邦承認を回復させたロビイストの顔もあわせもつディーアは、1993年のクリントン政権誕生と同時に、インディアン担当内務省副長官としてインディアン局の長となった。先住民部族としてのお墨付きのあるなしが部族の存命をいかに左右するかを知っているディーアが、内務省副長官時代の一番の功績として挙げたのは、223のアラスカ州先住民部族との間で連邦承認の再確認を行ったことであった。

ディーアと同時期に活躍した人物として、チェロキー・ネーション初の女性プリンシパル・チーフとなったウィルマ・マンキラー（1945〜2010年）や、コロラド州より選出され、下院議員を3期、上院議員を2期務め2005年に政界を引退したベン・ナイトホース・キャンベル（シャイアン族：1933年生まれ）などが挙げられようが、最後に、内務省長官らを相手取り集団訴訟を起こしたエロウィーズ・クゥベール（ブラックフィート族：1945～2011年）について触れたい。合衆国において、先住民たちの土地は、地下に眠る石油や天然ガスといった資源も含め、自分たちの自由にはならない「信託財産」として、連邦政府が運用管理を任されている。しかし、当然なされる配当が、運用失敗や国の赤字補填への流用でうやむやになる不明瞭会計が100年以上も続いていることを問題視したクゥベールは、30万人の先住民を代表して集団訴訟に動いたのである。13年以上も続いた裁判は、ようやく2009年に政府が34億ドルを支払うという内務省側からの和解案で決着をみた。

先住民部族と連邦政府との間には、まだまだ多くの解決すべき問題がある。先住民を取り巻く環境は厳しく、部族それぞれに抱える悩みもあれば、共通の問題もある。問題を一つひとつ解決していくなかでのリーダーの役割は大きい。先住民指導者たちの行動は、物事を正すことの大切さと難しさのいずれをも教えてくれているように思う。

（石井泉美）

［参考文献］

石井泉美「ウィルマ・マンキラー――現在、過去、未来をつなぐ人」『立教アメリカン・スタディーズ』第30号　2008年
藤永　茂『アメリカ・インディアン悲史』朝日新聞社　1974年
Garrison, Tim Alan, ed., *Our Cause Will Ultimately Triumph: Profiles in American Indian Sovereignty*, Durham, North Carolina: Carolina Academic Press, 2014.
Lurie, Nancy Oestreich, "Ada Deer: Champion of Tribal Sovereignty," in *Sifters: Native American Women's Lives*, ed. Theda Perdue. Oxford and New York: Oxford University Press, 2001.

60

知識人・活動家

★先住民リーダーシップの軌跡★

アメリカ先住民の歴史、なかでも先住民の復権に向けた活動の歴史において、先住民の知識人・活動家が担ってきた役割は大きい。先住民の知識人・活動家とは、広義にはさまざまな分野において先住民の復権にリーダーシップを発揮してきた先住民を、狭義には教育、文筆活動をとおしてそれらに貢献した先住民を指してきた。ここでは、特に20世紀以降、先住民の特殊な地位やそこから生じる問題の改善を目指して執筆活動や教育活動などに従事し、先住民社会のなかで思想的かつ実際的なリーダーシップを発揮してきた先住民を扱う。

初期の知識人・活動家としては、人類学者のアーサー・C・パーカーや歴史家のダーシー・マクニクル、歌手で作家のガートルード・S・ボニンや文筆家のチャールズ・イーストマン、医者のカルロス・モンテズーマなどが挙げられる。彼らは革新主義期において寄宿学校教育や大学教育を受けている点で共通しており、1911年には初の汎先住民組織であるアメリカ・インディアン協会（SAI）を設立して、先住民の合衆国市民権の獲得と発言力の向上に向けた活動をした。SAIの会長を務めたパーカーは、「インディアンの進歩」と題する論文のな

アメリカ・インディアン協会（1911年）（オハイオ州立大学所蔵）

かで、先住民がその「民族意識」を維持しながらアメリカ社会に適応し、「自らの将来を自ら決定する」ための議論に積極的に参画すべきことを訴えた。後に、SAIに対しては、先住民にアメリカ社会への同化を促した、あるいは、多様な文化、社会をもつ先住民に対し、単一の民族意識を押し付けたとの評価もある。しかし、こうした先住民知識人・活動家は、19世紀末までに流布していた「野蛮」「消えゆく人びと」という先住民像に挑戦し、アメリカ社会における先住民の政治的、社会的地位の向上に向けた後の先住民の活躍に道を開いたといえよう。

20世紀後半、先住民の知識人・活動家は、その活動をより急進化した政治運動と、より理論化した学問分野の両方へ広げていった。まず、1960年代、公民権運動に触発された一部の先住民は、部族への補償を打ち切ろうとする連邦管理政策の廃止や過去に締結された条約の遵守を求めて直接行動を起こした。その中心的役割を担ったのが都市部に居住する先住民学生たちである。メルヴィン・トムやクライド・ウォリヤーらは、部族代表者で構成される全米アメリカン・インディアン議会（NCAI）の穏健的態度を批判する一方、全米インディアン青年評議会（NIYC）を設立し、先住民の尊厳と自決を訴えて、今日まで続く先住民のアクティビズムや、いわゆるレッド・パワーの精神的基盤を創り出した。レッド・パワーは、後にサンフランシスコ州立大学の学生を中心とするアルカトラズ島占拠（1969年）、アメリカン・インディアン・ムーブメント（AIM）によるワシントンD・Cのインディアン局占拠事件（1972年）やウンディッド・ニー占拠事件（1973年）によって急進化し、AIMを牽引したデニス・バンクスやラッセル・ミーンズらの発言とともにテレビなどのメディアを通して全国に発信された。

さらに、同時期のエスニック・マイノリティーによる復権運動は、高等教育機関における各種エスニック・スタディーズ学部の設立に結実した。1970年代初頭から1980年代にかけて、全国の主要大学に続々と先住民研究学科が設立され、かつて、非先住民により担われていた先住民研究を先住民自身が主体的に行う試みがなされた。それに伴い、大学教員の職に就く先住民が増加し、例えば、ヴァイン・デロリアJr.、ジャック・フォーブズ、ドュアン・シャンペーン、ジェラルド・ヴィゼノーらの知識人は、執筆活動に加えて、大学、あるいは学会をその活動の場として研究、教育に従事した。

最後に、これら先住民研究に従事する先住民知識人・活動家の関心について、特に二つの論点を整理しておこう。一つ目に、20世紀初頭の知識人・活動家と同様に、彼らの関心はアメリカ社会と先住民社会との関連性に向けられた。例えば、エリザベス・クックリンやクレッグ・ヲマックらは、先住民研究が、既存の学問や社会体制を批判的に解釈し、先住民独自の世界観や政治的地位の維持を目指すべきであること、そして、その言説は普遍的であるよりも部族文化、社会に根差したものであるべきことを訴えた。それに対する意見として、以下の二人の主張を挙げておく。まず、ロバート・A・ウォリヤーらは、先の部族中心主義的な議論に警笛を鳴らし、現代の先住民知識人・活動家は、主流社会における非先住民との知的議論にかかわり、合衆国内外の問題に積極的に発言していくべきであるとした。加えて、フォーブズは、先住民の歴史的経験を国境やフロンティア線に沿った植民地主義的、帝国主義的な文脈のなかのみで語ることに非を唱え、中南米、南米を含める半球的視野での先住民の知的連携を訴えた。

二つ目に、先住民知識人・活動家が関心を向けたのが先住民アイデンティティについてである。1960年代以降、センサスにおける先住民人口の急増は、先住民と自己申告するアメリカ人の増加を意味している。そのため、先住民と非先住民社会の境界線を所与のものとしてきた知識人・活動家は、「誰が先住民であるのか」という先住民アイデンティティの「正統性」についての本質主義的議論を展開せざるをえなくなった。なかでも、血統主義や部族主義を重視する立場に対し、フィリップ・デロリアは、先住民、非先住民の境界は確定的ではなく、先住民性とそれに基づく歴史認識も、時代とともに変質すると主張した。

本章では主に組織活動や文筆活動をする先住民に焦点を当てた。しかし、先住民社会では、元来、信仰、芸術、音楽、文学などの分野において積極的に発信を行ってきた多くの知識人・活動家が存在することも述べておきたい。加えて、こうした先住民知識人・活動家の活動の背景に記録に残されていない各部族の精神的、政治的指導者らの存在があったことも忘れてはならない。

（野口久美子）

［参考文献］……………………………………………………………………………………………

野口久美子「公民権・ポスト公民権時代におけるアメリカ先住民研究の設立過程と展開――ジャック・フォーブズの教育理念と史的境界の再考」『アメリカ史研究』第37号　２０１４年

Maddox, Lucy, *Citizen Indians: Native American Intellectuals: Race & Reform*, Ithaca: Cornell University Press, 2005.

Martinez, David, ed., *The Americana Indian Intellectual Tradition: An Anthology of Writing from 1772 to 1972*, Ithaca: Cornell University Press, 2011.

61

三人の先住民ヒロイン

★虚像と実像のはざまで★

ポカホンタス（1595?〜1617年）、カテリ・テカウィザ（1656〜80年）、サカガウェア（1784?〜1812年?）という三人の先住民の女性は、生まれた時代や環境が異なるため、それぞれ個別に論じられてきた。しかし彼女たちの数奇な人生を比較すると、さまざまな共通点が見えてくる。三人とも、新大陸に進出した白人の事業に協力した女性として英雄視され、現在まで語り継がれている。先住民の男性で彼女たちに匹敵する「英雄」はほとんど見当たらない。本章では三人の共通点を浮き彫りにして、白人が先住民のヒロインにこだわる理由を考えたい。そのうえで、彼女たちの従順で献身的なイメージの奥に隠された、誇り高くしたたかな実像に迫りたい。

まず三人はどのような形で白人社会に貢献し、その際彼女たちのイメージはどのように美化されているかを見ていきたい。ポカホンタスは16世紀末から17世紀初頭に南東部の一大部族勢力であったポーハタン族の族長の娘で、20歳前にジェイムズタウン植民地の白人に誘拐されるのだが、そのまま植民地に留まり、キリスト教に改宗後、白人指導者ジョン・ロルフと結婚する。それによって彼女は白人とポーハタン族を結びつけ、白

ポカホンタスの最古の肖像画（1616年 ヴァン・デ・パッセ作）

人のタバコ栽培の事業を成功に導くのである。その後ポカホンタスは、ロルフとともに渡英し、ジョージ一世やアン王妃に謁見《えっけん》し、イギリス人の間でも人気者となる。彼女は植民地のイメージをよくし、滞りがちな本国からの投資や植民を促進する、いわば植民地事業の広告塔としての役割を担っていた。彼女にはあまりにも有名な「美談」がある。彼女は十代の最初のころ、ジョン・スミスという植民地のリーダーがポーハタン族につかまり族長に棍棒で頭を打ち砕かれそうになったのを見て、身を挺して彼の命乞いをしたという。しかし、それが初めて詳しく語られるのが17年後に出されたスミスの旅行記（*Generall Historie*）においてであり、そこには美女に命を助けられるという体験談が他にいくつも挿入されていることから、話そのものの信憑《しんぴょう》性は低い。それ以後もポカホンタスのこの美談は語り継がれ、19世紀になると肖像画に描かれる彼女の服装や容姿にはロマンチックな脚色が施され、彼女は白人のイメージに近づけられる。

一方、ニューヨークに生まれ、4歳のとき天然痘で両親を失ったモホーク族（イロコイ連邦の一部族）のカテリは、17世紀半ば、新大陸での勢力拡大を狙うフランス・イエズス会の布教により、先住民として初めてカトリックに入信する。同胞の部族には冷たい仕打ちを受けるが屈せず、敬虔《けいけん》なカトリック教徒として生涯独身を貫き、厳しい修行を続けたという。模範的信者としてのカテリの存在は、先住民にたいするカトリックの布教を美化し、正当化したといえる。彼女は、天然痘の後遺症により目も不自由で顔には醜悪なアバタが残っていたが、死後間もなく美しい顔に戻ったと語り伝えられている。そして彼女の墓は聖地とされ、参拝者が絶えなかったという。

また中西部のショショニ族出身のサカガウェアは、11歳のとき他の部族に誘拐されたあと、フランス系カナダ人の毛皮商人シャボノーに買われ、彼の妻になる。その後、ルイスとクラークの探検隊に（第56章参照）夫とともにガイド兼通訳として雇われる。この探検隊は１８０４年5月にセントルイスを出発し、翌年11月に太平洋岸のコロンビア河口に到着するが、彼らに馬を提供して、最難関であるロッキー山脈越えに全面的に協力したのはショショニ族であり、その交渉をしたのが同じ部族のサカガウェアであった。彼女は通訳としての能力を買われたが、手話も使いこなしていた。また道中、食用や薬用にできる植物を採取したり、動物の肉、皮、骨などの利用方法を教えたりして、探検隊の命を支えた。サカガウェアが知っている場所や交渉できる部族は限られていたが、彫像や絵画などでは、彼女が探検隊の先頭に立って一行を導いている姿が描かれている。そこには彼女がいかに自発的に白人の役に立とうとしているかを強調する意図があったと考えられる。

カテリ・テカヴィザの絵をもつ女性、サンピエトロ広場 7人の列聖式（提供：AFP＝時事）

サカガウェアの銅像、ノースダコダ州（Hans Anderson/WikimediaCommons）

このように17世紀から19世紀の白人たちは植民、布教、開拓といった事業に先住民女性を利用しつつ、彼女たちの従順で献身的なイメージを強化することで、自らの侵略行為の正当化を図ったのである。

20世紀以降、先住民との抗争が終わったあとも三人のヒロインの人気は衰えない。ポカホンタスは多くの書物で取り上げられ、１９９５年公開のディズニー映画の主人公にもなった。カテリは１９８０年に教皇ヨハネ・パウロ二世によって列福され、２０１２年には教皇ベネディクト一六世によって聖人の一人と認められている。これは先住民では初めてのことである。彼女の話はラジオ、テレビ、映画、オペラ、演劇に取り上げられている。また大小交えた80以上ものカトリック系組織が彼女の名前にちなんで名付けられている。サカガウェアはもっとも多くの銅像をもつ女性で、彼女の肖像は西暦２０００年を記念する1ドルコインにも刻まれている。さらには山や川の名となり、詩や歴史物語にも登場する。２００６年公開の映画『ナイト・ミュージアム』では、博物館のショーケースに展示されていた彼女の像が生き返る場面がある。このように先住民女性の肯定的なイメージが継承されていく背景には、白人が先住民にしてきた残虐行為の歴史を隠蔽しようとする意識が働いていると考えられる。

第61章
三人の先住民ヒロイン

こうして時代に翻弄され、白人に利用された三人ではあるが、その反面、彼女たちの従順さの裏に隠されたしたたかさこそ、白人からの精神的な侵略を巧みにかわす武器であったといえる。先住民の血を引く現代の研究者によって書かれた書物は、その点を強調している。ポカホンタスが誘拐後おとなしく改宗や結婚を受け入れたのも、スパイとしてあえて植民地に残って部族側に情報を伝えようとしたからだという説や、はるばる渡英したのもイギリス人にかんする情報収集の目的があったからだという説もある。またポカホンタスは、服装を通して独自の自己主張をしているのがうかがえる。彼女の生前に描かれ実像に近いとされるパッセの肖像画を見ると、彼女が男物の帽子を被っているのがわかる。これは当時アン王妃をはじめ一部の上流階級の女性が好んだ斬新なファッションであるが、それを被ったまま肖像画のモデルになるのは珍しく、押し付けられた女性らしさへの抵抗を示しているともいえる。一方でポカホンタスは上流階級が身に着ける胸の開いたドレスではなく、あえて衿の詰まった服を身に着け、半裸の先住民といった野蛮なイメージを消そうとしているという見方もある。カテリは、実現こそしなかったが、二人の女性の仲間とともに先住民専用の修道院をつくることを切望していた。また、彼女が進んで宗教的苦行を行うことの根底には、それがもたらす恍惚状態のなかで魂の声を聴けば、心身は健康になり、社会も健全に機能するというイロコイの信仰があるという。サカガウェアは、先住民の生活の知恵で過酷な旅を乗り切るわけだが、彼女の乳飲み子を背負った姿は道中、襲撃を企てる者の戦意を喪失させたという。また彼女は探検の最後まで同行し、ルイスとクラークに、太平洋とそこに棲む鯨を見てみたいとしつこくせがむほど、好奇心のかたまりであった。彼女たちは、白人に都合のよい女性像に収まりきらない、先住民の知恵と誇りと行動力を兼ね備えていたといえよう。

（辻　祥子）

［参考文献］

阿部珠理「ポカホンタスあるいは神話の超克」後藤昭次編『文学と批評のポリティクス――アメリカを読む思想』大阪教育図書　１９９７年
ケネス・トーマス著、西江雅之監修、加原奈穂子訳『アメリカの空へ――大探検を助けた少女、サカジャウェア』出窓社　２０００年
ジュディス・セントジョージ著、杉本恵理子訳『明日はどの道を行こう――インディアン少女サカジャウィア物語』グリーンアロー出版社　２０００年
スーザン・ドネル著、池田真紀子訳『ポカホンタス』竹書房文庫　１９９５年
西江雅之「サカガウェア（建国の母となったインディアン）」『伝説のアメリカン・ヒーロー』岩波書店　２０００年
Allen, Paula Gunn, *Pocahontas: Medicine Woman, Spy, Entrepreneur, Diplomat*, New York: HarperCollins, 2003.
Custalow, Dr. Linwood, "'Little Bear' and Angela L. Daniel 'Silver Star'". *The True Story of Pocahontas: the Other Side of History*, Golden: Fulcrum Publishing, 2007.
Malinowski, Sharon and George H. J. Abrams, *Notable Native Americans*, New York: Gale Research, 1995.
Townsend, Camilla, *Pocahontas and the Powhatan Dilemma*, New York: Hill and Wang, 2004.

62

先住民アーティスト

★文化遺産と現代をリンクする人たち★

この章では、視覚芸術に焦点をあてた先住民アーティストを紹介するが、先住民アートを理解するためには、ひとまず、「アート」についての先入観を脇におかねばならない。元来、先住民部族の語彙にアートを意味する言葉はなく、物づくりは社会生活に属していた。生産物は日常生活や交易に直結した有用なものであり、岩絵や壁絵は自然観察の記録や人びとの信仰の表出として描かれてきた。同時にそれらの製作技術は美的感性を伴ったものでもあった。こうした文化的基盤をもつ先住民の手工芸品は、19世紀末から白人が好む観光みやげやフォークアートとなり、さらに先住民アートとして多様に花開いて、今日では現代アートの重要な一翼を担っている。

編　籠

先住民アートのなかで、編籠は最も古いものの一つである。北西海岸地域のスギの樹皮、五大湖や北東地域のトネリコやスウィートグラス、南東地域のフジ、中南部地域のスイカズラ、カリフォルニアと大盆地地域のイグサやヤナギ、南西部地域のユッカなど多く植物性の材料が用いられてきた。カリフォルニア地域で著名なポモ族のエルシー・アレン（1899〜1990年）、ワッポー族のローラ・サマーサル（1892〜1990年）、ポモ＝パトウィン族のメーベル・マッケイ（1907〜93年）たちは、籠を編むことでパターンや技術の保持だけでなく、部族コミュニティの歴史や文化の継承を担ってきた。ナヴァホ族のメアリー・ホリディ＝ブラック（1934年〜）も、母の織物や父の砂絵から籠のデザインを得るが、籠にはたくさんの物語があって、つくることをやめれば、その物語を失うことになるという。トホノ・オ＝オダム族のアニー・アントン（1955年〜）も、先史時代のホホカム土器から着想を得て、南西部の動植物を籠に編み込む。チェロキー族のマイク・ダート（1977年〜）は、祖母の籠編みを引き継いだが、素材の革新や籠の内外でデザインが異なる「二重編み」のテクニックを開発するなど、伝統をもとに現代的な作品を発表している。

織　物

編籠同様に布を織る技術も長い歴史をもっている。先史時代に南西部では綿が栽培され、ホピ族では男性が儀式用の帯を織っていた。先住民の織物として名高いナヴァホの敷物は、日用品の毛布としてナヴァホ女性が織っていたものを、19世紀末に白人の交易商人が商品として開発したものである。デザインは抽象的なものから精霊や社会生活を織り出す絵画的なものまで多岐にわたっている。デイジー・タウゲルチー（1911〜90年）やクララ・シャーマン（1914〜2010年）、ホイールライト・アメリカン・インディアン博物館の共同創立者となった織り手でメディスンマンのホスティーン・クラー（1867〜1937年）たちは草分け的な存在である。今日では、伝統と現代をブレンドした製作スタイルのナヴァホ族のD・Y・ビゲイ、抽象画のようなタペストリーを織るホピ族のラモナ・サキエステワなどがテキスタイル・アーティストとして活躍している。

やきもの

南西部のプエブロ・インディアンは、今日でも一千年前と同様の技法と材料を用いている。ろくろを使わず紐づくりで成形し、器の多くは植物や鉱物からつくった絵の具で絵付けして戸外で焼成される。19世紀末、ホピ族のナンペヨ（1860～1942年）は先史時代のシキヤキ多彩色土器を再現し、シキヤキ様式に独自性を加味した製作でホピのやきものに復興をもたらした。少し遅れて20世紀初期に、サンイルデフォンソ・プエブロのマリア・マルティネス（1889～1980年）と夫フリアンが、研磨して化粧土で絵付けした赤茶色の器を焼成して漆黒に変容させる「黒地黒彩」の手法を発明している。艶のある表面に磨りガラスのような艶消しの文様をもつ器は、当時非常な人気を博し、今日でもサンイルデフォンソで盛んである。20世紀中頃には、コチティ・プエブロのヘレン・コルデロ（1915～94年）が、プエブロの口承文化を体現する「ストーリーテラー」（語り部人形）を創作した。人形はまたたく間にプエブロ社会に広まり、人間や動物など種々のストー

やきもの：待つ少女（ディエゴ・ロメロ）
(*Changing Hands: Art Without Reservation, 1*
© 2002 American Craft Museum)

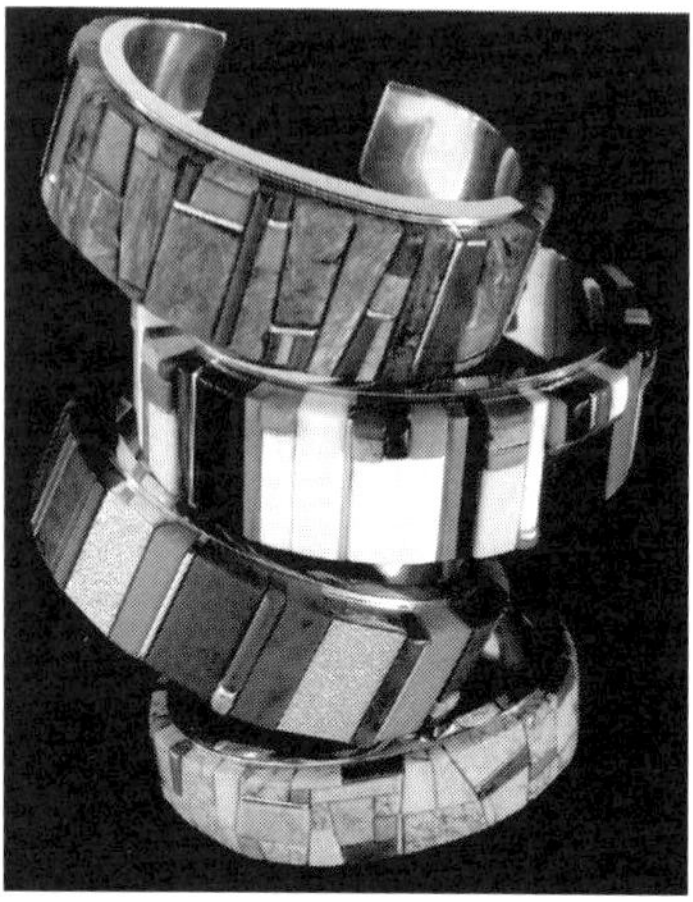
ジュエリー：ブレスレット（チャールズ・ロロマ）
（*Beyond Tradition: Contemporary Indian Art and Evolution* Text and photographs copyright © 1988 by Jerry and Lois Jacka）

リーテラーがつくられている。現代では、コチティのヴァージル・オーティス（1969年〜）とディエゴ・ロメロ（1964年〜）が刺激的な作風で知られる。ヴァージルはコチティの伝統である風刺人形を発展させた挑発的な人物像を製作し、ディエゴはプエブロ史の暗黒面をモチーフに、器の中央に辛辣な皮肉をこめたコミカルなグラフィック・メッセージを描く。また、サンタクララ・プエブロのロクサーヌ・スウェンツル（1962年〜）は、現代社会へのメッセージや批判を表情やしぐさに託した人物像を創作している。今日の陶芸家は、伝統的で機能的なものからファイン・アートの作品まで幅広い範囲で活動している。

ジュエリー

「ヒーシー」と呼ばれるネックレスは、貝や天然石を小さな丸い円板に加工して連ねたもので、1000年以上の歴史をもち、サントドミンゴ（現ケワ）・プエブロで製作されている。銀細工は、スペイン統治時代にナヴァホ族が最初に習得したといわれ、「オールドスタイル」と呼ばれる鏨《のみ》で銀板を裏から打って模様をつける技法は昔ながらのものである。ズニ族は「インレイ」（象嵌《ぞうがん》）技法に優れ、銀板に自然石をモザイクのようにはめ込んでカラフルな装飾品を製作する。また、ターコイズを細く切り出して象嵌した「ニードルポイント」と呼ばれる非常に精巧な技法も有名である。ホピ族の技法「オーバーレイ」は、黒く燻《いぶ》した銀板に、切り抜いた銀板をはりつけて、カチナやプエブロのシンボル文様を切り絵のように見せる。ホピの伝説的なジュエリー作家チャールズ・ロロマ（1921〜91年）は、20世紀半ばに、新しい素材（スギライト、ラピスラズリ、象牙、真珠、金、ダイヤモンド）、立体的なデザイン、ブレスレットの内側に象嵌する「インナー・ジェム」の技法などを用いて革新的な作品を創作し、ジュエリー細工を現代アートに高めた。ロロマは1962年のアメリカン・インディアン・アーツ研究所（以下IAIA、第49章参照）設立時から教師として携わり、学生に大きな影響を与えた。今日では、「プエブロ・デザイン・インレイ」のスタイルを確立したタオス／ラグーナ・プエブロのケン・ロメロ（1956年〜）、カキの殻を素材に現代のヒーシーを製作するケワ・プエブロのクリストファー・ニエト（1972年〜）、ナヴァホ族のレイモンド・ヤジー（1959年〜）、ズニ・プエブロのヴェロニカ・ポブラノ（1965年〜）などが伝統と現代をマッチさせ、洗練された作品を創作している。

絵画

1900年頃、南西部のサンイルデフォンソやシア・プエブロ、ホピなどで、実用や儀式的用途を離れた美術的実践がはじまった。それまでプエブロ・インディアンは信仰的なシンボルを壁絵や壺などに描いたが、紙やキャンバスを用いるようになるのは近代のアート教育以後であり、先住民

絵画：バスケット　ダンス（ヘロニマ・モントヤ　雅号ポッツヌ）
（『ポッツヌが生きた世界――プエブロの女性インディアン・アーティスト』
© 2004 Asayo Iino, Printed in Japan）

にとっては新たな伝統なのである。中西部ネブラスカ州でも、ウィネベーゴ族のエンジェル・デ・コラ（１８７１～１９１９年）が、１８９２年からマサチューセッツのスミス・カレッジでアートを学び、後に画家、イラストレイター、先住民の権利擁護者として活躍し、カーライル・インディアン実業学校で教職についている。また１９２０年代、オクラホマ大学を拠点にカイオワ族の若い画家たちが活動し、「カイオワ・ファイヴ」（後に６人）として知られた。１９３２年、サンタフェ・インディアン学校に絵画教育の「スタジオ」が設置され、ドロシー・ダンが指導して、平面的な構図で先住民の伝統的な生活を描いた「インディアン画」と呼ばれるスタジオ・スタイルを確立した。全米で有名になった「スタジオ」から、タオス・プエブロのポップ・チャーリー（１９０６～93年）、ヤンクトン・スー族のオスカー・ハウ（１９１５～83年）、ナヴァホ族のジェラルド・ネイラー、サンファン（現オーケイオウェンゲ）・プエブロのヘロニマ・モントヤ（１９１５～２０１５年）、サンタクララ・プエブロのパブリタ・ヴェラルデ（１９１８～２００６年）などが育った。

１９６２年にサンタフェ・インディアン学校は閉鎖され、その後をＩＡＩＡが継いだ。それは、ちょうどアートの世界的潮流がミニマリズム（装飾的要素を最小限に切り詰める手法）を最後に、近代アートの終焉へ向かう時期にあたり、１９８０年代におこるポストモダンへの過渡期でもあった。先住民アートの現代絵画は、ＩＡＩＡのアート教育を全面的に受けて発展していく。ルイセーニョ族の教師フリッツ・スカルダー（１９３７～２００５年）は、絵と現代美術史を教えるかたわら、いくぶんポップアートでポストモダンの感性をもった作品を描いて学生をリードした。彫刻と絵を教えたチリカワ・アパッチ族のアラン・ハウザー（１９１４～94年）は、サンタフェ・インディアン学校に学び、後にインディアンの伝統的な姿を多くのブロンズ像として残している。ＩＡＩＡは、カドー／カイオワ族のＴ・Ｃ・キャノン（１９４６～78年）、クロー族のケヴィン・レッド・スター（１９４３年～）、ホピ族のダン・ナミンハ（１９５０年～）をはじめ、現代に活躍する多くのアーティストを輩出した。陶芸家のロクサーヌ・スエンツルやジュエリー・アートのケン・ロメロもＩＡＩＡ出身である。今日の先住民アーティストたちは、豊かな先住民の文化遺産と現代をリンクさせ、多様な自己表現をそれぞれの作品に強く反映させている。

（飯山千枝子）

［参考文献］

グレッグ・サリス著、澤西康史訳『夢を編む』中央アート出版社　２００４年

ジーン・シューツ、ジル・メリック著、飯野朝世訳『ポッツヌが生きた世界――プエブロの女性インディアン・アーティスト』めるくまーる　２００４年

Smithsonian Institution, *Treasures of the National Museum of the American Indian*, New York · London: Abbeville Press Publishers, 1996.

年　代	事　　項
1961	全国インディアン青年協議会結成
1968	アメリカン・インディアン・ムーヴメント（AIM）結成
1972	AIMによるウンディッド・ニー占拠。合衆国のインディアンに対する歴史的不法性を世論に訴える。
1987	「インディアン信教の自由法」。さらに94年同法修正によって、ペヨーテや白頭ワシの羽根など、インディアン固有の信仰に必要なものの使用が認められた。
1990	「ネイティヴ・アメリカン墓地保護および返還に関する法」成立。この法によって博物館や研究機関が所有する先住民の遺骨、埋葬品、聖具の、子孫や部族への返還を義務付けた。
1991	コロンブスの大陸到達を「侵略500周年」とする運動が起きる。
1992	「世界先住民会議」にアメリカ・インディアンも参加。
1993	国連「先住民年」開始
1998	1864年の虐殺の場、サンドクリークの国立史跡化。
2003	リトル・ビッグホーンにインディアン記念碑建立。「和解と平和」のメッセージを発信。
2004	ワシントンDCにスミソニアンの最後の博物館となる「アメリカ・インディアン博物館」完成。インディアン自身が建設、運営に主体的役割を担う最初の博物館である。
2006	フロリダセミノール族が、10億ドルでハード・ロック・カフェ・チェーンを買収し、カジノ成功部族として話題になる。
2008	「ネイティブ・アメリカン・ヘリテイジ・デイ法案」に、ジョージ・W・ブッシュ大統領が署名し、11月の感謝祭後の金曜日を、ネイティブ・アメリカンの合衆国への貢献を顕彰する日と定めた。
2011	ローマ法王ベネディクト16世が、モホーク族のカテリ・テカウィサ（1650～80）を、アメリカ先住民で初めての「聖人」に列した。

年　代	事　　項
1864	サンドクリークの虐殺。平和条約を結んだシャイアン族のブラック・ケトルのキャンプを襲った合衆国軍が女子どもを含むシャイアン族 500 人を惨殺。
1876	リトル・ビッグホーンの戦い。スー、シャイアン、アラパホ族連合が、国民的英雄カスター中佐率いる第 7 騎兵隊を殲滅。平原部族にとっては最後の戦いの栄光になるが、世論の同情を味方に合衆国は容赦ないインディアン討伐に乗り出す。
1881	ヘレン・ハント・ジャクソン『恥ずべき一世紀』出版。政府のインディアン政策を批判。
1882	インディアン人権協会設立
1887	「ドーズ法」(「一般土地割当法」) 制定。インディアン個人を土地所有者とするこの法によって、土地が部族外の非インディアンに流失し、インディアン部族共同体は解体の危機に瀕した。
1890	サウスダコタ州ウンディッド・ニーにおいて、第 7 騎兵隊が武器を放棄したスー族 300 人を虐殺。合衆国の「インディアン戦争」終結。
1911	全国的な汎インディアン組織「アメリカ・インディアン協会」設立
1918	オクラホマで汎インディアン宗教組織「ネイティヴ・アメリカン・チャーチ」発足
1924	「インディアン市民権法」。すべてのインディアンに市民権付与。
1934	「インディアン再組織法」。行き過ぎた同化政策の反省から、インディアンの部族自治を促進し、「ドーズ法」がもたらした土地の流失と細分化に歯止めをかけようとする。
1944	全米アメリカ・インディアン会議成立。部族を超えてインディアンの権利を訴える汎インディアン運動にはずみがつく。
1953 ～ 54	保留地予算の削減を目論み、保留地住民を都市に転住させアメリカ社会に同化させる「連邦管理集結政策」実施。

年　代	事　　項
1722	シックス・ネーション連合の形成。イロコイ5部族連合にタスカローラが加わり、東部の一大勢力となる。
1729	ミシシッピ文化の担い手であったナッチェス族、フランスとチョクトー族連合によって壊滅させられる。
1763	オタワ族ポンティアックの呼び掛けに応じて、オジブワ、セネカ、ポトワトミーが汎インディアン連合を形成し、五大湖周辺でイギリス支配に抗する。イギリス王ジョージ3世、アパラチア山脈以西の土地をインディアンの領土と認める宣言を発する。
1775～1783	アメリカ独立戦争
1787	アメリカ憲法制定。北西部条例によってインディアンの北西部の領土権と統治権を認める。
1794	フォールス・ティンバースの戦い。マイアミ族リトル・タートル率いる諸部族連合が北西部を狙う合衆国軍に敗れる。
1812	ショーニー族族長テクムシが汎インディアン連合を糾合し、米英戦争に際してイギリスと同盟して合衆国と戦う。
1813	テクムシ戦死。これによって東部のインディアンの抵抗はほぼ終結し、合衆国の西への膨張が始まる。
1824	西部諸部族との戦いに備え、合衆国陸軍にインディアン局創設。
1827	チェロキー族が独自に憲法制定
1830	「インディアン強制移住法」成立
1831	「チェロキー・ネーション対ジョージア州」裁判で、最高裁は諸部族を「国内の従属国」と位置付け、チェロキー族の自治を否定。おりからチェロキーの土地で金が発見され、オクラホマへの移住を余儀なくされる。南西部族の一連の悲劇的な強制移住は、「涙の旅路」と呼ばれる。
1849	インディアン局、内務省の管轄に移行。
1862	ミネソタで約束不履行に抗議したサンティ・スー族が蜂起するが鎮圧され、リーダーたちが一斉に絞首刑に処せられた。1800年代後半、合衆国は彼らが「インディアン戦争」と呼ぶ西部の抵抗諸部族の鎮圧に乗り出す。

年　代	事　　項
(B.C.) 100～ (A.D.) 1300	南西部文化の隆盛期。ニューメキシコ南部からメキシコ北部で発達したモゴヨン文化、アリゾナ南部のホホカム文化は、装飾的な土器を作り、農耕のための大規模灌漑用水路を作った。フォーコーナーズ（アリゾナ、ネバダ、ニューメキシコ、ユタが接する地域）では600年から1300年頃アナサジ文化が黄金期（大プエブロ期）を迎え、居住者が1200人とも推定される巨大な家屋複合体（プエブロ）を発達させた。
1492	コロンブス「新大陸」到達。 このころ現在の合衆国には、最大推定で1800万人、おおむね500万～1000万人の先住民がいたと考えられる。彼らは、500前後の部族に分かれ、居住地域の風土に根ざした文化を発達させていた。
1607	イギリスがエリザベス女王（Virgin Queen）にちなんで名付けたヴァージニアに、ジェームス1世の名を冠する最初の恒久的植民地ジェームスタウンを建設。その地にはポーハタン連合の諸部族が暮らしていた。
1620	イギリス人清教徒がメイフラワー号で東部に到着。出港地にちなんでその地をプリマスと名付ける。
1633～35	天然痘が東部の先住民の間で猛威を振るい、人口を激減させる。
1637	ピクォート族、イギリス人の襲撃で壊滅。
1644	ポーハタン連合がジェームスタウンを襲撃するが敗退し、土地割譲を余儀なくされる。
1675～6	フィリップ王戦争、フィリップ王とあだ名されるワンパノアグ族族長メタカムが東部のアルゴンキン諸部族の連合に成功し、イギリス植民地と戦うが敗れ、彼の首は長くボストン・コモンに曝される。
1680～1693	プエブロ反攻。スペインの占領に抗う南西部部族が自治を回復。しかしこの後はスペインが再占領。
1700～1760	もともとスペイン人が持ち込んだ馬を入手したスー族が、平原への移動を開始し、馬によるバッファロー狩りの効率化によって、大平原文化を花開かせてゆく。

インディアン史 略年表

年　代	事　　項
B.C. 2万7000〜 1万2000	アジア系の人びとが獲物を追って、氷結したベーリング海(ベリンジア)を渡り現在のアメリカ大陸にやってきた。古インディアンである。 このベリンジア経由の渡米説が現在でも有力だが、南米で発見された遺跡が全般に北米のものより古いことから、オーストラリア起源のアボリジニが南極ルートでやってきた説、アフリカから大西洋ルートでやってきた説、アジア起源でも陸路ではなく海洋ルートでやってきた説、ヨーロッパのソリュートレ人が大西洋を越えて北米東海岸に到達した説など諸説がある。おそらくそれぞれのグループが異なる時代に北米大陸にやってきたと考えられるが、最近の遺伝子研究によれば、広範な先住民サンプルが、アジア系の出自を示している。
1万5000頃	クロヴィス尖頭器が盛んに使われる。
5000〜2000頃	狩猟依存型の生活から農耕依存型生活への移行期。 気温の上昇、西部の乾燥化、東部の温暖・湿潤化によって大動物が死滅した。農耕化は単線的に進んだのではなく、狩猟、採集、農耕の三つが、各地の自然環境に応じて組み合わされて継続した。
1500頃	東部森林地帯ミシシッピ川流域でトウモロコシ栽培と土器の使用が始まる。
1000〜 A.D.〜1700	マウンド（塚）文化の隆盛期。 マウンドには墓にあたる埋葬マウンド（アデナ文化：BC1000〜300およびホープルウェル文化：BC300〜AD700）と信仰の中心であった神殿マウンド（ミシシッピ文化：AD700〜1700）がある。最大級のマウンドは高さ30メートル、基底部が330×216メートルに達するカホキア・マウンド。 合衆国には現在10万以上のマウンドがあると見られている。

藤田尚則（ふじた　ひさのり）［1, 16］
創価大学法科大学院教授
主な著書：『アメリカ・インディアン法研究（II）国内の従属国』（北樹出版　2013 年）

水谷裕佳（みずたに　ゆか）［55］
上智大学グローバル教育センター教授
主な著書：『先住民パスクア・ヤキの米国編入――越境と認定』（北海道大学出版会　2012 年）

宮下敬志（みやした　たかし）［5］
立命館大学文学部講師
主な著書：『教養のための現代史入門』（共著　ミネルヴァ書房　2015 年）

横須賀孝弘（よこすか　たかひろ）［31］
フリー・ジャーナリスト
主な著書：『ハウ・コラ』（NHK 出版　1991 年）、『インディアンの日々』（ワールドフォトプレス　2012 年）

余田真也（よでん　しんや）［52］
東洋大学文学部教授
主な著書：『アメリカ・インディアン・文学地図――赤と白と黒の遠近法』（彩流社　2012 年）

渡辺浩平（わたなべ　こうへい）［44, 46］
立教大学大学院社会学研究科博士後期課程在学

鈴木　透（すずき　とおる）［36, 58］
慶應義塾大学法学部教授
主な著書：『実験国家アメリカの履歴書——社会・文化・歴史にみる統合と多元化の軌跡（第2版）』（慶應義塾大学出版会　2016年）、『スポーツ国家アメリカ——民主主義とビジネスのはざまで』（中公新書　2018年）、『食の実験場アメリカ——ファーストフード帝国のゆくえ』（中公新書　2019年）

辻　祥子（つじ　しょうこ）［61］
松山大学人文学部教授
主な著書：『越境する女—— 19世紀アメリカ女性作家たちの挑戦』（共編著　開文社出版　2014年）

長岡真吾（ながおか　しんご）［56］
福岡女子大学国際文理学部教授
主な著書：『亡霊のアメリカ文学』（共著　国文社　2012年）、「「ひとびとが泣き歩いた道」の記憶の継承／表象——ダイアン・グランシー『熊を押す』とフォークナーをめぐって」『フォークナー』25（三修社　2023年）

中野（水野）由美子（なかの（みずの）　ゆみこ）［7］
成蹊大学文学部教授
主な著書：『〈インディアン〉と〈市民〉のはざまで——合衆国南西部における先住社会の再編過程』（名古屋大学出版会　2007年）

根元慎太郎（ねもと　しんたろう）［15, 24］
立教大学大学院社会学研究科博士課程前期課程修了
主な著書：「1970年代のアメリカ先住民高等教育の改革—— 1978年の『部族大学法』の制定過程と運用に関しての諸問題」『立教アメリカン・スタディーズ　36号』（2014年）

野口久美子（のぐち　くみこ）［6, 8, 9, 60］
明治学院大学国際学部専任講師
主な著書：『カリフォルニア先住民の歴史——「見えざる民」から「連邦承認部族」へ』（彩流社　2015年）

内田綾子（うちだ　あやこ）[12, 18, 25, 35]
名古屋大学大学院人文学研究科教授
主な著書：『アメリカ先住民の現代史——歴史的記憶と文化継承』（名古屋大学出版会 2008年）

大野あずさ（おおの　あずさ）[3, 14, 21, 27, 45]
大阪経済大学経済学部准教授
主な著書：エイミー・ヒル・ハース『アメリカ先住民女性の現代史——“ストロング・メディスン”家族と部族を語る』（共訳　彩流社　2012年）、*Urban American Indians: Reclaiming Natre Space*.（共著　Santa Barbara: Praeger, 2016.）

鎌田　遵（かまた　じゅん）[28]
亜細亜大学経営学部准教授
主な著書：『辺境の抵抗——核廃棄物とアメリカ先住民の社会運動』（御茶の水書房 2006年）、『ぼくはアメリカを学んだ』（岩波ジュニア新書　2007年）、『ネイティブ・アメリカン——先住民社会の現在』（岩波新書　2009年）、『ドキュメントアメリカ先住民——あらたな歴史をきざむ民』（大月書店　2011年）、『辺境の誇り』（集英社新書 2015年）、『写真集 ネイティブ・アメリカ』（大月書店　2013年）

川浦佐知子（かわうら　さちこ）[13, 17, 33, 38]
南山大学人文学部教授
主な著書："History, Memory, Narrative: Expressions of Collective Memory in the Northern Cheyenne Testimony," In Nanci Adler & Selma Leydesdorff eds., *Tapestry of Memory: Evidence and Testimony in Life-Story Narratives*. (New Brunswick, NJ & London: Transaction Publishers, 2013)、*Pilgrimage to Memories: An Exploration of the Historically Situated Ecological Self through Women's Narratives.* (Nakanishiya Shuppan, 2003)

岸上伸啓（きしがみ　のぶひろ）[42, 43, 54]
国立民族学博物館・総合研究大学院大学教授
主な著書：『北アメリカ先住民の社会経済開発』（明石書店　2008年）、『クジラとともに生きる——アラスカ先住民の現在』（臨川書店　2014年）

佐藤　円（さとう　まどか）[2, 11, 20, 29, 34]
大妻女子大学比較文化学部教授
主な著書：エイミー・ヒル・ハース『アメリカ先住民女性の現代史——“ストロング・メディスン”家族と部族を語る』（共訳　彩流社　2012年）、『アメリカの歴史を知るための65章【第4版】』（共編著　明石書店　2022年）

執筆者紹介（＊は編者、［　］は担当章、50 音順）

＊阿部珠理（あべ　じゅり）［23, 26, 39, 40］
編著者紹介を参照

飯山千枝子（いいやま　ちえこ）［49, 50, 62］
立教大学大学院社会学研究科博士後期課程修了（社会学博士）
主な著書：『母なる大地の器――アメリカ合衆国南西部プエブロ・インディアンの「モノ」の文化史』（晃洋書房　2017 年）

石井泉美（いしい　いずみ）［22, 37, 53, 59］
東海大学文化社会学部准教授
主な著書：*Bad Fruits of the Civilized Tree: Alcohol and the Sovereignty of the Cherokee Nation.* Lincoln: University of Nebraska Press, 2008.

石山徳子（いしやま　のりこ）［30］
明治大学政治経済学部教授
主な著書：『米国先住民族と核廃棄物――環境正義をめぐる闘争』（明石書店　2004 年）

伊藤敦規（いとう　あつのり）［41, 47, 48］
国立民族学博物館准教授
主な著書：『北アリゾナ博物館収蔵 446 点の「ホピ製」銀細工および関連資料熟覧――ソースコミュニティと博物館資料との「再会」4』（国立民族学博物館フォーラム型情報ミュージアム資料集 4）』（編著　国立民族学博物館　2020 年）

岩﨑佳孝（いわさき　よしたか）［4, 10, 19, 51, 57］
甲南女子大学教授、立教大学客員研究員
主な著書：『アメリカ先住民ネーションの形成』（ナカニシヤ出版　2016 年）

上村英明（うえむら　ひであき）［32］
恵泉女学園大学名誉教授・市民外交センター共同代表
主な著書：『新・先住民族の「近代史」』（法律文化社　2015 年）

〈編著者紹介〉

阿部珠理（あべ　じゅり）
立教大学名誉教授。2019年逝去。

【主要著書・訳書】
『アメリカ先住民の精神世界』（日本放送出版協会　1994年）、『アメリカ先住民――民族再生にむけて』（角川学芸出版　2005, 2013年）、『大地の声――アメリカ先住民の知恵のことば』（大修館書店　2006年）、『ともいきの思想』（小学館101新書　2010年）、『アメリカ先住民から学ぶ――その歴史と思想』（日本放送出版協会　2011年）、『聖なる木の下へ――アメリカ先住民の魂を求めて』（角川ソフィア文庫　2014年）、『メイキング・オブ・アメリカ――格差社会アメリカの成り立ち』（彩流社　2016年）
訳書：『セブン・アローズ』全3巻（地湧社　1992年）、『ブラック・エルクは語る』（監訳　めるくまーる　2001年）、『文化が衝突するとき――異文化へのグローバルガイド』（南雲堂　2004年）、『アメリカ・インディアンの歴史』（東洋書林　2010年）

エリア・スタディーズ　149
アメリカ先住民を知るための62章

2016年 9 月25日　初版第1刷発行
2023年 9 月20日　初版第3刷発行

編著者　阿　部　珠　理
発行者　大　江　道　雅
発行所　株式会社　明石書店

〒101-0021 東京都千代田区外神田6-9-5
電 話　03（5818）1171
FAX　03（5818）1174
振 替　00100-7-24505
https://www.akashi.co.jp

組 版　有限会社秋耕社
装 丁　明石書店デザイン室
印刷・製本　日経印刷株式会社

（定価はカバーに表示してあります）　ISBN978-4-7503-4419-5

エリア・スタディーズ

1 **現代アメリカ社会を知るための60章**
明石紀雄、川島浩平 編著

2 **イタリアを知るための62章【第2版】**
村上義和 編著

3 **イギリスを旅する35章**
辻野功 編著

4 **モンゴルを知るための65章【第2版】**
金岡秀郎 著

5 **パリ・フランスを知るための44章**
梅本洋一、大里俊晴、木下長宏 編著

6 **現代韓国を知るための60章【第2版】**
石坂浩一、福島みのり 編著

7 **オーストラリアを知るための58章【第3版】**
越智道雄 著

8 **現代中国を知るための52章【第6版】**
藤野彰 編著

9 **ネパールを知るための60章**
日本ネパール協会 編

10 **アメリカの歴史を知るための65章【第4版】**
富田虎男、鵜月裕典、佐藤円 編著

11 **現代フィリピンを知るための61章【第2版】**
大野拓司、寺田勇文 編著

12 **ポルトガルを知るための55章【第2版】**
村上義和、池俊介 編著

13 **北欧を知るための43章**
武田龍夫 著

14 **ブラジルを知るための56章【第2版】**
アンジェロ・イシ 著

15 **ドイツを知るための60章**
早川東三、工藤幹巳 編著

16 **ポーランドを知るための60章**
渡辺克義 編著

17 **シンガポールを知るための65章【第5版】**
田村慶子 編著

18 **現代ドイツを知るための67章【第3版】**
浜本隆志、髙橋憲 編著

19 **ウィーン・オーストリアを知るための57章【第2版】**
広瀬佳一、今井顕 編著

20 **ハンガリーを知るための60章【第2版】** ドナウの宝石
羽場久美子 編著

21 **現代ロシアを知るための60章【第2版】**
下斗米伸夫、島田博 編著

22 **21世紀アメリカ社会を知るための67章**
明石紀雄 監修　赤尾千波、大類久恵、小塩和人、
落合明子、川島浩平、高野泰 編

23 **スペインを知るための60章**
野々山真輝帆 著

24 **キューバを知るための52章**
後藤政子、樋口聡 編著

25 **カナダを知るための60章**
綾部恒雄、飯野正子 編著

26 **中央アジアを知るための60章【第2版】**
宇山智彦 編著

27 **チェコとスロヴァキアを知るための56章【第2版】**
薩摩秀登 編著

28 **現代ドイツの社会・文化を知るための48章**
田村光彰、村上和光、岩淵正明 編著

29 **インドを知るための50章**
重松伸司、三田昌彦 編著

30 **タイを知るための72章【第2版】**
綾部真雄 編著

31 **パキスタンを知るための60章**
広瀬崇子、山根聡、小田尚也 編著

32 **バングラデシュを知るための66章【第3版】**
大橋正明、村山真弓、日下部尚徳、安達淳哉 編著

33 **イギリスを知るための65章【第2版】**
近藤久雄、細川祐子、阿部美春 編著

34 **現代台湾を知るための60章【第2版】**
亜洲奈みづほ 著

35 **ペルーを知るための66章【第2版】**
細谷広美 編著

36 **マラウィを知るための45章【第2版】**
栗田和明 著

37 **コスタリカを知るための60章【第2版】**
国本伊代 編著

38 **チベットを知るための50章**
石濱裕美子 編著

39 **現代ベトナムを知るための63章【第3版】**
岩井美佐紀 編著

40 **インドネシアを知るための50章**
村井吉敬、佐伯奈津子 編著

41 **エルサルバドル、ホンジュラス、ニカラグアを知るための45章**
田中高 編著

エリア・スタディーズ

42 パナマを知るための70章【第2版】 国本伊代 編著

43 イランを知るための65章 岡田恵美子、北原圭一、鈴木珠里 編著

44 アイルランドを知るための70章【第3版】 海老島均、山下理恵子 編著

45 メキシコを知るための60章 吉田栄人 編著

46 中国の暮らしと文化を知るための40章 東洋文化研究会 編

47 現代ブータンを知るための60章【第2版】 平山修一 著

48 バルカンを知るための66章【第2版】 柴宜弘 編著

49 現代イタリアを知るための44章 村上義和 編著

50 アルゼンチンを知るための54章 アルベルト松本 著

51 ミクロネシアを知るための60章【第2版】 印東道子 編著

52 アメリカのヒスパニック＝ラティーノ社会を知るための55章 大泉光一、牛島万 編著

53 北朝鮮を知るための55章【第2版】 石坂浩一 編著

54 ボリビアを知るための73章【第2版】 真鍋周三 編著

55 コーカサスを知るための60章 北川誠一、前田弘毅、廣瀬陽子、吉村貴之 編著

56 カンボジアを知るための60章【第3版】 上田広美、岡田知子、福富友子 編著

57 エクアドルを知るための60章【第2版】 新木秀和 編著

58 タンザニアを知るための60章【第2版】 栗田和明、根本利通 編著

59 リビアを知るための60章【第2版】 塩尻和子 編著

60 東ティモールを知るための50章 山田満 編著

61 グアテマラを知るための67章【第2版】 桜井三枝子 編著

62 オランダを知るための60章 長坂寿久 著

63 モロッコを知るための65章 私市正年、佐藤健太郎 編著

64 サウジアラビアを知るための63章【第2版】 中村覚 編著

65 韓国の歴史を知るための66章 金両基 編著

66 ルーマニアを知るための60章 六鹿茂夫 編著

67 現代インドを知るための60章 広瀬崇子、近藤正規、井上恭子、南埜猛 編著

68 エチオピアを知るための50章 岡倉登志 編著

69 フィンランドを知るための44章 百瀬宏、石野裕子 編著

70 ニュージーランドを知るための63章 青柳まちこ 編著

71 ベルギーを知るための52章 小川秀樹 編著

72 ケベックを知るための54章 小畑精和、竹中豊 編著

73 アルジェリアを知るための62章 私市正年 編著

74 アルメニアを知るための65章 中島偉晴、メラニア・バグダサリヤン 編著

75 スウェーデンを知るための60章 村井誠人 編著

76 デンマークを知るための68章 村井誠人 編著

77 最新ドイツ事情を知るための50章 浜本隆志、柳原初樹 著

78 セネガルとカーボベルデを知るための60章 小川了 編著

79 南アフリカを知るための60章 峯陽一 編著

80 エルサルバドルを知るための55章 細野昭雄、田中高 編著

81 チュニジアを知るための60章 鷹木恵子 編著

82 南太平洋を知るための58章 メラネシア ポリネシア 吉岡政德、石森大知 編著

83 現代カナダを知るための60章【第2版】 飯野正子、竹中豊 総監修 日本カナダ学会 編

エリア・スタディーズ

84 現代フランス社会を知るための62章
三浦信孝、西山教行 編著

85 ラオスを知るための60章
菊池陽子、鈴木玲子、阿部健一 編著

86 パラグアイを知るための50章
田島久歳、武田和久 編著

87 中国の歴史を知るための60章
並木頼壽、杉山文彦 編著

88 スペインのガリシアを知るための50章
坂東省次、桑原真夫、浅香武和 編著

89 アラブ首長国連邦（UAE）を知るための60章
細井長 編著

90 コロンビアを知るための60章
二村久則 編著

91 現代メキシコを知るための70章【第2版】
国本伊代 編著

92 ガーナを知るための47章
高根務、山田肖子 編著

93 ウガンダを知るための53章
吉田昌夫、白石壮一郎 編著

94 ケルトを旅する52章 イギリス・アイルランド
永田喜文 著

95 トルコを知るための53章
大村幸弘、永田雄三、内藤正典 編著

96 イタリアを旅する24章
内田俊秀 編著

97 大統領選からアメリカを知るための57章
越智道雄 著

98 現代バスクを知るための60章【第2版】
萩尾生、吉田浩美 編著

99 ボツワナを知るための52章
池谷和信 編著

100 ロンドンを旅する60章
川成洋、石原孝哉 編著

101 ケニアを知るための55章
松田素二、津田みわ 編著

102 ニューヨークからアメリカを知るための76章
越智道雄 著

103 カリフォルニアからアメリカを知るための54章
越智道雄 著

104 イスラエルを知るための62章【第2版】
立山良司 編著

105 グアム・サイパン・マリアナ諸島を知るための54章
中山京子 編著

106 中国のムスリムを知るための60章
中国ムスリム研究会 編

107 現代エジプトを知るための60章
鈴木恵美 編著

108 カーストから現代インドを知るための30章
金基淑 編著

109 カナダを旅する37章
飯野正子、竹中豊 編著

110 アンダルシアを知るための53章
立石博高、塩見千加子 編著

111 エストニアを知るための59章
小森宏美 編著

112 韓国の暮らしと文化を知るための70章
舘野晳 編著

113 現代インドネシアを知るための60章
村井吉敬、佐伯奈津子、間瀬朋子 編著

114 ハワイを知るための60章
山本真鳥、山田亨 編著

115 現代イラクを知るための60章
酒井啓子、吉岡明子、山尾大 編著

116 現代スペインを知るための60章
坂東省次 編著

117 スリランカを知るための58章
杉本良男、高桑史子、鈴木晋介 編著

118 マダガスカルを知るための62章
飯田卓、深澤秀夫、森山工 編著

119 新時代アメリカ社会を知るための60章
明石紀雄 監修　大類久恵、落合明子、赤尾千波 編著

120 現代アラブを知るための56章
松本弘 編著

121 クロアチアを知るための60章
柴宜弘、石田信一 編著

122 ドミニカ共和国を知るための60章
国本伊代 編著

123 シリア・レバノンを知るための64章
黒木英充 編著

124 EU（欧州連合）を知るための63章
羽場久美子 編著

125 ミャンマーを知るための60章
田村克己、松田正彦 編著

エリア・スタディーズ

126 カタルーニャを知るための50章 立石博高、奥野良知 編著

127 ホンジュラスを知るための60章 桜井三枝子、中原篤史 編著

128 スイスを知るための60章 スイス文学研究会 編

129 東南アジアを知るための50章 今井昭夫 編集代表 東京外国語大学東南アジア課程 編

130 メソアメリカを知るための58章 井上幸孝 編著

131 マドリードとカスティーリャを知るための60章 川成洋、下山静香 編著

132 ノルウェーを知るための60章 大島美穂、岡本健志 編著

133 現代モンゴルを知るための50章 小長谷有紀、前川愛 編著

134 カザフスタンを知るための60章 宇山智彦、藤本透子 編著

135 内モンゴルを知るための60章 ボルジギン・ブレンサイン 編著 赤坂恒明 編集協力

136 スコットランドを知るための65章 木村正俊 編著

137 セルビアを知るための60章 柴宜弘、山崎信一 編著

138 マリを知るための58章 竹沢尚一郎 編著

139 ASEANを知るための50章 黒柳米司、金子芳樹、吉野文雄 編著

140 アイスランド・グリーンランド・北極を知るための65章 小澤実、中丸禎子、高橋美野梨 編著

141 ナミビアを知るための53章 水野一晴、永原陽子 編著

142 香港を知るための60章 吉川雅之、倉田徹 編著

143 タスマニアを旅する60章 宮本忠 著

144 パレスチナを知るための60章 臼杵陽、鈴木啓之 編著

145 ラトヴィアを知るための47章 志摩園子 編著

146 ニカラグアを知るための55章 田中高 編著

147 台湾を知るための72章【第2版】 赤松美和子、若松大祐 編著

148 テュルクを知るための61章 小松久男 編著

149 アメリカ先住民を知るための62章 阿部珠理 編著

150 イギリスの歴史を知るための50章 川成洋 編著

151 ドイツの歴史を知るための50章 森井裕一 編著

152 ロシアの歴史を知るための50章 下斗米伸夫 編著

153 スペインの歴史を知るための50章 立石博高、内村俊太 編著

154 フィリピンを知るための64章 大野拓司、鈴木伸隆、日下渉 編著

155 バルト海を旅する40章 7つの島の物語 小柏葉子 著

156 カナダの歴史を知るための50章 細川道久 編著

157 カリブ海世界を知るための70章 国本伊代 編著

158 ベラルーシを知るための50章 服部倫卓、越野剛 編著

159 スロヴェニアを知るための60章 柴宜弘、アンドレイ・ベケシュ、山崎信一 編著

160 北京を知るための52章 櫻井澄夫、人見豊、森田憲司 編著

161 イタリアの歴史を知るための50章 高橋進、村上義和 編著

162 ケルトを知るための65章 木村正俊 編著

163 オマーンを知るための55章 松尾昌樹 編著

164 ウズベキスタンを知るための60章 帯谷知可 編著

165 アゼルバイジャンを知るための67章 廣瀬陽子 編著

166 済州島を知るための55章 梁聖宗、金良淑、伊地知紀子 編著

167 イギリス文学を旅する60章 石原孝哉、市川仁 編著

エリア・スタディーズ

168 **フランス文学を旅する60章**
野崎歓 編著

169 **ウクライナを知るための65章**
服部倫卓、原田義也 編著

170 **クルド人を知るための55章**
山口昭彦 編著

171 **ルクセンブルクを知るための50章**
田原憲和、木戸紗織 編著

172 **地中海を旅する62章** 歴史と文化の都市探訪
松原康介 編著

173 **ボスニア・ヘルツェゴヴィナを知るための60章**
柴宜弘、山崎信一 編著

174 **チリを知るための60章**
細野昭雄、工藤章、桑山幹夫 編著

175 **ウェールズを知るための60章**
吉賀憲夫 編著

176 **太平洋諸島の歴史を知るための60章** 日本とのかかわり
石森大知、丹羽典生 編著

177 **リトアニアを知るための60章**
櫻井映子 編著

178 **現代ネパールを知るための60章**
公益社団法人 日本ネパール協会 編

179 **フランスの歴史を知るための50章**
中野隆生、加藤玄 編著

180 **ザンビアを知るための55章**
島田周平、大山修一 編著

181 **ポーランドの歴史を知るための55章**
渡辺克義 編著

182 **韓国文学を旅する60章**
波田野節子、斎藤真理子、きむ ふな 編著

183 **インドを旅する55章**
宮本久義、小西公大 編著

184 **現代アメリカ社会を知るための63章**【2020年代】
明石紀雄 監修 大類久恵、落合明子、赤尾千波 編著

185 **アフガニスタンを知るための70章**
前田耕作、山内和也 編著

186 **モルディブを知るための35章**
荒井悦代、今泉慎也 編著

187 **ブラジルの歴史を知るための50章**
伊藤秋仁、岸和田仁 編著

188 **現代ホンジュラスを知るための55章**
中原篤史 編著

189 **ウルグアイを知るための60章**
山口恵美子 編著

190 **ベルギーの歴史を知るための50章**
松尾秀哉 編著

191 **食文化からイギリスを知るための55章**
石原孝哉、市川仁、宇野毅 編著

192 **東南アジアのイスラームを知るための64章**
久志本裕子、野中葉 編著

193 **宗教からアメリカ社会を知るための48章**
上坂昇 著

194 **ベルリンを知るための52章**
浜本隆志、希代真理子 著

195 **NATO（北大西洋条約機構）を知るための71章**
広瀬佳一 編著

196 **華僑・華人を知るための52章**
山下清海 著

197 **カリブ海の旧イギリス領を知るための60章**
川分圭子、堀内真由美 編著

198 **ニュージーランドを旅する46章**
宮本忠、宮本由紀子 著

199 **マレーシアを知るための58章**
鳥居高 編著

――以下続刊

◎各巻2000円（一部1800円）

〈価格は本体価格です〉

ハロー・ガールズ
アメリカ初の女性兵士となった電話交換手たち

エリザベス・コッブス 著
石井香江 監修　綿谷志穂 訳

■四六判／上製／440頁　◎3800円

第一次世界大戦において電話交換手として同盟国との連絡を仲介したアメリカ陸軍通信隊の女性たち。軍人としてのアイデンティティを抱き、命懸けで任務にあたったにもかかわらず、その存在は忘却されてきた。電話を武器にたたかった女性たちの知られざる姿に光を当て、ジェンダー・技術・戦争が交差する歴史のダイナミズムを描き出す。

●内容構成●

黙殺された被曝者の声
アメリカ・ハンフォード　正義を求めて闘った原告たち

トリシャ・T・プリティキン 著
宮本ゆき 訳

■四六判／上製／404頁　◎4500円

1940年代からアメリカ国内で度重なる核実験が行われ、核施設の風下住民は慢性的に放射性物質に曝され続けていたが、40年以上この公害は調査されず、政府に巧みに隠ぺいされてきた。本書は核被害で障害や重病に苦しむ無辜の人々の悲しみと怒りの記録である。

●内容構成●

〈価格は本体価格です〉